（第二辑）　美军作战评估
理论与实践

高晋宁　吴博峰　毛　翔／编著

US Armed Forces
Operational Assessment
Theory and Practice

知识产权出版社
全国百佳图书出版单位
—北京—

图书在版编目（CIP）数据

美军作战评估理论与实践.第二辑 / 高晋宁，吴博峰，毛翔编著. — 北京：知识产权出版社，2023.3

ISBN 978-7-5130-7825-2

Ⅰ.①美… Ⅱ.①高… ②吴… ③毛… Ⅲ.①作战—评估—研究—美国 Ⅳ.①E83

中国版本图书馆 CIP 数据核字（2021）第 229113 号

责任编辑：张　珑　　　　　　　　　　　　　　责任印制：刘译文

美军作战评估与实践(第二辑)

MEIJUN ZUOZHAN PINGGU YU SHIJIAN(DI-ER JI)

高晋宁　吴博峰　毛　翔　编著

出版发行：知识产权出版社有限责任公司		网　　址：http:// www.ipph.cn	
电　　话：010－82004826		http:// www.laichushu.com	
社　　址：北京市海淀区气象路50号院		邮　　编：100081	
责编电话：010－82000860转8574		责编邮箱：laichushu@cnipr.com	
发行电话：010－82000860转8101		发行传真：010－82000893	
印　　刷：天津嘉恒印务有限公司		经　　销：新华书店、各大网上书店及相关专业书店	
开　　本：720mm×1000mm　1/16		印　　张：19.5	
版　　次：2023年3月第1版		印　　次：2023年3月第1次印刷	
字　　数：296千字		定　　价：98.00元	

ISBN 978－7－5130－7825－2

美军作战理论研究丛书编委会

编委会主任：赵　成

副　主　任：程　刚　　王玉丽

编　　　　委：连长春　周　斌　周　莎　孙　诚　张　敬

自 序

时光荏苒，岁月匆匆。自《美军作战评估理论与实践》第一辑付梓已5载有余了。在这段时间里，这样一本高度专业的外军研究著作能够获得如此多的好评，实在出乎编著团队的预期，不断有各界读者反馈这本书对他们很有帮助，其中不乏相关学术领域的学者，更有很多实务领域的专业人士。他们的反馈与原编著团队最初的设想基本吻合，书中对外军新近兴起的作战评估问题的深入探讨与通俗易懂的剖析，达到了释疑解惑的编写预期，很多与编著团队相熟的人士更表示读后获益匪浅。

在《美军作战评估理论与实践·第二辑》即将出版之际，现就研究过程中的心得体会、第二辑中相关内容的调整，并结合此前第一辑引发的读者疑问与困惑，与广大读者交流探讨。

作战评估理论，孕育于外军近几十年的信息化局部战争实践，是最鲜活的战争实践的理论提炼。在第二辑撰写过程中，编著团队深刻地体会到外军对作战评估理论的重视与强调。这既表现在相关条令中该主题内容不断增多、相关手册更新频次日益频繁等表象上，更体现在外军对作战评估认识和理解日益深化的阐述上。这也意味着该领域的相关术语、理论框架、实务流程等，仍处于持续的变化和调整完善中。为体现这些新变化及近几年来研究团队对该主题的新认知，第二辑专著的出版十分及时和必要。

在内容主题方面，编著团队秉持拓展认知边界、促进作战评估主题研究深入的原则，系统梳理了该领域的最新发展，第二辑几乎完全重构了第一辑的章节框架和内容体系。就第二辑专著与第一辑的关系而言，第二辑是补充与更新。具体而言，一是完全删除"作战评估框架""作战评估团队组织及评估工具运用""战术层战斗评估活动"和"战斗毁伤评估周期"4章内容；二是新增了"作战评估的实证性逻辑""作战评估聚焦的行动对象""美军提升评估能力的举措"3章内容；三是调整和修订了保留自第一辑的3章内容；四是替换了第一辑的4节附录，代之以全新的另4节附录。

对于幅度如此之大的调整和重构，有必要特别阐明的是：首先，删除的章节内容，就其性质而言并非已经过时或被取代，恰恰相反，这些被舍弃的部分都是相对稳定的内容，删减它们是为聚焦阐述战役层级评估理论问题所做的取舍。其次，新增的章节着眼于更深入浅出地阐述作战评估的底层逻辑、具体实务运用等，它们是第一辑未能深入论述或未覆盖的重要内容。再次，经保留但进行相应调整的章节内容，则是围绕简明清晰阐述涉及作战评估的5W1H等一系列重大问题所做的增补与删改。最后，第一辑、第二辑中未有较大变化的内容，是了解、认知作战评估相关重要主题的阐述，它们对于第二辑框架和内容体系的自恰是不可或缺的。

在第一辑公开销售的5年时间里，大量读者对相关内容提出疑问和建议，经编著团队收集、汇总和分类，借此机会一并回复。一是有读者提出相关论述、观点引述不明的问题，对此我们特此说明，本书从第一辑起就不仅是对外军相关条令、理论论述的照搬照抄，很多理论问题的阐述都是在对有限外军资料的严谨研究、翻译并理解的基础上，重新形成的论述和阐释，这在第二辑中表现得尤为明显。换言之，书中很多观点与内容，都无法找到原文和出处。二是有读者提出第一辑中对"实证性评估思维"的论述还存疑义且感到晦涩难懂，对此我们在第二辑修订时结合新的认识和理解，重新梳理了相关内容并进行了重组和详述，相关内容亦单独成章，以期更清晰地阐明美军作战评估的底层思维逻辑，帮助不同专业、层次的读者理解其评估活动的外在表象。三是有读者结合对美军两类关键评估指标"绩效评估指标"（MOP）和"效力评估指标"（MOE）原义的理解，认为第一辑中的译法未达信、达、雅之要义，对此，编著团队经过反复研讨形成新的译称①，以更贴切地反映其原始意涵。四是有读者认为第一辑内容涵盖战役级和战术级作战评估主题的论述，研究重点失焦且两个层级评估活动衔接结合不足，对此，编著团队表示非常赞同并在准备第二辑期间完全剔除了战术层级评估活动的论述，使对战役层级评估各类主题的研究论述更加集中、深刻。

就上述这些调整变化而言，《美军作战评估理论与实践·第二辑》既可单独阅读，也可与第一辑一起，共同帮助读者构建对美军作战评估理论与实践的完整认知框架。

编著团队

2021 年 5 月

---

① 本书中，将美军作战评估时常用的两类指标："绩效评估指标"（measure of performance，MOP）和"效力评估指标"（measure of effectiveness，MOE），更新为"执行评估指标"（MOP）和"效能评估指标"（MOE）。修订这两个最重要的术语，原因在于：MOP 对应具体任务本身的执行和完成情况，performance 也有绩效、执行、表现的意涵，用"执行评估指标"更容易联想到具体任务或行动的执行、完成情况，是对具体任务本身及其执行即时结果的衡量与判断；而 MOE 对应具体任务完成后达成的效能、效果，effectiveness 本身则有效益、效能或效率的意涵，因此用"效能评估指标"，容易联想到"效率、效果"等。

前　言

　　作战评估，并非新近出现的指挥控制活动，虽然它起源于战争史之初，但作战评估近年来却日益成为各主要国家军事理论界研究、实践的重点和难点。其地位之所以凸显，源于当前信息化局部战争形态下，作战组织实施日益呈现出高精度、快节奏的特征，传统上依赖战场情报系统和一线部队反馈信息了解掌控战局，结合指挥官个人经验、直觉形成判断决策的过程，已越来越难以适应快节奏的联合作战指挥控制活动。因此，嵌入联合作战计划与指控流程、有组织且成体系的评估活动，日益受到西方主要国家军队的重视。例如，2012 年英军首次颁布了 2-12 号联合条令注释文件《评估》；2015 年初美军发布 1-15 号条令注释文件《作战评估》，同年 8 月美国联合参谋部又授权空陆海应用中心（ALSA）发布了 ATP 5-0.3/MCRP 5-1C/NTTP 5-01.3/AFTTP 3-2.87 多军种战术、技术和程序手册（MTTP）《作战评估》；2020 年新颁布的 JP 5-0《联合计划纲要》文件中大幅新增了对"作战评估"活动的阐述，同年 2 月更新了 ATP 5-0.3/MCRP 5-10.1/NTTP 5-01.3/AFTTP 3-2.87 多军种战术、技术和程序手册《作战评估》。这些文件的颁布表明，西方军队正积极总结近期战争中的评估实践经验，凝聚共识形成适用于三军评估活动的条令与规范。

　　在美军的作战理论中，作战评估，是作战过程中指挥机构持续展开的一类指控业务循环。作战持续期间，评估活动通过指挥机构内专业评估团队连贯地观察和衡量不断变化着的作战环境，向指挥官揭示战场态势变化趋势，进而通过影响参谋团队的主动筹划与设计活动，使未来的作战行动更具效率。如果运用得当，作战评估使指挥官能够更全面地嵌入下属部队、行动涉及的中立方及联军部队对作战行动的具体组织与实施活动中，促进共享对态势和战场的理解，确保行动效果和目的的统一。

美军认为，成功的评估活动必须能融入作战的指挥与控制过程中，它们应与其他指控业务流程共同且协调地展开，使指挥官获得一种为完成其任务而前摄性地判明隐现中的战机与风险的手段，进而主动适应作战中的不确定性，把握可能的战机、避免可能的风险。通过评估，及时判明作战中的战机与风险，使指挥官获得对敌方的决策优势，充分抓住战场上稍纵即逝的战机，进而迅速达成作战目的并结束交战；或者重新聚焦联合部队的能力以降低己方作战行动失序的风险，又抑或加速己方作战目的、行动终止条件和最终态势的达成。相反，如果未能实施合适的评估，将错失作战中的战机，且难以应对战场上大量的不确定性和风险，导致陷入与敌方的延长交战，招致更大的伤亡甚至失败。

在当前美军联合条令体系框架下，涉及各类作战指控活动或流程的条令中，以"评估"为主题的条令仍最为稀缺，各军种对此类活动的理解也相对最为零散和混乱。对此，美军联合参谋部（JS）和各军种在近期的战争实践中逐渐意识到了此缺陷。2013 年 11 月，由美军联合参谋部负责联合条令制定及规划的 J-7 部门主持的"联合条令规划会议"上，与会国防部及各军种代表决定尽快制定以"作战评估"为主题的联合条令文件，弥补现有条令文件与战争实践之间的差距。为此，J-7 部结合此前各军种在作战评估领域的实践，以及相关军种条令文件中对"作战评估"的阐述，制定了 JDN1-15 号《作战评估》条令注释文件。未来如有必要，还可能制定专门以"作战评估"为主题的独立条令出版物。

引发美军对"作战评估"条令规范问题关注的根源，在于近期的战争及评估实践。在这些战争中，美军发现其各级军事组织在计划制定和任务执行方面投入相对较多的精力，但仍仅投入相对较少的努力来构建结构化的评估方法，从而使指挥官及其指挥机构的评估活动滞后于战场形势的发展（难以充分发挥评估的功能）。美军在近几次军事行动中深刻体验到了现代战争对作战评估的巨大挑战；期间很少有令人满意的评估实例可供记录在案。即便期间部分评估活动获得了一定的成功，也是在付出相当多精力和反复进行评估后才得以实现，而且这些评估活动的时效性仍不尽如人意。导致评估实践乏善可陈的重要因素，是缺乏可为各级部队评估实践提供指导的具体条令规范和共同认识，而这些来自理论和条令层面的规范，正是各级部队将其评估活动融入作战过程所必不可少的。在现实作战环境中，行动的复杂性、缺乏结构化评估理论指导，以及评估活动本身的较高要求，无疑使现有的评估理论难以真正全面应用于实践，使各级指挥官疲于理解当前态势，从而难以像预期的那样，通过评估活动持续向决策过程反馈当前最新的情况，形成真正的决策优势。对此，美军及其他西方国家军队近期加强了对作战评估理论的研究，形成了一些成果。

为紧跟西方军事强国在作战理论与实践方面的最新发展，借鉴美国军队在该领域的有益经验与做法，全面梳理、归纳美军在作战评估领域的理论与实践更为迫切。恰逢 2020 年以来美军接连颁布多本与作战评估有关的联合条令和多军种手册，辅以此前颁布的联合条令、军种条令中涉及评估的相关内容，更有利于把握美军作战评估理论和实践的源流与发展。

目　录

第一章　概述

　　战争，是人类社会最复杂、最残酷的对抗性活动。战争行为主体对作战环境、战场和对方态势反复且不断深化的认识与理解，大量、频繁且复杂的评估（判断）活动伴随着战争的展开，持续往复地进行着。但长期以来，战争节奏相对缓慢，加之信息反馈手段有限，无法为指挥官及时掌握战争行动进展提供必要支撑；对作战评估活动的认识未及深入等原因，导致各国长期将战争中"校准"行动实施过程的评估活动，视作指挥官对作战行动实施指挥控制活动期间不自觉的、自发的过程。尤其是在信息时代之前的战争实践中，评估活动似乎被简化为指挥官的主观判断过程。例如，在火器时代的欧洲战场上，拿破仑总是亲临一线感受战场上有限且概略的战场表象信息，以其主观色彩强烈的个人经验与直觉加以衡量评判，形成对战场态势或战局发展趋势的判断，进而做出调控作战行动的决策。长期以来，评估都被浓缩成由指挥官个人发挥其判断决策功能中的简短片段。就此而言，评估过程长期都"隐没"于指挥官个人的决策思维中。

　　历史上，美国武装力量对"评估"同样保持着类似的蒙昧态度，直到进入以第二次世界大战为代表的机械化战争时代后，激烈频繁的战争实践才促使美军部队形成最初的作战评估实践与理论。可以认为，至第二次世界大战时期，现代意义上的"作战评估"概念才得以形成，它最早由美军陆军航空兵在第二次世界大战中运用，之后逐渐发展出最初的理论认识和实践方法。

一、现代美军作战评估实践历程

美军的作战评估理论，是伴随着美军日益参与全球霸权角逐（同期战争形态加速由机械化向信息化演进）而逐渐形成的。据现有资料记载，即便当前作战评估经验最丰富的美军，最初也仅在第二次世界大战中后期的欧亚战场上展开过相关实践。因而，本节将以机械化战争形态发展至巅峰的第二次世界大战为起点，从美军实践的角度，回顾其在此次战争中的作战评估实践；接着以 20 世纪 70 年代美军全力投入的越南战争为案例，探究其作战评估的理论和实践发展；继而阐述美军在海湾战争和科索沃战争中的评估实践情况和理论发展；最后阐述 2000 年后全球反恐战争中，美军在作战评估领域的最新发展及趋势。

（一）第二次世界大战时期的作战评估实践

第二次世界大战，是作战评估理论与实践萌芽与发展的关键时期。战争中，各种全新战争手段、作战样式爆发性增长，客观上为作战评估理论与实践的发展提供了土壤。美军作战评估理论与实践，起源于第二次世界大战期间美国陆军航空队在欧洲战场上对德实施战略轰炸后，为尽快判明战略轰炸的效果而开展的评估实践。[1] 此类问题早在第一次世界大战时期就已出现，但当时飞机仍未广泛应用于战场，因此直到第二次世界大战时相关评估问题才受到重视并获得实践。

第二次世界大战期间，大规模空中作战、战略轰炸行动已相当成熟，但当时美军战略轰炸行动规划团队在制订行动计划时，最头痛的就是及时掌握上轮空袭效果，否则后继空袭行动的筹划与组织将无以为继。为了及时获得轰炸效果，询问任务执行机组是最早想到的办法。因此，陆军航空兵作战计划人员开始主动听取飞行人员返航后的归询简报，继而为轰炸机

---

[1] *Assessing Airpower's Effects Capabilities and Limitations of Real-Time Battle Damage Assessment*，JOHN T. RAUCH JR.，LIEUTENANT COLONEL. USAF School of Advanced Airpower Studies，2002（2）.

配备航拍装置，返航后立即检查空袭中拍摄的航空照片。由此，出现了作战效果评估的前身——轰炸效果判定。[1]

"轰炸效果判定"最终演变为"轰炸效果评估"[2]（继而又演变为"战斗毁伤评估"），但其实践效果始终不尽如人意。这实际上反映了军队超视距作战能力大幅提升后，"从传感器到射手"指控回路的响应速度并未同步提升的现实。但战争的现实又急需一种较可靠的轰炸效果评估模式。当时，美军只能依赖各类航拍照片满足评估需求。随着战争的进行，美军还曾发展出一种理论上可行但实践应用并不理想的评估方法，即在实施战略轰炸的前后，分别进行攻击前与攻击后的照片分析。攻击前获得并分析敌方目标区域的基准状态，攻击后再获得同一目标区域的照片，对比判读攻击前后的目标区域情况，从而形成轰炸效果结论。然而，上述方法在实践中却面临很多难题，例如，轰炸激起的烟尘往往经久不散，任务轰炸机携带的航拍设备很难在执行任务过程中完成对轰炸后目标区域的拍摄；而等待烟尘散去后由其他侦察机进行侦照又会拉长信息反馈周期，使其很难用于战役或战术用途；战争中后期，美军还曾尝试过一种预先判断炸弹落点的评估方法，利用炸弹投出弹仓后瞬间拍摄的照片来判断其弹着点，但应用并不理想，炸弹在落地前易受气象因素影响而使预判失效。第二次世界大战中期，美军在英国建立起欧洲战场的轰炸效果情报分析中心，主要用于分析对德国工业系统的轰炸破坏效果，对于战役层次的指挥官来说，分析中心的报告提供速度太过缓慢，几乎无法直接服务于战役、战术用途。例如，当时在这些分析中心，战略轰炸的计划团队需要24小时才能获得初步的轰炸效果结论，得到最终分析报告则需要48小时。[3]为了缩减评估响应时间，

①*Assessing Airpower's Effects Capabilities and Limitations of Real-Time Battle Damage Assessment*，JOHN T. RAUCH JR.，LIEUTENANT COLONEL. USAF School of Advanced Airpower Studies，2002，2.

②T. G. Carlson，"Are the Methods of Bomb Damage Assessment used in World War II Adequate to Furnish Information for Strategic Planning During a Future War？" Research paper（Maxwell Air Force Base，Ala.：Air Command and Staff School，May 1949），3.

③*Assessing Airpower's Effects Capabilities and Limitations of Real-Time Battle Damage Assessment*，JOHN T. RAUCH JR. LIEUTENANT COLONEL，USAF School of Advanced Airpower Studies，2002，p.7.

美空军开始集中编组评估人员，制定相应的判读评估流程，并将各评估小组直接部署在侦察机起降的基地内。在评估结论的应用上，逐渐形成了先战术、再战役、最后战略的评估模式。例如，战术层次的航拍分析结论通常在侦察机落地后 2 小时内完成，再通过电传打字机分发评估结论。

（二）越南战争时期的作战评估实践

美军在越南的战争行动面临完全不同的评估挑战。自朝鲜战争后，美国的情报界在发展其情报收集能力时更关注高升限的战略空中侦察照相能力，用以支持核大战中的侦察活动；至少在美国完全陷入越南战争前，美军仍忽略了陷入另一场大规模持续常规冲突的可能性。在美军大规模进入越南之际，美国国内大众传媒的发展也对其战争期间的作战评估造成了戏剧性的影响。当时，随着有线电视新闻网的发展，这些传媒组织在战争期间持续报告了诸如"在这个夜间，又有多少敌军装备被美军空袭摧毁，以及又有多少敌军士兵在美军的攻击下丧生的信息；而此时，来自前沿的毁伤评估（并经新闻传媒的放大和扩散），很快成为某种令美国公众紧随美国政军领导层深陷这场战争的媒介"。但越南战争中的目标大多是难以判明和高度易逝的。[①]对分析人员而言，要评估在雨林树荫掩蔽下移动或躲在掩体中的越南轻步兵部队遭受攻击后的毁伤情况，几乎是不可能完成的任务。但与此同时，来自上层要求获得"鼓舞人心"战果的压力，经常导致评估团队只能基于猜测来估算敌方所遭遇的损失。更进一步看，当时的情报军官也抱怨由于在实施某次地面作战后缺乏进行后续的评估调查，妨碍了正确有效的毁伤评估活动。[②]正如当时的一名军官意味深长地说"尸体并不会导致第二次爆炸"[③]，这正反映出情报部门对当时普遍不够重视实地调查作战

---

①Col Clifford M. Beaton, Seventh Air Force Director of Operational Intelligence, *Project CORONA HARVEST End-of Tour Report*, 20 July 1972, K740.131 in USAF Collection, AFHRA, 2.

②Col Burton S. Barrett, Seventh Air Force Director of Targets and Deputy Chief of Staff for Intelligence, *Project CORONA HARVEST End-of Tour Report*, 11 June 1972, K740.131 in USAF Collection, AFHRA, 10.

③同②。

效果或毁伤情况（获得实证性证据）的抱怨。

为适应当地的作战行动，参战美军设计了在当时看来较为合适的作战评估流程，以满足不同层级指挥机构或组织的不同评估需求。"前沿空中力量控制人员的报告、侦察照片、空中机组的任务报告及传感器数据"等，都是当时用于评估的主要信息源。SR-71战略侦察机和其他国家侦察平台资源也可用于提供远距离以外目标的信息；但就战役或战术级行动而言，这类来自国家战略侦察资源的评估信息仍需经很长的时间才能完成处理和传输，使其难以运用于日常作战行动。为了克服战略侦察信息在收集、处理和分发过程中的延迟问题，需要评估分析人员能够在战区内获得并处理来自国家情报资源的评估信息。事实上，越南战争期间，战役、战术级部队更多地使用其掌握的空中侦察能力获取毁伤评估信息，并据此做出是否再打击的决策。RF-101、RF-4战术侦察机和Q-34无人侦察机，主要用于承担此类任务（尽管有人机或无人机在执行此类侦察任务时各有其优点或缺陷）[1]。

为了最大限度地确保安全，需进入目标区域的侦察飞机通常只是临近目标及攻击区附近，并充分利用其电子对抗措施和战斗机的护航支持，以抵消越方的防空能力。由于侦照任务执行平台需要保护自己，并且需要在目标空域上空等待至爆炸烟雾散去（以便清楚地照射到目标），因而在执行此类任务时，侦察机需要在此两者间取得平衡。由于对侦照平台出现在目标区上空的时敏性要求较高，因此当时美国空军的实践是使侦察飞机紧随攻击飞机之后5~7分钟，进入目标区域上空并完成侦照。[2]这些侦察飞机除伴随攻击机群行动外，还需要能迅速响应目标军官的侦照指示，以便对战场上出现的临机目标进行攻击后的即时侦照，用于评估毁伤情况或效果。[3]当然，即便在战场实时打击侦察方面，空军部队进行了大量改进和完

---

①Gen William W. Momyer, *Air Power in Three Wars*（1978；new imprint, Washington, D.C.：Office of Air Force History, 1985），232-233.

②同①。

③Col Burton S. Barrett, Seventh Air Force Director of Targets and Deputy Chief of Staff for Intelligence, *Project CORONA HARVEST End-of Tour Report*，11 June 1972, K740.131 in USAF Collection, AFHRA, 16.

善，指挥机构的计划及评估团队仍难以及时从其战术侦察平台获得相关评估信息。通常，从某个攻击机群完成对特定萨姆防空导弹阵地的攻击，再由伴随侦察飞机完成评估侦察照相，到这些评估照片信息传递至分析人员手中，继而由其完成毁伤评估并将评估报告分发至特定用户手中，会经历约 12 小时。① 但与此同时，敌方最快能在 4 小时内重置其萨姆防空导弹阵地及设施，因此尽管尽可能压缩评估信息从收集、处理到分发过程的时间，但仍然可能存在问题。②

在第二次世界大战和朝鲜战争期间，情报分析人员就曾偶然性地利用作战飞机的机载火炮瞄准照相机所拍摄的战场照片评估战果；而到了越南战争时期，空军更希望规范化这种评估信息的收集方式，当时空军战术空中司令部（TAC）计划利用越南上空美军战机机载火炮瞄准照相机胶片，以便"提供一种对武器投射后毁伤效果的永久性记录手段……至于在评估时标注出的（武器实际投射效能与预期效能）差异，有助于培训更为专精的机组成员和改进更可靠的武器投射系统"③。1967 年，美空军的战斗机开始携带机载火炮瞄准照相机，以便在实施攻击时拍摄打击结果。④ 这些照相机朝着机身后侧，在其展开俯冲并完成对目标（区域）的炸射攻击继而拉起脱离目标区时，拍摄炸弹命中的目标区域情况。尽管这类后视型相机的解决方案与传统的侦察机侦照方式相比，可能仍非最理想的毁伤评估信息收集方式，但它们的确在时效性方面更具优势；如此，可在攻击战机着陆后的数小时内提供关键性的评估信息，使其无须等待其他的侦察任务及结论即可做出是否再实施攻击的决定。这一方式在越南战场上极具价值。

①Senate, *Air War Against North Vietnam : Hearings before the Preparedness Investigating Subcommittee of the Committee on Armed Services*, 90th Cong., 1ˢᵗ sess., 1967, 498.

②Headquarters Pacific Air Forces, *Linebacker II USAF Bombing Survey*, April 1973, K143.054–1v.34 in USAF Collection, AFHRA, 16 and Senate, *Air War Against North Vietnam*, 498.

③Capt Von R. Christiansen, "A Study of the Application of the Gun Camera to Tactical Fighter Weapons Delivery in Tactical Air Command," Thesis (Maxwell Air Force Base, Ala. : Air Command and Staff College, June 1966), 34.

④Gen William W. Momyer, *Air Power in Three Wars* (1978 ; new imprint, Washington, D.C. : Office of Air Force History, 1985), 234.

尽管在越南战争期间，美军的战斗毁伤评估理论和实践逐渐成熟起来，但现实情况仍使其面临一些困境，而且这些困难亦被证明是难以克服的。例如，由于评估组织的分散化配置，对信使的需求及评估信息的传输延迟，这些因素都持续地困扰着当时在越南作战的美军第 7 航空队和部署在战场上的各级空军部队。第 7 航空队作战情报处长在评论第 7 航空队与美国驻越南军事援助司令部在作战毁伤评估方面的重复工作时就认为，"要说（在避免多个指挥机构重复评估方面）有什么已汲取或应该汲取的教训的话，仍要说我们太天真了……传统上，指挥官们都会拥有他们的情报参谋团队，因此他们总是倾向于相信本级参谋团队的评估结论，而不会信任来自其他组织或机构的分析结论，更不愿向外界提供自己的评估信息与结论"[1]。他认为，联合部队下属各军种及其他各类机构缺乏共享并充分利用评估信息的意愿，而指挥机构在发号施令方面的天然优越感和权力感也会阻碍情报评估及其运用。例如，一方面，在每次攻击行动后，高级指挥官更感兴趣的是立即将攻击后的毁伤效果照片通过日常运输机送往华盛顿，这些送返的信息甚至没有得到完全的分析和判读，在此情况下要真正发挥它们的评估效用几乎是不可能的；而另一方面，前沿指挥机构急于邀功的心态又导致了他们与华盛顿决策层对战场持有不同观点，这些前沿机构必须在华盛顿下达针对下一阶段打击目标的命令前，解决当前可能仍需继续完成的任务。此外，为处理当时来自战场打击行动的海量照片，所需的判读人员和其能力将远超当时的战区情报能力；因而大量有用的评估照片被积累而难以为部队的行动提供有用的指导。[2] 当时，第 7 航空队负责情报的副参谋长无疑对此极为绝望，他在 1972 年结束驻越南部署时提交的报告中写道，"所有的情报来源，分析规则和分析人员都被投入解决与毁伤评估相关的问题中，

---

①Col Clifford M. Beaton，Seventh Air Force Director of Operational Intelligence，*Project CORONA HARVEST End-of Tour Report*，20 July 1972，K740.131 in USAF Collection，AFHRA，4.

②Mark Clodfelter，*The Limits of Air Power：The American Bombing of North Vietnam*（New York：The Free Press，1989），131.

但（真正的战场情况和毁伤效果）仍是个谜"[1]。此外，确定无疑的是，当时各级机构对战斗毁伤评估的战术、流程和组织仍存在很大差异。

回顾越南战争中美军作战评估理论与实践，虽然同期其作战评估理论开始逐渐向规范化和标准化方向发展，但囿于认识水平及当时的技术条件，美军作战评估理论长期固化在战术层次（战斗毁伤评估），难有更大发展。这既与当时美军不承认战役作为战略与战术之间的中间层次的地位有关，也是美军在越南战争中忽视正确的国家及军事战略，过分倚重具体战术行动实现战争目的的必然结果。期间，美军的战场作战评估陷入极端注重细节的"数人头"的怪圈（通过计算杀伤敌人数量来显示战术胜利、提升士气并获得舆论支持）。第二次世界大战结束至越南战争的几十年里，美军的作战评估理论仍处于探索、积累阶段。

（三）海湾战争及科索沃战争中的作战评估实践

在海湾战争前，美军率先展开的新军事事务革命显著改进了其作战筹划与组织的效率，或者说其自动化的组织与计划制订系统已具有快速、临机调整作战行动甚至打击目标的能力，但同时评估打击效果的能力却毫无进展，使之成为指挥官决策周期中最突出的"缺陷"。

海湾战争的爆发使美军再次遭遇麻烦的作战评估问题。总体而言，其评估分析人员继续运用越南战争中的评估模式，但同期的技术手段早已进化，加之对评估需求的变化，导致其作战评估理论与实践加速演进。在战略和战役级，对军级、师级作战部队的战役级作战评估活动，开始聚焦于判定其行动随时间流逝后累积的效果上，而不再关注具体战术部队任务是否成功。同时，各级指挥官对战术级部队的战斗毁伤评估结论也保持着较高的关注度，这些战斗毁伤评估同样是战役级作战评估的基础。

战术层作战评估方面，战争中随着隐形空中力量和精确制导弹药的广泛运用，联军空中力量能够同步对战区内分布广泛的大量目标实施同步精

---

[1] Col Clifford M. Beaton, Seventh Air Force Director of Operational Intelligence, *Project CORONA HARVEST End-of Tour Report*, 20 July 1972, K740.131 in USAF Collection, AFHRA, 10.

确打击，极大地增加了在广泛地理范围内进行战斗毁伤评估的需求。① 而美军的实践更表明，战争中基于情报或评估用途的图像判读，是一门"深奥的艺术"，而非一类科学。② 例如，战争中联军的很多精导弹药只会在诸如大型建筑物这样的目标上留下较小的孔洞，而大部分的爆炸发生在目标（如建筑物）内部，这也对评估其毁伤效果造成了新的困难。因而，美军迫切需要设计并发展一套特别的毁伤评估流程，它需运用可获得的有限物理毁伤证据（迹象），并配合专业分析人员的军事判断以满足这类评估需求。③

糟糕的是，自越南战争以来，美军战区指挥官所拥有的战术侦察资源已大量萎缩。期间，战区指挥官只能直接控制有限数量的 RF-4 型侦察机和带有侦察吊舱的 F-14 型舰载机，要运用 U-2 这类侦察资源仍需先获得华盛顿的审批。④ 同时，战争期间使用的无人飞行器（UAV）已能为地面或海上部队提供短距内的实时情报，但其数量上仍较为稀缺，因此各类部队对其需求非常高。在评估侦察资源出现较大变化的情况下，战区指挥机构评估团队结合其需求设计了相应的评估流程，在新的方法框架下，他们运用来自"国家情报体系、一线部队任务报告、伊拉克流亡者的情报及战机航拍胶片等评估信息资源，并辅以主观分析判断及其专业的军事判断能力，进而分析、融合、理解并判读各类情报信息，以完成其各类评估活动"⑤。例如，战机在任务途中通过发布其未经加密的飞行报告，（向指挥机构）传递其任务成功与否的信息。计划团队也会近实时地运用遂行轰炸任务的战机录像、照片，以及前沿地面部队的实时战报，评估其任务是否完成及产生的效果。即便这样做的时效性较高，但来自战机的信息仍只能在其着陆后

①DOD，*Conduct of the Persian Gulf War*，139 and Benjamin S. Lambeth，*The Transformation of American Air Power*，（Ithaca N.Y. : Cornell University Press，2000），9.

②Thomas A. Keaney and Eliot A. Cohen，*Revolution in Warfare ? Air Power in the Persian Gulf*（Annapolis，Md. : Naval Institute Press，1995），121.

③DOD，*Conduct of the Persian Gulf War*，245.

④*GWAPS*，vol. 2，*Command and Control*，280 and Winnefeld，144.

⑤DOD，*Conduct of the Persian Gulf War*，C-15.

4 小时获得（这一时限比其他来源的评估用图像要短得多）。至于源自地面人力情报的评估信息，它们从传输至指挥中心，完成处理并实际运用于作战决策，进而对作战行动构成影响，则需较长的反馈周期，通常只能用于战役级的作战效果评估。

战役层作战评估方面，战争期间美国的国家情报资源为战区提供大量"对伊拉克通信和信号情报，以及相关战略图像情报的分析判读"，这些情报源主要是一类"可见光、红外和雷达电磁频谱"①，用于对整体作战实施效果进行分析与评估。尽管有这些初步的探索，但当时美国军方并未设计一整套评估流程框架，将国家情报信息的运用纳入战区具体的作战评估活动中。② 因此，战争中有时一线部队需要等待数天之久才能从国家级图像处理机构获得有关的评估信息。此外，直接获得并运用来自国家级机构信息的授权，通常亦仅限于将军层级，使其很难应用于高时效性的战役、战术用途。

与第二次世界大战和越南战争不同，海湾战争由于时间持续较短，期间形成的很多战役级评估缺乏足够时间在实践中完善成熟，因此，很多以往就存在的战役级、战术级作战评估问题并未被解决。例如，不同指挥机构或组织之间的竞争性评估活动，常使评估结论令人迷惑和沮丧，来自国家情报机构的评估仅依赖其战略级资源，其形成的结论通常与来自战场的评估结论相冲突。在一些情况下，"国家情报组织似乎对战时战场指挥官的情报需求并不熟悉甚至反应迟钝"③。此外，当时仍缺乏通用的基础性战术评估条令和流程，也使联合部队在展开实时评估时具有更多的不确定性。例如，战争期间曾出现这样的战例，以美国为首的联军部队对伊军位于巴格达附近的某处地下核设施进行了攻击，但在攻击后的 6 天里缺乏足够且合适的战斗毁伤评估结论，导致在战争结束时联军都难以做出对其实施再次

---

①GWAPS, vol. 2, *Command and Control*, 269.

②James A. Winnefeld, Preston Niblack, and Dana J. Johnson, *A League of Airmen : US Air Power in the Gulf War* (Santa Monica, Calif. : RAND, 1994), 183.

③House, *Intelligence Successes and Failures in Operations Desert Shield/Storm*, 6.

补充攻击的决定。[①]

战争期间，情报及评估团队组织上架构的混乱同样阻碍了评估信息的处理及其结论的分发。例如，当时建立的战区情报中心和一些特别的情报流程，主要由其他机构增补的参谋及技术人员运作，并未建立起一整套统一的、兼容各级评估需求的情报处理框架。[②]此外，当时美军采用的基于效果的目标工作原则，更使分析人员在评估毁伤情况时遭遇麻烦。例如，斯瓦茨科普夫将军曾幽默地挪揄他的情报军官，因为后者向其报告称某处桥梁被摧毁了50%（事实上该桥梁的4个跨面被摧毁了2个），但实际上此处被摧毁了50%的桥梁已完全丧失了功能。正如过去的战争中那样，图像情报仍是各层级指挥官（为掌握战场、调控作战）所主要依赖的情报产物。尽管战场地形适宜光学侦察手段获得图像情报，但当地的沙尘天气经常掩蔽目标及附近地区，使难以应用图像进行打击后分析评估。而且，当时美军及联军各类图像分发系统之间难以兼容，妨碍评估分析及产物分发。例如，当时联军部署于战区的具备图像分发、流转能力的12类次级信息系统中，只有4种可向其他系统传输信息。[③]

评估条令规范方面，美军同样未估计到可能遭遇的困难，导致"只有非常少的训练有素的分析人员"可投入战争评估实践中。而分析人员缺乏相关武器的信息、预期的瞄准点和打击的预期毁伤等级的认识，更限制了他们发挥其作用。例如，空军以一种难以展开打击后毁伤评估的方法应用战场上的高精度武器系统，而评估团队更难对其实际造成多大的毁伤进行判定。

1996年，美军在其北约盟军的支持下，对科索沃实施了长达数月的空中袭击。在作战评估方面，美军仍继续沿用了以往的作战评估经验与理论，但实践的效果却受人诟病。这场空中战争有利于最大限度发挥美军技战术

[①]Wayne W. Thompson, "After Al Firdos：the Last Two Weeks of Strategic Bombing in Desert Storm," *Air Power History* 43, no. 2（Summer 1996）：54.

[②]House, *Intelligence Successes and Failures in Operations Desert Shield/Storm*, 1.

[③]DOD, *Conduct of the Persian Gulf War*, C–18 and House, *Intelligence Successes and Failures in Operations Desert Shield/Storm*, 2, 14.

优势，但在评估方面仍表现出重大缺陷，美军在战后报告中承认，运用现有作战评估理论配合使用精确制导武器，"战时对科索沃境内固定目标毁伤程度所做的评估一般都非常准确……由于塞尔维亚陆军和特种警察部队经常变换位置，给目标和战斗毁伤评估带来了一定的困难"。显然，由于美军战时的实时评估过于依赖技术手段获得的情报且种类单一，在对军事目标及机动目标的打击评估方面不尽如人意。特别是战后，南联盟经伪装且保护良好的军用车辆大批从科索沃地区撤出，不仅促使北约及美军重新反思空中力量在战争中的作用，更使美军意识到其作战评估理论存在的很多问题。此战之后，美军致力于完善其战斗评估理论，包括实现评估信息来源的多样化，重视发挥前沿及敌后特种作战力量的评估功能，以及构建针对小型机动目标的侦察和毁伤评估能力等，这些在其后继出现的评估手册中多有体现。

（四）2000 年之后的作战评估实践

2001 年及 2003 年爆发的阿富汗战争、伊拉克战争，表明美军作战评估理论与实践进入成熟阶段。海湾战争后，在经历全球战略格局急剧演变的同时，美军的作战思想、武器装备经历了飞速的变化。这一时期，美军作战理论最重要的发展，在于形成以"基于效果作战"（EBO）理论为基础的战役级评估理论，同时其战术评估理论进一步完善，相关理论在其历次信息化局部战争中也得到检验。

在战术层战斗评估方面，美军构建了"战斗评估"（combat assessment）流程，它是"对军事行动中部队使用效能的确定"[①]，包括战斗毁伤评估（BDA）、弹药效能评估（MEA）和未来目标工作或再次攻击建议。战斗毁伤评估，是对运用武装力量（致命或非致命性的）针对预先确定的行动对象，实现对其毁伤结果后的及时、精确衡量和估计，可用于分析衡量各种军事行动中所有类型武器系统（陆、海、空和特种作战武器系统）的运用

---

① 程勇，等.新编美国军事术语词典［M］.北京：国防工业出版社，2008：117.

效果，其具体实施又分为 3 个阶段：物理毁伤评估、功能毁伤评估和目标系统评估。弹药效能评估，则是与战斗毁伤评估同步展开并相互影响的评估过程，是任务部队对行动采用武器系统和弹药效能所进行的评估，其评估结果将决定是否及如何调整后续战术打击行动中弹药及其投掷平台的运用战术，弹药引信和 / 或武器投射参数；战时，弹药效能评估主要由作战部门负责，需要时情报部门也会参与和协调评估。再次攻击建议，是综合前两项评估后形成的建议，由作战部门和情报部门联合提出。例如，为达成预期作战目的实施再次攻击目标，或进一步选择其他目标实施攻击等。具体内容将在本书第七章具体阐述。

在战役层作战评估方面，科索沃战争后，美军反思了以往过于注重战术级评估的评估理论，并以同期出现的"基于效果作战"理论为基础，聚焦衡量判定作战行动效果，形成了明显不同于以往战术评估理论的战役级作战评估理论。

至此，美军战役级评估理论开始将以往的战术级评估活动纳入其中。对战役级行动的效果评估，将通过衡量、评价遂行具体作战行动所创造出行动效果，继而综合汇总具体战术行动的评估结论，形成对战役级行动的评估结论。在此评估体系中，战术层级评估指标体系具有直接和定量的特点，而战役级评估的重点则聚焦于作战行动导致的间接效果与影响，因此其评估指标和结论以定性为主。对此，美军设计了两类用于评估其战术、作战行动的指标：执行评估指标（MOP）和效能评估指标（MOE）。前者与任务直接相关，聚焦于战役框架下具体作战任务的实施效果，衡量评估任务部队对其担负具体任务的完成状态或程度；后者则与（通过大量具体行动）达成的战役级作战效果和目的直接相关，它主要是定性指标，用于从整体上衡量作战行动（或战役中的阶段性行动）是否达成预期的最终态势条件，实现作战目的，或创造出预期作战行动效果的情况。在战役层面，通过综合运用战斗评估结论及两类指标，在以定量的方式对作战的微观、局部作衡量评价的基础上，实现对战役整体态势和实现程度的定性判断。在具体实施时，美军遵循自下而上、逐级评估的原则，通过融合具体战术行动效果评估结论,对战役级作战目的的实现效果及其进展程度进行衡量与判定。

在旷日持久的全球反恐战争中,美军还积累了大量低强度非传统战争的经验,这深刻地影响了其评估理论和实践的发展。伊拉克战争、阿富汗战争在很多方面都相似,如主要作战阶段持续时间很短,但很快美军及北约盟国部队又逐渐陷入类似越南战争的游击战泥淖,既无力很快稳定当地局势,实现战前战略目的,又不甘就此放弃,前功尽毁。因此,就作战评估的发展而言,在长达近10年的全球战争中,美军及北约盟军面临的挑战很大程度上在于,如何准确地衡量、评估其平叛部队在责任区域内实施稳定行动的成效,进而帮助指挥官调整部署和行动方法。

因而,进入全球反恐战争中后期,美军作战评估理论的关注点开始向非传统冲突领域倾斜,重视与在其他国家(或地区)的美国及国际非军事机构展开联合评估,设计并实践用于平叛稳定行动的评估理论。例如,驻某国的国际安全部队领导战区评估事务的评估小组(AAG),就于2011年召集一批专家修订战区内的评估流程,构建了适应低强度稳定行动的中长期持续评估机制。该机制由两个重要的部分构成:一是作战评估,通过运用一系列具体的评估标准、指标,聚焦于衡量安全部队遂行具体稳定行动的实施结果与效率;二是战略评估,专注于评估驻该国北约部队整体战略目的的实现情况。对此,该评估小组认为在长期的驻该国维持稳定行动中,评估过程应适应驻该国援助部队的任务特点与当地环境,不仅需聚焦于军事行动或安全领域内的行动效果,还必须衡量评估安全秩序、当地政治管理、社会经济和该国国内主要地区间关系四类不同领域的状况。[1]总体而言,两个层级的评估流程都致力于通过捕捉当前战略形势或作战行动的瞬间,评估此前的行动效果并预测未来的挑战。

二、理解相关术语

美军认为,评估过程中建立对评估活动所涉及术语的共同理解,是需

---

[1]Joint Doctrine Note 1–15, *Operation Assessment*, Joint Force Development, 2015.1, B–C–1.

解决的首要问题。长期以来，美军各军种从本军种角度理解评估活动及其相关术语，随着联合作战形态日益成为常态，加之联合作战的评估活动还涉及多类非军方机构或非政府组织人员，他们对各类评估术语的不同认识、理解与界定，逐渐成为作战评估理论与实践进一步发展的障碍。

2015 年前，美国国防部及各军种对"评估"（assessment）这一术语有很多不同的定义和理解。例如，2011 年版 JP 3-0《联合作战纲要》，是"评估"术语的源顶层出版物，其中包含具体定义；2014 年版 JP 1-02《国防部军事和相关术语的词典》列出了有关"评估"的 4 种含义。而导致对此术语更难以理解的因素，则是同期联合条令和军种条令中对"评估"的定义繁多，共涉及 19 种。其中 14 种评估类型采用了《韦氏词典》对"评估"的定义，而非 JP 1-02 中对该术语 4 种定义中的任何一种；另有 4 种评估定义，见诸 JP 3-60《联合目标工作》中，其中对几种特定评估术语的界定与 JP 1-02 号联合出版物中对评估的界定最为接近。因此，美军自己也意识到，要整合各军种的作战评估流程与实践做法，亟须统一定义。在 2015 年 8 月由空陆海应用中心（ALSA）综合四大军种相关条令后颁行的多军种作战评估的战术、技术和流程手册（MTTP）《作战评估》，首次对相关评估术语进行了规范与定义。对术语的明确定义，将帮助各军种及可能涉及作战评估活动的非国防部伙伴、机构和组织，建立对它们的共同理解。

（一）评估

在军事领域，美军将评估界定为：①在军事作战行动中，估计衡量武装部队作战能力的整体运用效果（效率）的持续过程；②判断行动是否正朝着完成任务、创造行动所需实现的某种条件或达成预期作战目的进展着；③对现有或计划的情报活动的安全、效力和潜力进行的分析；④对现有或未来的雇员或"谍报员"的动机、资格和特点进行的判断（JP 3-0《联合作战纲要》）。其中，前两个释义对应着美军所称的"作战评估"，即"对不断变化着的作战环境，进行持续的观察和经验性衡量评判的循环，用以（帮助指挥官）做出对未来的决策，使其作战行动更具效率"①的过程。作战行动的目的和预期最终态势决定了指挥官的意图。评估必须能反映当前行动朝着实现预期目的和最终态势发展的进程。

由于评估是一种指向未来的活动，因此评估活动先于并引导每一项行动过程及活动的展开，并随着每次行动或行动阶段的结束而结束。但作为一类循环性的指控业务活动，在作战行动实施期间评估启动后，既无所谓开始，也无所谓结束。

评估寻求解决以下 4 类基本的问题：

（1）发生了什么？

（2）为什么认为（事件）会发生？

（3）未来可能存在的机会和风险是什么？

（4）接下来需要做什么？

评估包括 3 类活动：监控当前形势，收集相关评估信息；评价行动进展情况，衡量评价行动朝着实现最终态势或下一预期态势条件、作战目的的进展，以及任务当前执行的状态或情况；建议和引导行动，使其能实现作战目的、达成最终态势条件。图 1.1 描绘了评估的三类活动及期间需致力于解答的 4 类基本问题。

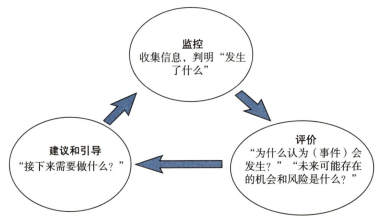

图 1.1　评估致力于解答的四类问题

———————————
① *Operations Assessment*，*MTTP*，ALSA，2015.8，P5. http：//www.alsa.mil/.

（二）作战评估

依据较正式且权威的 2015 年 1 月第 1-15 号联合条令注释出版物（JDN）《作战评估》，"作战评估"（operational assessment）被定义为"一套连续进行的过程，它可通过衡量作战行动是否正朝着完成任务、创造行动所需的某种条件或实现作战目的展开，以支持指挥官的决策活动"。[①]

作战评估，是任何一种作战行动及其指控过程的有机组成部分。它是核实与分析任务完成情况所必需的重要前提。指挥官，在其参谋团队和下级部队指挥官的协助下，在与跨机构和多国伙伴及其他作战行动的利益攸关方的配合下，持续监控作战环境，评估作战行动是否朝着实现预期最终态势的方向发展。基于评估结论和建议，指挥官为后续作战行动的调控施以相关指导，确保作战行动始终聚焦于完成预定任务。作战评估可应用于一系列范围广泛的军事行动。作战评估作为一种在作战中以评估结论为导向的经验汲取方法，为指挥官及其参谋团队提供对行动未来发展的洞察力，使其能把握住修正、纠偏作战行动发展趋势的机会。

结合美军对作战评估的定义及其实践，"作战评估"概念主要对应战役级作战评估活动。为简化阐述，后继内容中提及"作战评估"时，主要指战役级作战评估活动；而战术级作战评估，则以"战斗评估"指代。

（三）战斗评估

在美军的一整套评估体系中，战斗评估（combat assessment）处于评估概念体系的最底层，它被定义为"对军事行动期间部队运用整体效能的判定。作战评估由以下 3 个主要部分组成：①战斗毁伤评估；②弹药效力评估；③再次攻击建议。其目的在于为战术作战行动的进程确定建议。联合部队级的作战通常由其作战部门负责，联合部队情报部门予以协助"。[②] 同

---

① Joint Doctrine Note 1-15, *Operation Assessment*, Joint Force Development, 2015.1, B-C-1.
② JP 1-02《国防部军事和相关术语词典》, 2014 年 1 月 3 日。

时，战斗评估聚焦于判定使用致命或非致命性能力或武器对目标进行打击的结果，因此，它是联合火力和联合目标工作流程的重要组成部分。为了开展战斗评估，充分理解目标与联合部队指挥官作战目的、行动指导和预期行动效果之间的联系非常重要。

如其定义所述，战斗评估由 3 项相互联系的部分组成，分别是战斗毁伤评估、弹药效能评估和再次攻击建议。

关于战斗评估（CA）的 3 个过程及其具体阐述，可参见第一版《美军作战评估理论与实践》、相关条令与手册，本修订版将不再详述。

三、作战评估的功能与原则

美军认为，作战评估的目的在于强化指挥官的决策质量，提高决策时效，促进更富效率地实现作战的最终目的。

（一）作战评估功能

作战评估为指挥官决策活动提供重要支撑。对行动的及时准确评估是指挥官 OODA 决策周期中关键的组成部分，它可为各级指挥官提供以下相关信息：当前的战场态势、战役或作战行动的进展情况，以及对后续作战行动计划与实施的建议。作战评估的核心功能就在于帮助指挥官在整个作战目的的背景下，综合考虑判定当前战役或作战行动的实施情况及其效果，这将有助于指挥官及其指挥机构对当前行动的调控，并更适当地筹划后续作战行动。与通常对指挥官决策起到支撑作用的情报活动不同，评估是以作战目的为最终指向、对战场情报信息做进一步精炼和处理的活动，它对指挥官决策过程的支撑更加直接和明确，如图 1.2 所示。

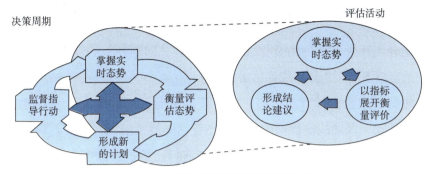

决策周期

评估活动

掌握实时态势

监督指导行动

衡量评估态势

形成新的计划

掌握实时态势

形成结论建议

以指标展开衡量评价

图 1.2　指挥官决策周期中的评估活动

作战评估促进重新建立行动的协调与同步。战役级作战由大量行动构成，这些行动交织、反复地展开，相互影响并协同增效，共同用以实现预期的作战目的。因此，大规模作战实施期间，指挥机构的大量精力与工作被消耗在各类行动的协调与同步上，但效果仍不尽如人意。现代战争中，经常出现这样的情况：战前精心制定的行动协同计划，在战事展开后很快就失去了作用，需要在战事进行过程中根据具体进展情况重新建立新的协同。因此，作战实施期间，及时准确把握当前态势和各作战力量的行动进展，就成为协调、同步各作战力量有序高效遂行行动的必要前提。尤其是对一场持续时间较长、行动范围广大且规模庞大的战役而言，通过聚焦且有重点的评估，及时掌握主要方向、主要作战力量的行动态势及进展情况，将促进实现行动的协调与同步，确保主要作战行动有序同步、协同增效地实施。

作战评估促进理解作战进程并筹划后续行动。除了直接支撑指挥官的决策活动外，作战评估还具有促进指挥官及其指挥机构、其他相关部门和人员持续理解和共享战场环境、态势及行动进程信息的功能。作战评估活动，不仅涉及指挥机构的各个业务部门，而且还涉及其他机构，如决策层、非军方机构及非政府组织等。在指挥机构内部，持续的评估活动有助于各参谋业务部门及时更新对当前行动和态势的理解，帮助其制定后续作战行动的计划。例如，美空军战时每日发布的"空中任务指令"（ATO）就是在昨日作战行动结束后，参考昨日作战评估结论及建议，于当日凌晨制定和发布的当日空中作战计划。

（二）作战评估原则

结合上述对作战评估及作战评估的阐述，回顾外军的评估实践经验，可归纳出以下用于指导作战评估活动的原则。

时刻以战役指挥官为中心。鉴于评估活动直接影响并作用于指挥官的决策活动，因此战役行动的实时动态评估是战役指挥官决策周期中的关键组成部分。评估将帮助指挥官判断当前行动的进展和状态，为修订后续行动筹划提供潜在有价值的建议。通过明确战役行动的重要阶段、重点方向及部队，战役指挥官将使战役评估活动聚焦他所关注的方向、时节及领域。指挥官必须明确他本人对作战评估的预期，确保其评估团队能够充分履行职能。在战役期间的评估过程中，有时指挥官还需要确保评估团队与其他参谋业务部门同步且协调地展开各类活动，消除冲突和壁垒。

评估过程尽可能简洁高效。在当前作战行动节奏日益加快，指挥控制周期越来越短的前提下，评估准确性和及时性之间矛盾加剧。要在紧张复杂的战役实施期间高效展开评估活动，不仅要简化评估流程及其与其他业务活动间的交互关系，还需要设计合适的评估标准尽早明确具体指标。外军的评估实践表明，越是高节奏的作战行动，评估过程的时效性越为突显，甚至在很大程度上比评估结论的准确性更加重要；或者说，概略且及时的评估结论往往比准确但延滞的结果更有益。表现在具体作战实践中，就是广泛采用实证性的评估策略，采用复杂模型计算与分析的战术级评估模型通常集成于专业作战软件系统中，并尽可能简化其与评估人员的接口界面。例如，美军近年来公布的多本评估手册几乎未出现复杂的公式和评估流程，其评估过程和方法都极为强调能够在战时紧张条件下为普通参谋人员所运用。

融入指挥周期和行动节奏。无论何类作战过程中的评估，在时效性方面都具有极高的要求，任何评估结论或建议只有及时提交给指挥官及业务部门，其评估才能最终发挥效用。因此，作战评估应努力实现与战役指挥官的决策周期和行动节奏的同步。融入指挥周期及行动节奏，在战役实施之前的筹划组织阶段就应考虑相关事宜。例如，在战役之前的情报保障计划中提前规划评估信息收集，确立评估活动与其他战役指挥业务流程间的信息交互关系；战役实施期间，战役评估团队需要严格按照评估计划和当前作战重点展开评估活动，指挥官还需避免向其评估团队提出过于细节化的评估需求，如此将加重下级部队和评估团队的负担甚至破坏其工作节奏。

确保评估持续且聚焦展开。战役实施期间，持续展开作战评估的需求，主观上源于指挥官持续掌握战场动态的需要，客观上则在于评估活动本身持续展开的特点。有时，即便仅需评估战役中特定"片段"（如重要阶段、方向或行动），也需要持续收集、分析和处理此"片段"前后的背景信息。因此，评估活动应在整个战役实施过程持续展开，用以实现预期评估目的。与此同时，尽管评估活动具有连续性，但其在实施时更应是聚焦的。

广泛融合外源信息和情报。为筹划组织高效的战役行动，战役评估流程应能够使战役指挥机构随时将战场上实时获得的环境态势信息融入评估过程中。对于一场行动力量多元、作战样式复杂的战役行动，为了完整获得对当前行动、作战环境和态势的正确理解，仅凭战役编成内的情报信息收集无法完全实现。战役指挥机构需要广泛整合来自外部的评估信息，如非军方政府机构、商业机构以及他国政府或部门可用于评估的相关信息。

谨慎建立评估中因果关系。作战评估应以衡量特定作战行动与其产生效果的相关性为主，而非两者间的因果关系。评估团队在形成最终的评估结论建议时，必须谨慎且准确地阐述当前联合作战行动及其所导致的作战环境及态势的变化。对于战场上任何作战行动而言，其引发的特定效果通常与多种变量和因素相关，因此某个因素或变量的变化并不必然意味着某种行动效果的变化，或者说某个行动效果的出现源自此前的某个行动。而这也正是衡量作战效果被各国军队普遍视为全球性难题的重要原因。有时，评估团队的评估结论能够显示出行动及其效果之间的相关性，但不应草率地建立两者间的因果关系。

四、各战争层级的评估活动

作战评估发生于军事行动的所有层级，发生于战略、战役和战术层级的评估活动也相互联系和依存。尽管不同层级的军事行动可能具有特定的行动使命和独特的行动节奏，但这些不同层级的军事行动及其评估活动共同构成相互关联的整体（图 1.3），图中体现了这些不同层级军事行动的作战评估的相互影响。通常而言，战区战略层级和战役层级的作战评估聚焦于这两类层级的军事行动所实现的一系列广泛的使命、行动效果和目的，以及预期的最终态势；而战术级的作战评估则主要聚焦战术任务的实现。在各个军事行动层级，合理聚焦作战评估的信息收集与分析重点，有助于减少工作冗余，并提升整体作战评估的效率。

对同一行动任务而言，涉及此任务的支援方和受援方的作战行动计划相互关联，协调同步两类部队行动任务的作战评估工作能获得最佳效果。如图 1.3 所示，对处于战区战略层级的某一行动，以及为实现此层级行动预期最终态势，而在战役层和战术层分解细化出的具体任务而言，某一层级行动的作战评估活动都与其上一层级的评估活动紧密联系，此联系包括接受来自上一层级的评估指导，或者为其提供所需的评估信息输入。例如，战术层级的作战评估应着重阐述本级评估将如何与战役级的评估相联系、如何支持后者；类似地，战役级的评估指导则应阐明本级与下一级评估活动间的关系和交互机制，通过此机制，战术层级的作战评估数据将能够被同步整合进战役级的作战评估活动之中。

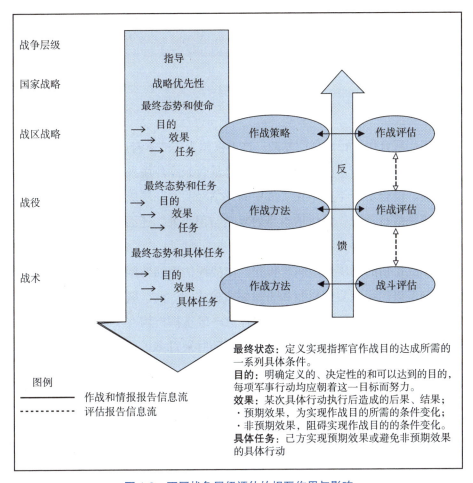

图 1.3　不同战争层级评估的相互作用与影响

　　评估活动发生的层级及其强度与承担特定行动或具体任务的部队层级相关。例如，战术层级指挥机构日常运用执行评估指标（MOP）对具体任务展开评估，并在评估时考虑那些与直接或衍生的行动效果相关的效能评估指标（MOE），后一类评估指标往往支撑着高一级指挥机构的评估活动。低层级指挥机构的评估活动通常进行得相对频繁，其行动实施区域也是评估人员聚焦的区域。战役级和战区战略级指挥机构的评估活动更倾向于聚焦作战行动的效果评估，以及衡量行动为达成行动目的和实现军事上的最终态势的整体进展情况。由于评估过程需要支撑指挥官的决策周期，正式评估活动的频率应与战局、战役展开的节奏，以及指挥机构的运营节奏一致。

五、作战评估面临的挑战

现代联合作战行动高度复杂，这不仅源于作战本身所涉及的行动样式、力量多元交织所带来的挑战，亦源于作战背景、环境及行动预实现效果的复杂性。结合十余年美军在实战中的评估经验，高层级指挥机构在衡量评价本级作战行动时，除评估本身的复杂与困难外，还面临以下制度、观念等方面的挑战。

作战评估的制度性难题。首先，作战评估面临的制度性难题来自战役本身分层级的组织实施机制和力量编成模式。当前，联合指挥机构总体上呈现出"扁平化"的特征，意味着任意一级指挥机构在实现更大的指挥跨度后，都面临下级上报的信息链增多、随时被过多评估信息"淹没"的困境，这对完成作战评估所依赖的情报职能提出了更严苛的时效性要求。此外，作为支持指挥官决策活动的过程工具，评估活动将在不同层级的指挥机构和任务部队展开并实施；因而各级指挥机构或部门在完成并提交本级评估时，都带有本级部队的观点或利益印记，有时这会与上级指挥机构的指挥和评估活动冲突。其次，作战评估面临的制度性挑战还源自军队对政治层的从属性地位。在高度发达的信息时代，美军的作战行动往往要接受全球各种意识形态舆论与媒体的持续、反复检视，这在很大程度上构成思考作战行动是否达成预期政治目的的基础认知。因此，作战行动的评估结论不可避免地需服从、服务于政治层的需要，导致指挥机构在有意或无意间会迫于微妙的政治压力（即达成了行动的预期政治目的），总是倾向于乐观地看待和评估其担负军事行动的进展情况。例如，自 2001 年开启的全球反恐战争久拖不决，日益陷入困境的美国政治层历任政府都希望尽快听到前线指挥官的"好消息"，这种为使政治上合理而更加"主观"地看待战役行动的倾向，与军队中履行评估职能的参谋团队所秉持的"客观"态度，形成了评估活动中持续的制度性矛盾。

对作战评估的过度性难题。美军过去几十年多次战争的评估实践表明，各级评估活动为了实现对本级行动进展的全面掌握，往往倾向于提出过多的评估指标，这导致对本级和下级大量的（评估）信息收集需求。特别是对于战区等高层级指挥机构的评估团队而言，最重要的挑战就是理解"评估多少（行动、任务和项目）才足够"的问题；只有充分且正确地了解支撑本级评估需求，需要多少情报信息收集和评估分析能力，才不会因评估造成对其他指挥控制活动的干扰。战争实践表明，即便满足正常评估需求，在评估信息收集方面仍存在很多实际的困难。例如，因情报力量、资源有限而导致的评估收集需求与其他情报收集需求之间存在冲突。因此，评估过程中的一项主要的难题就在于理解并界定评估到底需要多少评估标准和指标及相关数据，才足以实现评估的预期目标，并提高评估数据收集和分析效率。当前美军的评估实践表明，过多的作战信息并不会必然转化为更好的评估结论，必须基于任务目的和实际评估能力，合理确定评估流程及其所需的评估标准和指标等评估数据。

确立可信的评估基准的难题。大多数军事行动都处于极端复杂和高度动态的环境中，衡量其进展时经常难以建立可靠、可行的评估基础。有时，为应对紧急事态或危机，评估团队并没有充裕的时间进行事先的评估方案设计，健全评估数据收集方案，需要随着应对行动的展开同步完善评估计划和数据收集方案。即便整个指挥体系内拥有足够的能力处理大量评估数据和相关标准，但在行动期间处理它们亦绝非易事。在行动中，针对行动的某个方面，借助特定衡量评估基准，界定行动能够实现的某个可以接受的条件，需要对行动所处的战场环境及行动本身欲实现的意图和目的有充分的理解。简言之，行动计划和评估团队需要知道何种状态是"正常的水平"（或常态）。而且，随着行动展开，行动环境随时间变化，之前认为（行动应实现的）某种"常态"也可能出现变化。更进一步，行动任务的聚焦可能随时间流逝而出现变化，这意味着评估不同行动阶段的衡量标准也会随时间变化而改变，这对评估团队提出了极高的要求。外军在近期实战评估中往往采取抽组外区作战评估经验丰富的分析评估人员，充实特定战区评估力量的做法。

设计可行的评估方法的难题。联合作战具体呈现形式、样式的复杂化，以及行动效果实现的多样化，带来了在设计可行的评估方法、评估指标方面的艰巨挑战。联合作战评估所遵循的核心原则在于将复杂、概略且难以衡量评价的总体战争目的或意图，分解细化成具体、易于量化的任务（并根据评估项目建立对应的、具体的评估指标和标准）。但与此同时，上级指挥机构在汇总融合下级部队上报评估结论，分析融合战术级作战效果指标，进而积累形成本级作战行动（效果）的评估结论，绝非琐碎和简易的事。而且就人类本身思辨的倾向和特点看，人们总是习惯于简化对复杂事物的解释和处理。因此，对战役层级的评估团队而言，理解其所担负的任务，精心规划具体任务实施，进而设计出易于收集和衡量的评估指标、信息需求及相应的评估方法，将成为显著的难点。

第二章　作战评估的实证性逻辑

美军构建其作战评估理论体系的底层逻辑，经历了较长历程与阵痛。自第二次世界大战时期美军不自觉地初步实践评估活动，到此后在历次局部战争中持续探索、积累评估技巧与经验，长期以来美军对评估理论底层逻辑的构建都在某种自发的、无意识的状态下展开。直至 2010 年之后这种情况才有根本的改观，尤其是 2015 年以来，美军逐渐形成了作战评估的实证性底层逻辑与思维。探讨美军为什么会形成这一思维及其源流与演变，对于深刻理解、认识美军现代作战评估的本质是非常有价值的。

一、战争复杂性对工程化评估逻辑的挑战

自第二次世界大战结束后，战争的节奏就处于持续加快的趋势中，加之同期兴起的信息技术革命和自动化浪潮，一贯重视技术解决方案的美军在冷战后期及后冷战时代曾在相当长时间里尝试运用"工程化"的评估思路解决当时的作战评估问题。这里所称的"工程化"思维，通常是指面临复杂的作战评估问题，运用系统化、技术化思路加以处理和解决，即评估团队通过全面把握行动与环境、行动与行动之间的量化、逻辑关系，以系统论的视角，综合全面地形成量化评估结论。然而，美军在越南战争期间实践"工程化"评估思维时，却遭遇了前所未有的困难，包括评估信息不充分且难以准确获得、行动效果晦暗难明无法量化等。

尤其是 1991 年海湾战争、1999 年科索沃战争以来，美军传统的战场评

估方法运用都不理想。美军理论界逐渐意识到，认识战争必须承认现代战争的复杂性，意识到构成战争复杂巨系统的子系统通常都具有缺乏结构化[①]（ill-structured）的特征，而人类在面对这种复杂性时应保持"无知"与"敬畏"的态度。换言之，不应想象人类在面对战争时具有某种"上帝视角"，能够完全、清晰、准确地掌握战争进程，以及由于战争活动所导致的结果或效果。这意味着，战场上复杂的行动环境、事物间或系统间复杂的因果或相关关系，以及作战行动与这些复杂因素间相互影响与作用，对于进行战争对抗的双方而言在很大程度上都处于某种"黑幕"之中，要对作战活动实际进展和结果进行及时准确的定量、定性分析，几乎是不可能完成的使命。

复杂适应系统（CAS）[②]理论认为，现实世界中的复杂适应系统由大量独立的要素、组件构成，它们持续相互学习并以适应系列内其他要素的行为方式展开活动。这些系统包括大量的组成部分，其个体可能非常简单，但构成整体后，却导致整体系统的行为和功能难以被分析；当然，在很多复杂自适应系统中，系统中的个体要素同样也较为复杂且具有自适应性能。通过个体要素之间能量与信息的交互，系统内部不同要素之间建立起大量直接和间接的能量及信息反馈循环回路，它们相互纠缠并交织，难以分析和理解。表 2.1 即为复杂自适应系统的特性、影响和表现。

表 2.1　复杂自适应系统的特性、影响和表现

复杂自适应系统的特性	影响或表现
多个相互竞争的行为参与方（攸关方）和利益群体，相互之间存在大量复杂的相互联系	系统由大量不同的子系统、要素构成，各子系统、要素之间的关系非常复杂，可能因竞争空间或资源而相互协作与竞争
系统内部子系列（要素）间的相互关系不清晰且经常变化	各子系统与其他开放系统或因素间相互影响与作用

①所谓"结构化"，是指系统内各构成部分之间的排列、配置与组成关系，具有清晰化、条理化的特征；而"非结构化"或"缺乏结构化"，含义则相反。

②复杂适应系统（complex adaptive systems，CAS），也称"复杂性科学"（complexity science），是 20 世纪末叶兴起的前沿科学阵地。对复杂适应系统的定义也是"复杂"的，至今尚无统一的公认定义，其主要表现出不确定性、不可预测性、非线性等特点。

续表

复杂自适应系统的特性	影响或表现
系统及子系统间的某种中心（能量或信息、决策等），倾向于采取分散化的配置模式； 系统内部各子系统的空间和时间特性，及其行为状态的目的，可能难以明确、界定或转换； 系统内部各子系统，在不同的时间或空间尺度、范围内呈现出不同的功能； 系统通常采用开放方式运行； 其整体特性和特点对复杂系统的动态变化具有重要的影响； 系统具有某种记忆能力； 系统呈现的重要行为或状态特征，具有典型的非线性（即输入与输出不成比例）	系统中子系统的行为或状态非常复杂，相互间冲突或竞争关系经常转换； 系统缺乏（能量、信息及决策）中心，在对子系统的刺激做响应时相对较弱； 系统内部各子系统和要素间的边界或区别较为模糊； 子系列间的不同作用与影响可能在不同的时间和空间尺度上相互作用； 不能假定系统内部覆盖各子系统间不存在着某种信息、能量或资源流及之间不会相互影响； 系统的行为或状态呈现出明显的非线性特征，即总体并非部分之和，或输入（信息、能量）与输出呈现某种比例，细微的输入可能导致不成比例的输出；系统内部一次小的事件可能导致行为状态出现较大变化； 系统的历史性数据，在很多情况和尺度下非常重要； 系统内部的复杂动态特征，会在无预警的情况下出现灾难性变化； 影响和控制复杂系统的机制同样复杂，在对应的各层次上皆如此

　　显然，现代战争的复杂性，无论其构成系统间的互动、还是系统与环境间的互动，在相当程度上都符合上述复杂适应系统的很多特征。而信息化形态下联合作战对精确指控的内在要求，又需要指挥官及其评估团队在复杂的作战实施过程中同步且持续衡量评价其行动实施情况及进展。这需要首先承认战争活动的体系复杂性，认识到要在作战过程中高时效性地准确掌握战争活动系统的构成部分、行动、环境变化及其关系，难以工程化地描述和理解。这正是在复杂作战环境中展开行动评估所遭遇的主要挑战。

　　对此，美军在其 2015 年版多军种战术、技术与流程（MTTP）手册《作战评估》中就曾做如下阐述：

　　　　战场及作战行动，并非可控和可观察的试验，仅用定量数据根本无法解释或把握作战环境的复杂性。

由于军事行动本质上的非线性特点，作战过程开始时"输入"的最细微变化，都可能导致不成比例的行动结果。

指挥官及其参谋团队应谨防单独依赖数字、定量的信息或其他简单化的方法来衡量评价某项行动或具体任务的进展（分级定档），单纯以定量信息或简化的方法将无法突出作战行动及决策过程中蕴含的复杂性。

指挥官及其参谋团队还必须谨防向下级部队提出过多的、单纯用于其本级评估活动的信息收集和分析需求。任何任务部队都应仅衡量评估那些为高效遂行任务而"必须被"衡量评估的行动及活动，而非衡量评估所有可能被评估的行动及活动。①

就复杂的现代大规模作战行动而言，评估团队难以完全随时理解其所处的复杂、自适应及缺乏结构化的作战环境及过程。而作战实施过程及效果的复杂性和非线性特点，使得要从工程及结构化的角度解构作战行动的种种效果尤为艰难，甚至不太现实。习惯于技术化思维的美军最初在作战评估领域也尝试过工程化评估模式。例如，利用作战行动与作战环境（敌方作战体系）要素之间的因果关系及概率，以及交战过程中实时获得的作战数据，运用系统工程理论（如网络化效能评估、体系贡献度模型、贝叶斯网络等），通过工程运算衡量（行动）对敌方作战系统或体系的毁伤程度或效果。

但在 20 世纪末几次局部战争的作战与评估实践中，美军逐渐意识到：大规模作战行动或战役，并非一系列战术行动及其效果的简单线性叠加，它们的实施更强调其各类组成作战行动之间的配合与互补增效，其本质是各类战术行动效果（直接及间接）通过非线性组合与积累，实现预期战役目的。实施期间，各类战术行动间及其与总体战役目的间的关系，以

①ATP 5-0.3/MCRP 5-1C/NTTP 5-01.3/AFTTP 3-2.87（MTTP）*Operational Assessment*，2020.2，P.62. https：//armypubs.army.mil/epubs/DR_pubs/DR_a/pdf/web/ARN20851_ATP_5-0x3_FINAL_WEB.pdf.

及战役行动中各种非预期、不确定性事件，具有典型的复杂巨系统特征。理论上可行的工程化评估途径很难真正应用。导致此种困境的原因可能如下。

（1）现有工程评估模型和方法，都是对以往战争中作战及评估活动的抽象与归纳，对未来作战的指导意义不明显。但在信息化战争形态下，作战目的多样、作战手段与方式运用灵活，使未来的战争难以利用前次战争中形成的评估模型与方法，针对具体作战行动的评估需求定制化程度越来越高。

（2）工程化的评估模型，需要大量基础性数据和明确信息支撑，这在战时难以实现。工程化地实时评估作战活动，不仅要求提前精准掌握敌方作战体系的大量细节，这些信息是未来作战实施期间展开实时工程化评估的基准；还要在战时及时跟进掌握作战进程的最新精确状态与变化。这对于战时的情报收集、分析活动提出极高且难以实现的要求。

（3）就作战实施后的具体评估而言，现有工程类评估方法，不仅需实时获取、分析战场持续涌入的大量数据，还需明确具体作战行动与其作战效果（敌方作战体系遭破坏程度、战场环境特定变化）之间的逻辑关系，以及不同作战行动在导致出现具体行动效果过程中的权重，但这些关系与数据需求在战时高强度的指挥作业环境下都非常难以满足。上述因素导致难以在实战期间运用工程化思维解决高实效性的作战评估问题。例如，作战初期，为压制敌方网电作战能力，需要从硬杀伤、软杀伤两个方面计划对敌方网电作战系统的打击行动。为此，多样化的作战行动会陆续展开，随着时间的推移，目标体系的功能既可能急剧降低，也可能会逐渐被弱化，但无论最终预期作战效果如何实现，都与大量相关作战行动存在或多或少的关系。要以工程方法评估其效果，需要明确具体行动与敌方目标体系出现变化之间的关系（是否呈现出相关性或因果关系）、与出现特定效果相关的各类行动的权重比例（贡献度）、大量具体细节数据。显然，要全面掌握这些细节和情况，在战时不仅困难而且极为耗时。这类工程化方法不仅要求坚实的数据支撑，而且对评估人员的素质要求较高，这在战时指挥机构

31

紧张、高节奏的作业环境中难以广泛运用。正因如此，美军才在其评估原则中强调，谨慎建立评估中（行动与效果间）的因果关系，而应以衡量特定作战行动与其产生效果的相关关系（相关性）为主，并避免在战时背景下运用复杂的公式化评估模型。

二、作战评估的实证逻辑起点

进入 21 世纪后，随着美军全力投入全球反恐战争，美军日益感到工程化定量评估的思路和模式，难以应用于快节奏、高时效性要求的信息化作战组织与指控过程。鉴于战役级作战评估所针对的复杂对象与过程，在同期广泛应用于作战组织与筹划的"基于效果作战"（BEO）理论启发下，美军逐渐形成了从实证性维度（empirical perspective）观察、衡量并评判战役级作战行动及效果的思维与方法。

（一）基于效果作战理论与作战评估

美军之所以在发展其战役级作战评估理论方面走了很多弯路，很大程度上在于长期以来美军不承认"战役"（代之以"小战略"或"大战术"）是不同于战略与战术的独立战争层级，这直接导致美军作战评估理论与实践长期在战术层级徘徊。越南战争，是美军军事理论界在 20 世纪 80 年代正式承认"战役"概念之前最后进行的一场大规模局部战争，战争期间美军一直希望以精心安排的具体战术性作战行动实现特定的战略目的与效果。但美军的战争实践表明，需要由一名"单一"的指挥官担负起对越南战争的独立领导责任，而非不同的军事领导层与白宫的决策者一起对各类战术部队发号施令。反思越南战争的经验教训后，美军在作战理论上汲取了东方军队处于战术与战略之间层级的"战役"概念。

在接受了战役（campaign）或战役级行动（operational level operations）的概念后，美军随即遭遇到战役或战役级作战行动的评估难题。随着对战役概念认识的深入，美军很快意识到战役级作战或大规模作战本质上是各类战术行动效果（直接及间接）非线性的组合与积累。因此，就衡量战役级行动的直接或间接效果而言，无法简单地"叠加"构成战役的各具体战术行动的评估结论。海湾战争后，美军从同期出现的"基于效果作战"（BEO）[①] 理论中，找到了展开战役级作战评估的灵感。

BEO 理论可描述为：军事行动中不再单纯强调军事力量的应用（或军事行动直接造成的毁伤效果），而是以改变敌方体系状态以实现直接或间接的政治目的为目标，综合采取各种国家实力要素工具，以达成预期行动"效果"、实现军事政治目的为最终目标。其实质是通过在战略、战役和战术层次，以协调、增效和非线性累积的方式，运用多元军事和非军事力量，获得所期望的战略效果或对敌人造成预期"效果"。这一理论广泛出现在美军作战条令和作战理论文献中并运用于联合作战的组织、筹划与实施全流程中。例如，2000 年之后美军发布的涉及情报、作战和计划系列的联合及军种条令中，大量出现涉及"最终态势"（end states）[②]、"目的"（objective）[③]、"效果"[④]（effect）等表述。

基于效果作战理论，将传统作战理论所强调的对作战力量（或能力）的运用技巧与实际结果，转化为强调行动所产生的"效果"（无论是直接的、还是间接的效果）。从作战评估角度看，该理论与评估的结合正在于"效果"两字。美军新构建的实证性评估逻辑，正在于通过检视、衡量源自战场上获取的实证证据、迹象和征兆，来判断预期的行动效果是否达成。因而，要辨识、衡量一次作战行动成功与否，关键在于分析判断行动所产生的主观预期效果是否达成。简言之，评估军事行动的效果就是"通过分项评估遂行具体任务（tasks）创造出的行动效果（effects），来衡量、判定

---

①https：//en.wikipedia.org/wiki/Effects-based_operations.

② "最终态势"（end states）：阐明实现指挥官目的（objective）的一系列必要条件或状况（JP 1-02）。

③ "目的"（objective）：明确规定的、决定性的且可达成的目标（goal，非 target），为实现该目标，每项军事行动都应指向该目标（goal）（JP 5-0）。

④ "效果"（effect）：①由于某次行动、一系列行动或其他作用，而导致系统所呈现出的某种物理或行动的状态。②某次行动的结局、结果或后果。③条令、行为或自由度的变化（JP 3-0）。

预期作战目的（objectives）是否达成，最后综合得出预期最终态势（end states）是否实现"的过程（图 2.1）。

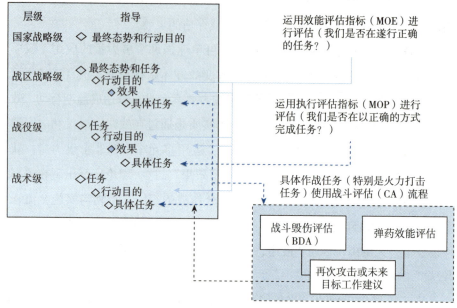

图 2.1　按照基于效果的范式进行作战评估活动

　　具体而言，基于效果作战理论，美军指挥官在受领某项使命任务（mission）后，通常将按照联合计划制定流程（JPP）①组织本级参谋团队展开作战设计（以指挥官为主）和计划制定（以参谋团队为主）活动，即本级为完成上级指派使命任务而对作战行动的设计、组织和筹划过程。

　　首先，特定层级指挥官根据上级明确的最终态势（end states），形成本级的作战目的（objective），这同时也会成为指挥官本人的作战意图（purpose）。同时，这里假定指挥官认知的本级行动目的或意图是符合上级明确的最终态势的。

　　其次，指挥官必须意识到，此时他本人明确的行动目的或意图，是他对即将由他本人组织并实施的作战行动及其结果（效果）的一种"主观预期"，这种以未来为导向的主动预期状态此时仅存在于他的思维活动中。而

① 参见 2020 年版 JP 5-0《联合计划纲要》。

要将这种主观预期转化为现实世界中本级部队的实际行动，则需要基于他本人的经验、直觉、传统和习惯进行主动的设计（可参见本书附录A "JPP流程中的指挥官作战设计"）。

再次，依照JPP中的作战设计方法，完成作战设计（形成一些可实现本级行动目的的概略行动）；这时，对未来作战实施（及结果）的"主观预期"，已通过指挥官头脑中的"因果逻辑"思维[1]与即将发生在现实世界中的"客观活动"——各类关键的具体任务（task）与行动，建立起强因果关联的映射。

最后，基于上述步骤，参谋团队完成具体的计划制定活动（形成可供实施的作战计划或作战命令），在具体行动付诸实施并实时衡量评估行动效果（是否达成主观预期）时，显然需要考查主观的作战目的或意图［运用效能评估指标（MOE）］是否达成、客观具体行动是否足量保质完成［运用执行评估指标（MOP）］。

而在具体任务或行动具体实施后，要实时或近实时观测衡量行动执行情况及行动意图（效果）实现情况，则需要运用实证性评估方法，其具体思维活动可视作与指挥官作战设计思维的逆向过程。

首先，基于两类指标（MOE和MOP）形成的评估信息需求，依托本级和上级的情报职能完成信息收集与分析，并重点检视与评估指标相关的信息。

其次，在具体任务的MOP得到验证的基础上（即相关具体任务都按数量、质量要求成功完成了），检视与之对应、可实证观测的MOE（单个或多个MOE对应某个行动效果，而多个效果共同支撑起主观目的或意图的实

---

①JPP流程的作战设计阶段，指挥官将其对行动结果"主观预期"映射到现实"客观行动或任务"中，广泛运用了因果逻辑思维，这显然受指挥官个人经历、经验、直觉、（决策时对态势的）认识等因素的影响。换言之，主观客相符合的作战设计，通过实施客观行动或任务，能够实现主观意图；反之，则意味着指挥官在其主观意图与客观行动之间建立起错误的因果关系与映射。形成上述过程的关键，是指挥官简化其认知的单一归因思维，即意图与行动之间一对一、一对多的"因果关系"（忽略现实作战环境中各类事物间的复杂互动与关联，实际上行动、环境与目的之间可能是"多对多"的关联关系）。本质上，这是有缺陷的，但这也是在具有时效性要求的作战组织筹划过程中，所必须接受和承认的缺陷。

现）是否达成。

最后，将依据 MOP 形成的具体任务的评估结论，与达成主观预期（目的或意图）之间建立起"相关性"[①]映射（或者说弱因果关系），即基于作战效果进行实证性评估时，不能轻易地判定某些行动是导致特定目的或意图达成的主要原因，而只能确立两者间的相关性。至于这种相关性达到何种程度，正是源自美军对战争或作战复杂性及由之导致的战争过程不确定性的承认。

对此过程的探讨，还可参考后文中对评估指标设计的相关案例。

（二）作战评估的实证性逻辑

在"基于效果作战"理论的基础上，鉴于同期的工程化评估理论和工具难以广泛应用实战评估的背景下，为了能够对作战活动进行及时且概略评估，美军基于其作战组织、筹划与实施的思维观念，逐渐在 2010 年之后构建起衡量作战进程和效果的实证化逻辑与途径。这里所称的"实证性评估逻辑"，是指在联合作战期间的评估活动，主要是以战场上可观测、可衡量的行动的结果及效果的表现、征候和迹象（量化数据或定性描述），作为衡量判断战役行动结果及效果的主要依据。当然，实证性评估方法，并不排斥量化评估模型或方法，后者仍可应用于战术层具体行动或动作的评估，但在评估涉及因素和态势高度复杂的战役级行动中，目前的工程量化评估模式仍难以胜任。

有关"实证性评估逻辑"的观点，可通过近期美军发布的多本条令和手册得到证实。例如，2015 年 8 月发布 ATP 5–0.3/MCRP 5–1C/NTTP 5–01.3/AFTTP 3–2.87 多军种战术、技术和流程（MTTP）手册《作战评估》[②]中，涉及"empirical"（实证化）的表述仅有 8 处；而到了 2020 年 2 月更新的 ATP

---

① 评估过程中建立的这类"相关性"认知，有助于指挥官在高时效指控环境下迅速做出决策，尽管这种决策的认知基础并不全面和完善。反之，如果在评估作战行动与效果时仍强调建立"因果关系"，就可能导致对战局发展陷入错误、片面的认知，进而导致错误的、过度的决策。

② https：//armypubs.army.mil/epubs/DR_pubs/DR_a/pdf/web/ARN20851_ATP_5–0x3_FINAL_WEB.pdf.

5–0.3/MCRP 5–10.1/NTTP 5–01.3/AFTTP 3–2.87 多军种战术、技术和流程
（MTTP）手册《作战评估》[①]中，有关"empirical"（实证化）的表述倍增至
16 处。在这些条令、多军种手册中，大量使用诸如"empirical information,
empirical observation, empirical evidence"（实证性信息、实证性观察、实证
性证据）表述。同期，分别于 2017 年、2020 年更新 JP 5–0《联合计划纲
要》中，对作战评估采用"实证性"逻辑的表述逐渐清晰。

　　美军于近期颁布的条令及手册中所称的"实证的"（empirical）评估逻
辑，其实源自西方"实证主义"（positivism）哲学传统。实证主义，是指一
切科学知识的获取与构建，必须建立在来自观察和实验的经验事实基础上，
经验是知识的唯一来源和基础。科学知识之所以是确定、精确的，是因为
它们来自对现实世界的观察与经验，其有用性也是基于这个原因。至于这
种思维或逻辑在具体作战评估活动中的运用，可通过图 2.2 展现。

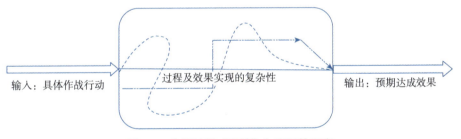

图 2.2　作战过程"黑箱"与实证性观察

　　具体而言，可将（实现某个目的、效果）作战过程，视作一个过
程复杂的"黑箱"，指挥官通过筹划实施具体作战行动（作为黑箱过程
的"输入"），意图实现特定的行动效果（作为黑箱过程的"输出"）。作
战评估的实证性逻辑，关键前提就在于承认战争的复杂性，而放弃对过
程复杂的"黑箱"的实时准确掌握（即不再探究从输入到输出的具体实
施途径和过程细节），只从可观察、可衡量的维度检视行动的"输出"结
果（即仅观测预期达成效果的程度和状态），形成高时效性但概略的评估

①https：//armypubs.army.mil/epubs/DR_pubs/DR_a/pdf/web/ARN20852_ATP_5–0x3_FINAL_WEB.
pdf.

判断结论。这样的评估逻辑固然有缺乏定量分析、较为粗糙的缺陷，但最大的优点在于它的高时效性（能够快速切入到指挥官战时决策活动的OODA中）。

特别是大国对手之间进程复杂、节奏较快的高端对抗，联合作战不同阶段的行动所导致的效果具有复合性和多维性；要及时评估作战行动的效果，需要揭示行动实施期间及之后在多个空间域（如陆上、海上、空中等）或领域（如军事、政治、经济、信息和心理等）呈现的不同表征现象（有的表征会即刻呈现，而有些维度的表征呈现则有滞后性）。为了展开实证性评估活动，并考虑到战时紧张的指挥作业环境，美军通常避免以计算的方式处理各种数据形成展现行动复合性效果的单一指标，以此衡量、呈现战役级行动的复杂效果，避免工程化评估过程导致评估团队纠结于各种量化数据并损害评估的时效性。相反，实证性评估模式则要求尽可能利用现有条件，在战场环境中通过观察行动在不同领域内的呈现表征，力求从多个维度反映其效果（即围绕特定作战目的制定多个不同类型的评估指标）。

美军认为，任何一次作战行动，即便是由联合部队通过筹划的一系列行动而遂行的复杂作战行动，最终都会产生各种直接或间接的效果，间接效果虽然不易观察和衡量，但并非不能被观察和衡量，采用全新的视角或思维模式在战时条件下找出其表征维度仍是有可能的。而这也是美军在战前筹划阶段设计效能评估指标时，强调采取"头脑风暴"的方式激发评估人员思维，找出特定行动效果的各种呈现方式的原因。

（三）作战行动的实证性评估案例

实证性评估活动，是一种取决于战场与对手具体特征，并较为依赖团队经验的评估方式，理解其内涵逻辑已殊为不易，而要在作战实践中成熟运用，则更需要反复练习并尝试。对美军在评估领域的实践做法，可通过以下两个案例管中窥豹。

案例一：在大规模作战背景下，对制空权夺取阶段的作战评估

对大国武装力量而言，在与势均力敌对手的高端战争中，最重要的阶段就是夺取以制空权为核心的综合战场制权，如何评判对特定空域的排他性主导权、衡量具体的控制程度（制空权），一直都是个难题。鉴于空中力量运用的高度动态性、空中战场的空间开放性、时间的单向流逝性，也可从不同维度对"制空权"进行衡量和评估。当然，如果仅从时间、空域范围等角度，都可形成一方对制空权的主导程度状态的简化描述，如从空域范围的角度，形成"夺取90%空域的制空权"的评估结论；但这必然会舍弃大量其他维度的信息，不利于指挥官全面、准确理解己方制空作战的行动效果。显然，从单一维度衡量判断制空权极大简化了它所蕴含的复杂特征与状态或程度信息，对于过程或进展曲折的大规模作战行动来说，如此评估的实际意义有限。

美军在面对此类问题时，基于其实证性评估逻辑，首先会分析影响己方夺取并维持特定空域制空权的主要因素，如空域自身特征因素、敌方制空作战力量构成及其威胁能力（空中力量、地面一体化防空系统等）；其次，分析己方情报收集手段与能力，主要包括覆盖的范围、信息收集类型、可能的外源信息源等（代表了对特定实证观测维度的信息的可获得性[1]）；最后，再综合考虑前述分析情况，形成对"夺取并维持制空权"的实证性观测、衡量维度。

图2.3是美军对敌方（具有较强制空权争夺能力）实施制空作战并夺取制空权后，在后续作战期间对维持特定空域制空权进行评估时的实证观测维度。从图中可看到，选取的实证性观察维度并不多（只有4个），但它们都可通过己方战场ISR系统持续且稳定地获得；换言之，可认为夺取特定空域制空权采取行动后的效果，可通过这4个维度较稳健地呈现出来。

---

[1] 如果某个实证性衡量、评估维度本身是可行的，但己方缺乏对此维度信息的观测或监视手段，那么此维度仍无法用于实证性评估。

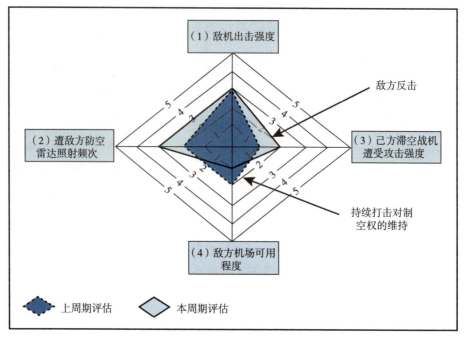

图2.3 从多个维度评估作战行动效果

（1）敌机出击强度：敌方残余空中力量的维度。

（2）遭敌方防空雷达照射频次：地面防空系统态势感知维度。

（3）己方滞空战机遭受攻击强度：遭敌方地防空或空防空力量实际攻击的维度。

（4）敌方机场可用程度：空中力量必要的地面支持体系的维度。

在实际维持制空权的实战期间，敌机出击强度、己方战机遭照射频次及受攻击情况等，通常都会以某个确切数值的形式出现，但单论这些数值并无太多意义；故而在呈现反映较长时间段内评估项目状态或趋势变化的效果评估中，需要在收集到这类评估信息数据后，将其转化为表达趋势的定性信息提供给指挥官。例如，在判定敌机出击强度的等级时，可首先根据此前夺取综合制权阶段敌机的最大出击架次确立基准判断值，继而再以本评估时段内确认的敌机出击架次，除以前述基准值，形成一个百分比数值并赋予约定的挡值意义。再设定这四类指标的百分比挡位，即由低至高以每20%为阈限分为五挡，分别设计"5——高（80%以上）、4——中高（60%～80%）、3——中（40%～60%）、2——中低（20%～40%）和1——低（20%以下）"，继而再根据特定时段内各评估项目的评估结论，在雷达图上定点并将各点连接成线。

在此案例中可形成以下判断结论：经前期持续作战行动，敌方可用机场及完备程度已有所降低，但敌机出击强度仍未见降低，可判定敌机日益依赖少量可用机场及跑道升空作战；在地面防空监视及反击方面，敌方可能启动了部分隐蔽备份的雷达设施及防空发射单元，在此阶段对己方掌握空域构成较大威胁。基于上述评估结论，评估团队即可形成以下评估结论建议：后续行动继续打击敌方具有起降能力的残余机场，强化对敌对空侦察预警系统的打击力度，在该空域维护一定数量的滞空战机，保持空中优势。

案例二：主要作战阶段结束后，对稳定行动阶段的评估

2012年，驻某国国际安全援助部队司令部的评估团队，对该国当地的战争形势及当地形势向预期方向发展的进展情况展开了持续评估。由于评估聚焦稳定行动阶段对当地形势发展演化的衡量判断，因此驻该国联军部队评估团队针对预期战略目的设计了4个实证性评估维度：安全、治理、社会经济和区域关系。这4个维度都可通过现实中发生在阿富汗境内的各类安全、发展事件进行观测和统计，如表2.2所示。

（1）安全：该国境内叛乱组织的活动强度的维度。

（2）治理：该国民选政府制度构建与维持维度。

（3）社会经济：该国民事功能恢复和社会经济发展维度。

（4）区域关系：该国与周边和国际社会的协作维度（境外对该国境内叛乱组织支持的维度）。

表 2.2　稳定行动的实证性评估维度

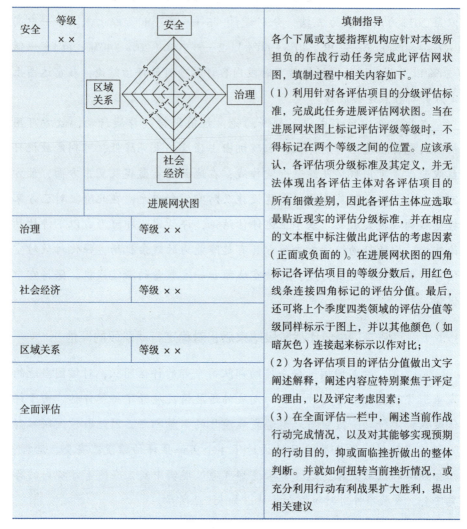

安全	等级 ××
治理	等级 ××
社会经济	等级 ××
区域关系	等级 ××
全面评估	

填制指导

各个下属或支援指挥机构应针对本级所担负的作战行动任务完成此评估网状图，填制过程中相关内容如下。

（1）利用针对各评估项目的分级评估标准，完成此任务进展评估网状图。当在进展网状图上标记评估评级等级时，不得标记在两个等级之间的位置。应该承认，各评估项分级标准及其定义，并无法体现出各评估主体对各评估项目的所有细微差别，因此各评估主体应选取最贴近现实的评估分级标准，并在相应的文本框中标注做出此评估的考虑因素（正面或负面的）。在进展网状图的四角标记各评估项目的等级分数后，用红色线条连接四角标记的评估分值。最后，还可将上个季度四类领域的评估分值等级同样标示于图上，并以其他颜色（如暗灰色）连接起来标示以作对比；

（2）为各评估项目的评估分值做出文字阐述解释，阐述内容应特别聚焦于评定的理由，以及评定考虑因素；

（3）在全面评估一栏中，阐述当前作战行动完成情况，以及对其能够实现预期的行动目的，抑或面临挫折做出的整体判断。并就如何扭转当前挫折情况，或充分利用行动有利战果扩大胜利，提出相关建议

　　针对上述 4 个实证性维度，设计相应的评估标准，为从整体上衡量该国当地的多维态势提供一套公共的评估框架，进而区分具体行动在各个领域的实施效果和细微差别。为实现此评估，驻该国安全部队指挥官要求所属各下级指挥官和支援部队指挥官从各自的角度，按表 2.3 所列的 5 阶等级标准，评估反馈本级部队行动在各个领域的进展和挫败。

表 2.3 对稳定行动 4 个实证性评估维度的程度划分

维度	1	2	3	4	5
安全	特定区域未实现安全状态	特定区域获得部分安全，但仍存在着形势出现反复的显著风险	特定区域获得部分安全，但仍存在着形势出现反复的中等风险	特定区域获得部分安全，但仍存在着形势出现反复的少量风险	特定区域完全实现安全稳定，仅存在着形势出现反复的少量风险
治理	指定区域内无重要行政管理人员，缺乏必要治理	仅有一些重要行政管理人员值守在指定区域内，但其治理活动基本无法确保辖区内行政管理需要	相当数量的重要行政管理人员值守在指定区域，但其治理活动仅能适度地满足辖区行政管理需要	所有重要行政管理人员值守在指定区域，其治理活动已能基本满足辖区行政管理需要	所有重要行政管理人员值守在指定区域，其积极的治理活动完全能基本满足辖区行政管理需要
社会经济	指定区域及周边安全条件正显著地妨碍着该区域的社会经济发展	指定区域及周边安全条件在部分地妨碍着该区域的社会经济发展	指定区域及周边安全条件对该区域的社会经济发展仅有少量影响	指定区域及周边安全条件对该区域的社会经济发展无影响	指定区域及周边安全条件强化、提升着该区域的社会经济发展
区域关系	其他国家对指定区域的安全形势发挥着完全的负面影响	其他国家对指定区域的安全形势发挥着部分的负面影响	其他国家对指定区域的安全形势发挥着少量的负面影响	其他国家对指定区域的安全形势发挥着部分的正面影响	其他国家对指定区域的安全形势发挥着完全的正面影响

据此，驻该国国际安全部队在该国各辖区的区域指挥机构（即图 2.4 中的 CMD D/E/F/G）的评估团队，就可以根据本级辖区内的大量实证性观察情况，从上述 4 个维度组织、管理各类数据，并按评估图 2.4 所示的雷达图制作相关的分析评估产物，用于指挥官的决策活动。

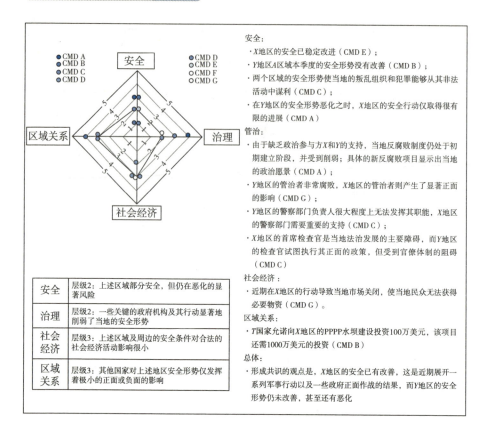

安全：
· X地区的安全已稳定改进（CMD E）；
· Y地区A区本季度的安全形势没有改善（CMD B）；
· 两个区域的安全形势使当地的叛乱组织和犯罪能够从其非法活动中谋利（CMD C）；
· 在Y地区的安全形势恶化之时，X地区的安全行动仅取得很有限的进展（CMD A）

管治：
· 由于缺乏政治参与方X和Y的支持，当地反腐败制度仍处于初期建立阶段，并受到削弱；具体的新反腐败项目显示出当地的政治愿景（CMD A）；
· Y地区的管治者非常腐败，X地区的管治者则产生了显著正面的影响（CMD G）；
· Y地区的警察部门负责人很大程度上无法发挥其职能，X地区的警察部门需要重要的支持（CMD C）；
· X地区的首席检查官是当地法治发展的主要障碍，而Y地区的检查官试图执行其正面的政策，但受到官僚体制的阻碍（CMD C）

社会经济：
· 近期在X地区的行动导致当地市场关闭，使当地民众无法获得必要物资（CMD G）。

区域关系：
· T国家允诺向X地区的PPPP水坝建设投资100万美元，该项目还需1000万美元的投资（CMD B）

总体：
· 形成共识的观点是，X地区的安全已有改善，这是近期展开一系列军事行动以及一些政府正面作战的结果，而Y地区的安全形势仍未改善，甚至还有恶化

安全	层级2：上述区域部分安全，但仍在恶化的显著风险
治理	层级2：一些关键的政府机构及其行动显著地削弱了当地的安全形势
社会经济	层级3：上述区域及周边的安全条件对合法的社会经济活动影响很小
区域关系	层级3：其他国家对上述地区安全形势仅发挥着极小的正面或负面的影响

图2.4 驻阿国际安全部队设计的稳定行动评估指标

三、从评估角度解构复杂体系和环境

美军为实现实时的实证性作战评估，在战前及战中都需持续考虑复杂作战环境的结构和功能，提前明确其中的"关键变量"，这也是实证性评估逻辑具体运用时的常用技巧。

关键变量可被视为作战环境中呈现的一种关键资源或条件，它会对指挥官的意图造成直接影响，并可能影响（作战体系）网络的构成和维持。一项关键变量，（可视作）在作战环境中观察态势发展的聚焦点，用以衡量指挥官的预期最终态势是否达成或达成程度，这在组织并设计评估流程与指标时非常有用。明确系统中的关键变量之所以重要，是因为它们影响作

战环境中关键构成要素或分系统的重心和所涉及的各行动方的行为。通常，这类关键变量在设计一些 MOE 和具体指标时会有所助益；它们会成为塑造行动环境及衡量行动的聚焦，帮助评估团队衡量、辨明行动朝着实现（下一阶段或整体）预期最终态势发展的进度。

随着作战行动展开，评估团队逐渐获得大量信息，他们将基于这些信息形成自己对行动进展、态势变化及行动中蕴含战机和风险的假定。检验和调整这些假定，需要选择并更新对作战环境中关键变量的认识。成功地辨明并对这些关键变量采取行动，将导致系统出现显著的变化（朝着下一阶段预期态势），这将通过观察具体评估指标的变化情况得以证实。在评估过程中，还需校验明确的关键变量，确保其有效性。评估团队还要注意的是，必须随着对复杂自适应且缺乏结构化的作战环境的逐渐深入认识和理解，周期性地更新修订其评估计划，以避免其过时，跟不上形势的变化。

评估团队必须定义各效能评估指标，并明确那些可揭示关键变量变化情况的具体评估指标信息，如此才能在复杂自适应且缺乏结构化的作战环境中衡量行动的进展情况。表 2.4 描述了在确定复杂环境中关键变量时所需考虑的结构和功能。

表 2.4　确定复杂环境中关键变量时需考虑的结构和功能

结构	功能
系统节点： 　网络体系内的功能 　与其他节点的联系 　在网络体系内的影响等级 　描述其节点类型 系统构成： 　节点：人、地点或事物 　资源：金钱、装备等 系统联结： 　联结类型：家庭的、社会的、文化的等 　联结强度：强联结、弱联结 　内部联结：节点间的联结 　外部联结：与其他系统之间的联结	系统能力： 　适应性 　再生性 　补充性 　资源 　训练 　遂行行动 　沟通、通信 系统意图： 　系统行为或状态的目的、意识形态等 　可能采取的行动方案或战术、技术及流程等 系统影响： 　对其他系统的影响 　受其他系统的影响

在形成相关用于辨明关键变量的假定时，下面的一些方法可能有用。

（1）概略地审视整体情况，而不必过早将注意力聚焦作战环境中的细节。

（2）寻找那些可用于表明以往对环境理解需要修正的迹象或信息。

（3）寻找行动中潜在的转折点和转折因素，这些平衡点可能是某种"态势或规则转折点"。

（4）寻找在作战环境体系中可能出现的新行动模式或范式。

（5）从作战环境中重要的行动参与方的角度，观察和看待形势及其发展。

（6）注意有关行动参与方的历史性信息，以往的战例经常可用于在复杂自适应且缺乏结构化的环境中，解释很多行为或状态。

（7）界定系统的边界，需要对复杂自适应且缺乏结构化的系统展开深入分析研究。

（8）承认行动中无时不在、不可避免的不确定性。

第三章 作战评估聚焦的行动对象

并非所有类型、样式的作战行动，都需要运用本书所述的作战评估技巧或方式。例如，美军在实施"力量防护"（force protections）行动时，其过程通常发生在己方行动空间和认知域内，衡量、判明其效果较为容易，故不作为本书后继研究的内容；而作战勤务支援（CSS）活动（指挥保障、后勤保障等）既非作战行动，同时又发生在己方行动空间和认知域内，因此皆不作探讨。

对美军而言，针对敌方作战体系施加致命性或非致命性影响，进而造成直接或间接影响的进攻性大规模作战行动，始终是其评估实践的重点和难点。自 2010 年以来，以美军为主参与的信息化局部战争，日益在局部、特定领域呈现出智能化特征，战争实施过程及作为其外在表现形式的各式各样的规模作战行动，都较以往美军经历的战争出现重大变化，呈现出受控因素多、力量多元、样式繁杂、时空条件广泛拓展及过程复杂的显著特征。

美军自 2010 年后着手设计针对现代大规模作战的评估框架、指标体系以来，就充分意识到，如果聚焦整个大规模作战行动（战役）本身，对其实施情况及进展展开衡量与评价，需要设计包含庞杂衡量维度的评估指标体系，要从整体设计此类指标基本不可行，更难以在当前作战节奏加快、指控周期越来越短的战时背景下实施。

因此，美军通常将作战评估的对象区分为两大类：一类是以突出主要作战样式为区分的典型作战行动，它体现了大规模作战过程中典型行动、特定时间点的行动细节，是大规模作战实施中的特定"横切面"或"点"（对应"基于具体行动的实时评估"）；另一类是大规模作战中的阶段性作战行动，它是在一场持续时间较长的战争期间，为实现阶段性作战意图或效果，综合、同步实施不同样式行动的过程，是大规模作战实施期间的特定"纵切面"或"段"（对应"基于阶段行动的周期评估"）。例如，美军对大规模作战或战役所设计的"六阶段划分模型"[①]（参见图3.1）。在大规模作战中，大量具体"点"行动，都包含于各种"段"行动之中，但由于指挥官在作战实施期间指挥控制活动的关注聚焦不同，需要聚焦不同的"点"或"段"行动进行评估。

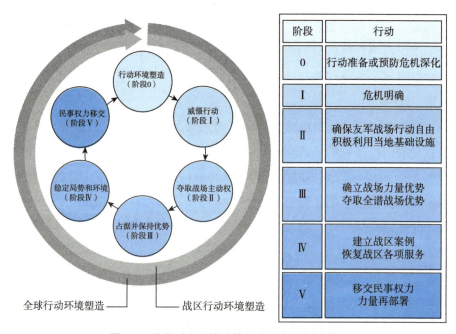

图 3.1　美军对大规模作战行动阶段的划分模型

更具体地说，前一类"点"行动评估，聚焦评估大规模作战中关键性行动，它们是作战实施过程中重要关节点；后一类"段"行动评估，则是为实现特定目的，将一系列具体作战行动以一定节奏和时序在特定战场空

---

① 可参考 2011 年、2017 年和 2020 年版 JP 5-0《联合计划纲要》。

间中综合运用后所呈现的阶段作战过程，尤其是重要时段、阶段的大规模作战行动，更需及时且准确地评估与衡量。

一、典型作战行动及评估内容

美军认为，指挥与控制、火力、防护、信息、机动、后勤维持[①]6类联合职能与能力，只有通过作战筹划、计划制定转化为具体作战行动后，才能发挥应有作用。因而，从美军的作战组织、筹划思维出发，对于其实施种类繁杂的联合作战行动而言，选取典型的作战行动样式，除考虑美军传统作战习惯外，还需结合战争形态的最新发展。例如，前者如多域 ISR（情报、侦察和监视）行动、空袭与火力打击等行动，可视作美军典型作战行动；后者如网络空间或电磁频谱作战、全域机动、特种作战等，同样日益成为美军常用的作战行动样式，也可视作美军的典型作战行动。传统意义上，我们所理解的"兵力突击"行动样式，由于对"兵力"的定义较为宽泛[②]，如将其作为一类典型作战行动，将与其他几类行动产生交叠（如海军、空军建制单位，它们属于"兵力"的范畴，但其作战效能发挥主要通过信息化火力实现）；因此，可考虑将其拆分为以装甲、机步力量等传统地面作战力量为主实施的"地面近战突击行动"单列为一类需要从评估角度考察的典型作战行动。

基于美军近期作战实践及其作战理论的发展，本书尝试选取"多域 ISR 行动、立体火力打击行动、特种部队作战行动、地面近战突击行动、网空或电磁行动、心理认知攻击行动、全域快速机动行动"7 类作战行动，作为美军在大规模作战实施过程中需评估的典型行动。换言之，美军遂行的大规模联合作战行动，都可视作由上述这些基本行动样式及其他无须进行作战评估的相关典型行动，反复"组合""叠加"而成。

[①] 可参见近几版次的 JP 3-0《联合作战纲要》条令。

[②] 兵力，"军队人员及其武器装备的统称，通常以建制单位或人数表示"。全军军事术语管理委员会. 中国人民解放军军语 [Z]. 北京：军事科学出版社，2011：81.

（一）多域 ISR 行动

多域 ISR 行动，是为获取联合作战情报信息、持续监控战场空间并维持更新战场态势认知，在统一指挥下综合运用各种 ISR 能力广泛实施的作战行动。信息化局部战争之所以成为战争形态演化的重要阶段，是因为"信息"在战争中的作用前所未有地凸显出来。

大规模作战行动实施期间，由联合部队各组成部队实施的 ISR 行动将贯穿整个作战实施全程，特别是在战前及战中的特定阶段，此类行动会更集中、反复展开。因而，评估其实施情况及效果尤为必要。

大规模作战中的多域 ISR 行动，虽然并不以直接攻敌为主要目标，但却是其他各类作战行动的倍增赋能因素，使其具有"交织展开、手段多样，效果间接、贯穿全程"的特点，特别是评估活动本身所需的相当一部分信息就来自战役中的侦察活动。从便于评估的角度，可将多域 ISR 行动区分为"侦察和监视"和"预警"两类。前者是为满足各级指挥官对特定作战信息的需求而展开的行动，侦察力量常需前出至敌方作战空间或领域行动，行动的风险性较高；后者则是为获取并持续保持战场态势感知而展开的行动，通常会受到己方立体防护力量的屏护，安全态势较稳固。

1."侦察和监视"行动

侦察和监视行动，涉及参战三军的各类侦察力量，是充分发挥其传感器的功效，通过具体行动获取己方所需信息的过程。基于不同角度，大规模作战行动中的侦察和监视行动既可根据作战层级分为战役、战术侦察和监视行动，也可依据 ISR 力量所处作战空间域划分为陆上、海上、空中、外空等侦察和监视行动，其运用基本涵盖了大规模作战的各个阶段与战场空间领域。尤其是作战关键时节、重要行动和重点方向上的侦察和监视行动，往往直接关系着后续作战行动的实施。但同时，无论何种侦察和监视行动，其效果都以间接的方式（即后续打击行动的高效实施）所呈现；因而，从评估角度看，在大规模作战中要近实时地衡量某次重要侦察行动的效果极为困难。

（1）侦察和监视行动的具体评估内容。侦察和监视行动是一类在大规模作战进程中与其他行动交织展开、起效间接的行动。在战役层面，评估其具体实施情况无须纠结具体的侦察平台或传感器类型，而应从指挥官及其指挥机构筹划具体侦察行动的意图出发，从实施战役侦察行动取得效果的共性角度，明确评估项目细化评估指标。表 3.1 所列评估项目内容及评价量度仅可作为参考，应用时需结合作战实际增减和调整。

表 3.1　侦察行动的评估内容

序号	评估内容	量度形式
01	实施侦察行动是否达成预期目的（满足了指挥官的信息需求）	是/否
02	侦察结论能否被运用于判定敌方意图或态势	是/否
03	是否制订了详细的侦察行动计划、具体行动是否按计划实施	是/否
04	侦察行动是否被敌方觉察进而采取了反侦察措施	是/否和描述
05	侦察行动是否满足时效性要求（时敏信息的价值保留截止时间）	是/否和时间
06	是否需要申请上级情报资源或产物	是/否
07	侦察行动中是否对突发情况进行了临机情报搜集活动	是/否
08	本级情报需求通过申请上级情报（收集）资源或产物获得满足的比例	百分比
09	明确对特定空间领域实施侦察行动后实际进行了侦察的比例	百分比
10	采用探测手段观测获取空、天、地或水面、设施及人员或事物的活动与具体信息所用时间及与预期信息搜集时间的差距	时间
11	预定侦察的特定空间领域的信息得到搜集的比例	百分比
12	预定侦察的特定空间领域的信息得到搜集并在随后获得验证的比例	百分比
13	侦察获取的有关对方活动等具体信息的精确度（通过经评估的后续作战的效果体现）	描述和百分比
14	侦察行动削弱和影响对手决策周期时间的程度	描述和百分比
15	担负侦察任务的力量在行动中损失百分比	描述和百分比

备注：所列内容，是实施战役侦察行动时一般需考虑的评估事项，需根据实际增减。

（2）侦察和监视行动的评估可行性和难易度。由于进入敌方作战空间的侦察和监视行动，其本身只能通过间接的方式影响后续行动，决定了在大规模作战实施过程中对其实施效果进行评估的难度较高。在理想状况下，圆满达成预期意图的侦察和监视行动将主要通过后续效率倍增的作战行动体现出来。因此，衡量其实施情况和效果，不仅需评判侦察和监视行动本身获得的信息数量和质量，还需考虑利用侦察和监视所获信息而展开的作战行动的执行情况。但在战时，这两类因素都极难被准确衡量。就侦察和监视行动所获信息而言，敌方可能采取伪装等反侦察措施手段，使此类信息本身就存在缺陷，难以判断其可信程度；而与之相关联的作战行动的实施情况和效果，则不仅取决于行动前的侦察活动，更与其具体实施过程直接相关，很难清晰区分两者间的界限和权重。因此，即便评估经验丰富的美军，在衡量其 ISR 行动的实施情况和效果时，也只能从己方侦察和监视行动活动的流程、按计划实施程度等角度评估其概略实施情况。

2. 预警行动

预警行动是为持续保持整体战场态势感知或警示敌方采取的重要攻势行动，防止遭到敌方突袭而运用具有作用距离较远、多光谱探测能力的技术装备而实施的 ISR 行动。鉴于预警本身涉及不同的情报来源（如人力、技术等）但人力情报提供的预警信息具有不稳定性，故而本节将主要从技术情报角度（即通过预警机、侦察卫星、地面远程雷达等展开的探测和预警行动），分析预警行动的评估内容和可行性问题。在现代战争中，由于作战手段空前多样化、打击远程化、作战平台隐形化，预警行动不仅面临着艰巨的挑战，且其重要性更迅速凸显。与前一类需深入敌方空间的侦察和监视行动类似，此类行动贯穿作战全程，在特定战役或作战时节或阶段尤显重要。预警行动的总体目的是持续有效掌控立体战场态势、准确警示敌方主要出击行动；因而，衡量评价其实施效果的关键，在于衡量行动是否实现了这两类目的。

（1）预警行动的具体评估内容。预警行动是一类在大规模作战过程中始终进行着的且起效间接的行动。在战役层面，评估其具体实施情况应从指挥官及其指挥机构设定的主要预警方向及其意图的角度，明确评估项目细化评估指标。表 3.2 所列预警行动评估内容及量度形式仅可作为参考，应用时需结合战役实际增减和调整。

表 3.2　预警行动评估内容及量度形式的评估内容

序号	评估内容	量度形式
01	是否制定了详细的预警行动计划、具体行动是否按计划实施	是 / 否
02	预警结论能否被运用于判定敌方意图或态势	是 / 否
03	预警行动发现的敌方目标类型（弹道或巡航导弹、战机或水面舰只）及各类目标的批次数量	描述及数值
04	预警信息能否及时融入指挥链	是 / 否
05	预警力量是否及时向相关指挥机构发布敌情征候与预警情报	是 / 否和时间
06	预警行动警示的敌方出击行动或战场态势变化情况是否属实（或得到验证的百分比）	是 / 否和百分比
07	在预警行动覆盖的主要区域是否出现未被警示的敌方出击行动（现有预警手段对敌方隐形作战平台的探测效果）	描述
08	各类预警系统对敌方隐形作战平台的探测距离衰减程度	数值和百分比
09	相关部队获得预警信息后能否及时出击	是 / 否和时间
10	预警系统覆盖的作战地域的百分比	百分比
11	作战地域内成功提供空袭预警的批次与敌方实施空袭总批次的百分比	百分比
12	经预警警示而消灭敌方来袭目标（平台或弹药）的数量及占比	数值和百分比
13	预警系统被敌方电子战系统压制干扰的情况或程度	描述和百分比
14	预警设备或平台在作战中的战损百分比情况	数值和百分比

备注：所列内容，是实施预警行动时一般需考虑的评估事项，需根据实际增减。

（2）预警行动的评估可行性和难易度。预警行动的目的在于掌握立体战场态势空间，并及时警示敌方可能的攻势作战，因此其效果衡量判断较为容易。例如，在某个展开预警行动的战役方向上出现经常遭受敌方突袭的情况（未能警示），就表明己方部署的预警行动效果欠佳，通过分析受袭情况及已有预警信息，或许就能判断出敌方采取的行动模式（空中力量超低空突防实施防区外打击、隐形平台集中运用等）。因此，战时要总体评价预警行动的效果，其表征较易收集和衡量。同时，预警行动及其对抗，主要属于网电攻防行动，其具体过程和效果的评估则尤为不易（可参见本节"网空或电磁行动"内容）。

（二）立体火力打击行动

立体火力打击，是美军主要的致命性攻击样式，尤其是当前传统弹药在全球信息系统支撑下，通过战场信息化指控系统，协调运用侦察、引导力量，对敌要害目标或节点实施的精确火力打击行动。当前，各国军队大量运用精导弹药的实战战例，正是立体火力打击行动的直接体现。它既是大规模作战的重要样式或行动，更是实现打击及毁伤目标的主要手段。因此，评估立体火力打击行动实施情况及效果更显重要。

联合部队实施的立体火力打击，是美军在各类作战活动中运用频率最高、实施范围最广的致命性作战行动，除具有传统火力战"打击范围广、力量多元、手段多样、进程迅速"等特征外，还突出表现出体系支撑、火力主战、软硬兼顾等特点。从便于评估的角度出发，可将立体火力打击进一步区分为精导火力打击和非制导火力打击两大类。其中前者充分发挥信息对能量与物质的主导作用，具有典型的信息化战争特征；后一类虽称为"非制导火力打击"，但这些传统机械化时代的火力在融入信息化作战体系后，仍将以集约精确释能的具体样式发挥作用。对立体火力打击行动的具体划分，将成为对贯穿战役全程的立体火力打击进行评估的基础。

1. 精导火力打击

精导火力打击，是充分发挥信息的主导作用，采用精确制导技术、具有直接或较高命中概率的弹药所遂行的火力交战行动。基于不同的制导原理，精导弹药大致可分为红外、激光、卫星导航、雷达、声响制导等多种类型，其运用基本涵盖了大规模作战中的所有实体战场领域。具有较高毁伤效能的精导弹药往往用于毁伤较高价值的目标，因而在战役的主要方向、重点时节或重要行动，往往大量使用各类精导弹药实施立体火力打击，甚至在整个战争过程中精导弹药的运用比例也呈现升高的趋势。鉴于精导弹药的高效打击能力，当前几乎所有美军海、空作战平台及大部分陆上作战平台都以各类精导弹药为主要打击手段，因而对大量运用此类弹药的立体火力打击行动进行评估，就能衡量具体交战的结果和效果。

（1）精导火力打击行动的具体评估内容。精导火力打击是现代战役中运用最广泛的火力打击行动。在评估其具体实施情况时，总体上应遵循指挥官及其指挥机构筹划某次火力打击的意图，明确项目细化评估指标。表 3.3 所列评估项目内容及评价量度仅可作为参考，应用时需结合战役实际增减和调整。

表 3.3　精导火力打击行动的评估内容

序号	评估内容	量度形式
01	实施精导火力打击是否达成预期直接效果[①]	是／否和百分比
02	实施精导火力打击是否达成预期间接效果[②]	是／否和百分比
03	实施精导火力打击是否遵守了交战规则（ROE）	是／否
04	实施精导火力打击造成非预期附带毁伤	是／否
05	实施精导火力打击造成非预期附带毁伤的情况及程度	数值及百分比
06	实施精导火力打击期间信息支援保障行动的效果及程度	是／否和百分比
07	完成精导火力打击的时间	时间
08	精导火力打击任务的准备和规划时间	时间
09	观察到首发弹完成打击后，为后续打击提供的弹药参数调整的时间	时间
10	新目标被探测后，信息系统及精导火力杀伤链实现对其杀伤的时间	时间
11	规划和协调其他军种火力实施支援攻击的时间[③]	时间

　　[①] 直接效果，通常指目标被毁伤的情况，它是火力打击后造成的即时后果。
　　[②] 间接效果，通常指火力打击的直接效果，经传导、衍生和级联而对其他目标或在其他领域内形成的后果。火力打击的间接效果取决于打击意图和行动设计，需结合具体情况明确其评估内容和指标。
　　[③] 运用某个军种精导火力为主实施打击时，协调其他军种火力支援所需时间。

续表

序号	评估内容	量度形式
12	当前作战背景或条件下使用某种精导弹药时的命中概率	百分比
13	当前作战背景下某种精导弹药对特定类型目标的毁伤概率	百分比
14	规定时间内得到执行的精导火力打击任务的百分比	百分比
15	在作战行动中预先计划的目标得到成功攻击的百分比	百分比
16	在作战行动中临机动态目标得到成功攻击的百分比	百分比
17	各作战阶段结束时实现预期战果的百分比	百分比
18	被消灭、迟滞、扰乱或削弱的敌军部队的百分比	百分比
19	被成功打击的总体目标清单的百分比	百分比
20	被成功打击的计划外敌目标的百分比	百分比

备注：所列内容，是实施精导火力打击行动时一般需考虑的评估事项，需根据实际增减。

（2）精导火力打击行动的评估可行性和难易度。弹药自身对精确探测感知能力的依赖，决定了以精导弹药为主的立体火力打击行动，能够较容易地实现打击毁伤情况评估。不同制导技术既然能实现对目标的精确探测、跟踪与打击，同样也能监控打击过程与目标毁伤后的结果。信息化局部战争形态下，以各种精导火力为主实施的立体火力打击行动将贯穿战役始终，尤其是大规模作战实施初期，为夺取主导权阶段，通常会集中运用联合部队的各类火力投射平台，实施大规模、全纵深、立体多维的立体火力打击，有时还会将此划分为一个相对独立的作战阶段（如科索沃战争）。后续作战阶段，如稳定行动、移交民事权力等，立体火力打击行动同样可作为毁伤敌方力量、目标，实现预期阶段目的乃至战争目的的主要手段，其重要价值不可低估。

关于不同制导技术的精导弹药，实时评估的可行性和难易度，可参见附录 D：各制导技术类型及弹药的评估可行性分析。

（3）提升精导火力运用情况可评估性的措施。结合对主要精导弹药的评估可行性分析（表3.4），可认为以现有精导弹药技战术性能特征，要实现精导火力打击行动的全面评估仍面临较多困难。首先，可直接评估的精导弹药类型较少（仅红外、激光、视频等几类精导弹药），不足以覆盖全谱系精导火力打击行动，且这几类较易评估的精导火力都属于中近射程，实际上只涵盖精导火力打击行动光谱中的一小部分。其次，突防能力强、打击范围广（弹道及巡航常导、远程火箭弹）且效费比较高（卫星制导炸弹）的几类精导火力，只能依托战场侦察监视体系实施间接评估，不仅增大了情报侦察体系的战时担负，而且评估延时滞后的问题难以解决。

表 3.4　改善精导火力实时评估能力的可行性

精导弹药类型	原实时评估模式	改进方案	实时评估可行性	成本及系统支撑
惯导弹药（常规弹道导弹、制导火箭弹）	空、天基侦察监视，地面特种力量抵近确认观察等间接的证实及评估模式	加配弹载多模侦察负载，弹道末端目标区上空展开照相，将目标区可见光和/或红外图像经空天中继数据平台传回后方供判读	多种弹载侦察系统或用于目标毁伤评估的系统已服役，具有较高价值	成本较高，需要空、天基数据中继平台的无缝连接
地形匹配精导弹药（巡航导弹）卫星精导弹药（近中程制导炸弹）		利用GPS卫星导航系统全球定位功能，在此类弹药加装发信信标。在弹药命中前将最后时刻空间地理坐标传回	通过对比回传的坐标与设定打击坐标，配合弹药毁伤效力数据，具有运用于实时评估的可行性	成本较低，需GPS卫星导航系统作为数据中继

基于此类原因，强调评估的美军极端重视战场ISR体系的建设；尤其是对于几类较难实时评估的精导弹药，在对其进行适当改装后，有助于提升其运用时的可实时评估性能。在改进相关技术后，配合易于评估的红外、激光、视频等精导弹药，基本覆盖了精导火力行动的所有弹药类型，从而为实现战役精导火力打击的精准、实时（近实时）评估提供了最重要的技术基础。如此，在战役火力战期间对大量、频繁且反复实施的精导火力打击行动展开评估就有了基础。

2. 非制导火力打击

非制导火力打击行动，是指采用非制导身管火炮弹药、无控火箭弹、非制导航空炸弹实施的火力交战行动。这类火力一直都是实现战场杀伤、毁伤的主要手段，特别是现代地面炮兵更被长期誉为"战争之王"，期间积累了大量成熟的校射与毁伤评估经验。崛起于第二次世界大战期间的战略空军，也以其快速的纵深大规模毁伤能力成为最重要的战场火力投射主力，越南战争时期甚至出现了"地毯式轰炸"这样的无差别火力面毁伤样式。

随着全球对战争伦理、道德要求不断提高，特别是信息技术发展使各类制导技术成熟并应用于军事领域后，这类传统火力附带毁伤过高的缺陷越显突出，因此自"冷战"结束以来，美军在历次局部战争实践中见证了这类火力逐渐让位于精导火力的趋势。然而，非制导火力凭借其成本低、适于大量使用的特点，在未来信息化战争中仍将占有一席之地；特别是在融入信息化作战体系、获得其他高精度信息系统支撑后，同样极大提升了毁伤效能。

（1）非制导火力打击行动的具体评估内容（表 3.5）。非制导火力打击，尽管其应用范围和比例呈现降低趋势，但仍是当前立体火力打击行动中的重要组成部分。对此类火力打击情况进行评估，应结合火力毁伤计划和打击意图，明确评估项目、细化评估指标。

表 3.5　非制导火力打击行动的评估内容

序号	评估内容	量度形式
01	实施非制导火力打击是否达成预期直接效果	是 / 否
02	实施非制导火力打击是否达成预期间接效果	是 / 否及百分比
03	实施非制导火力打击是否遵守了交战规则	是 / 否
04	实施非制导火力打击造成非预期附带毁伤	是 / 否
05	实施非制导火力打击造成非预期附带毁伤的情况	分类数值
06	实施非制导火力打击造成非预期附带毁伤的程度	百分比

序号	评估内容	量度形式
07	完成非制导火力打击的时间	时间
08	非制导火力打击任务的准备和筹划时间	时间
09	新目标被探测后，非制导火力及信息系统杀伤链实现对其杀伤的时间	时间
10	召唤和协调其他军种非制导火力攻击的时间	时间
11	当前作战背景或条件下使用非制导火力对打击区各类目标的毁伤概率	百分比
12	当前作战背景或条件下使用非制导火力对打击区特定目标的毁伤概率	百分比
13	规定时间内得到执行的非制导火力打击任务的百分比	百分比
14	在作战行动中预先计划的目标得到成功攻击的百分比	百分比
15	在作战行动中临机动态目标得到成功攻击的百分比	百分比
16	各作战阶段结束时实现预期战果的百分比	百分比
17	被消灭、迟滞、扰乱或削弱的敌军的百分比	百分比
18	被成功打击的总体目标清单的百分比	百分比
19	被成功打击的计划外敌目标的百分比	百分比

备注：所列内容，是实施非制导火力打击行动时一般需考虑的评估事项，需根据实际增减。

（2）非制导火力打击行动的评估可行性。与百余年前相比，以现代身管火炮火力为代表的非制导火力，其基本毁伤及射击原理并未出现本质变化，而最初源于修正炮兵火力而建立的前观校射机制，也成为当前非制导火力毁伤评估的重要方式。随着技战术发展，各种战场侦察手段相继用于非制导火力打击结果或效果的评估，配合前沿接敌的观察与感知能力，构成立体化的毁伤评估体系。在现代战役实施过程中，这些评估方式同样应用于以身管火炮火力为代表的非制导火力行动的毁伤效果评估。例如，目前美军地面炮兵部队既较为重视用传统的前沿校射机制，又大量使用有人或无人校射空中平台，还在探索运用陆航侦察或武装直升机兼负校射任务，以此构成立体、实时的火力毁伤评估能力。未来，随着美军跨域联合、协同交战能力（CEC）的实现，军种间信息壁垒被进一步向深层突破，这类炮兵火力的评估将获得更多支持，如空军、海军无人侦察机，临近或外层空间侦察监视资源等，都可用于为非制导炮兵火力提供评估支持。

（三）特种部队作战行动

特种作战，是"为达成军事、外交、情报和／或经济上的目标，而在敌占区、拒止区或政治敏感地区，采用非常规军事手段实施的作战行动。这类作战通常需要在隐蔽的、秘密的或不引人注目的情况下实施"①。近期几场局部战争中，美军广泛运用特种部队实施突袭、侦察、渗透和破坏等行动，已成为趋势，特种作战行动日益受到各国军队高度重视与关注。但在现代大规模作战背景下，这类强调发挥隐蔽、近战能力的行动往往贯穿于作战全过程，并与其他作战行动交织展开。这类袭击行动既可能是规模有限的特种战斗，也可能是运用规模较大的战役级特种作战；无论其规模大小，其在整个地面作战中的比例都呈现提升的趋势。

与传统由步兵、机步和装甲等近战部队实施的作战相比，以运用特种部队为核心的特种作战行动越来越成为美军在实施地面近战时的首选。特种部队以其行动的高效性、打击的精准性、对行动环境的适应性，已有日益主宰地面战场和行动的趋势。当前，各主要国家均非常重视特种部队、特种作战能力的建设与运用，美军甚至还开启了地面部队"特种化"的序幕。特种部队遂行的作战行动，具有全局性强、作战任务类型广泛多样、攻击性突出及行动隐秘突然等显著特点，可以遂行包括特种侦察与监视、打击引导精确交战、夺控要点要域、营救人员或捕歼敌要员、反恐破击和特种心理战等多类任务。

（1）特种作战袭击行动的具体评估内容。结合特种作战袭击行动的特点，要实现对战役期间此类行动的高效评估，必须紧密结合其作战意图和目的，表3.6已区分特种部队可能担负的任务类型，区分并明确各类任务的评估项目内容。

---

① 程勇，等．新编美国军事术语词典［M］．北京：国防工业出版社，2008：583.

表 3.6　特种作战袭击行动的评估内容

序号	评估内容	量度形式
一	**特种侦察、监视行动**	
01	特种侦察监视部队是否搜集到所需的信息及其详略程度	是 / 否和百分比
02	敌军是否发现了特种侦察监视部队	是 / 否
03	特种侦察监视部队是否识别并标识出被探测目标（己、敌或中立方）	是 / 否
04	特种侦察监视部队能否判定并上报目标的威胁级别	是 / 否
05	特种监视系统或部队是否及时准确报告了所有信息	是 / 否
06	特种侦察监视部队能否保持对区域或目标的持续监视及其持续时间	是 / 否和时间
07	从接受任务到部队监视力量配置到位并开始行动的时间	时间
08	向分配任务的指挥机构分析小组提供所搜集数据的时间	时间
09	为满足其信息需求向提出申请部队或机构报告信息的时间	时间
10	由特种侦察监视部队完成的信息搜集需求占总信息需求的百分比	百分比
11	使用外源情报满足的特种侦察监视需求占总信息需求的百分比	百分比
12	能够遂行特种侦察监视任务的部队占整体特战力量百分比	百分比
13	遂行任务期间特种侦察监视力量的伤亡百分比	百分比
二	**特种引导打击精确交战及打击评估行动**	
14	特战部队对目标实施引导精确打击时是否使用了合适武器	是 / 否
15	特战部队是否保护了己方和中立方人员	是 / 否
16	特种引导打击目标所耗费的时间	时间
17	经特种引导打击被压制目标占总体需打击目标的百分比	百分比
18	经特种引导打击被摧毁目标占总体被摧毁目标的百分比	百分比
19	经特种引导打击未受到打击的目标百分比	百分比
20	特种引导打击行动对己方引导部队的风险程度	百分比
21	特种引导打击行动对中立方人员的风险程度	百分比
22	特种引导打击部队是否采用了评估现有或新威胁的有效程序	是 / 否
23	特种引导打击部队是否取得了预期打击结果	是 / 否

序号	评估内容	量度形式
24	特种引导打击部队是否使用了探测额外威胁的信息	是 / 否
25	完成特种引导打击后评估的时间	时间
26	向上级指挥机构发送打击效果评估报告的时间	时间
27	从规划使用精确杀伤性打击到完成毁伤实现预期效果的时间	时间
28	特种部队引导位置离精确武器预期弹着点的距离	距离
29	特种引导精确打击后预期战略效果得到实现的程度	百分比
30	特种引导精确打击后预期战役效果得到实现的程度	百分比
31	特种引导精确打击后预期战术效果得到实现的程度	百分比
32	特种引导精确打击成功地精确交战目标数量	数值
33	特种引导精确打击成功地精确交战目标数量占总火力交战数量的比例	百分比
三	**夺控要点要域**	
34	特战部队是否控制了目标地域，使敌无法利用该地域实现其意图	是 / 否
35	特战部队人员和基本装备是否按规定时限和要求抵达指定地域	是 / 否和时间
36	特战部队能否坚守其夺占要域或要点，以及坚守的时间	是 / 否和时间
37	特战部队是否清除了设防地域的敌军	是 / 否
38	敌军是否突袭部队	是 / 否
39	特战部队是否按照作战命令规定时间准备防御	是 / 否
40	己方特战部队可接受和实际遭受的损失百分比	百分比
41	己方特战部队火力造成的对方部队伤亡百分比	百分比
四	**人员营救及捕歼敌要员行动**	
42	特战部队是否按计划遂行营救人员或捕歼要员行动	是 / 否
43	特战部队是否按时限报告其任务情况并确认其实时位置	是 / 否
44	特战部队是否向行动指挥机构及时回传支援需求信息及耗费时间	是 / 否和时间
45	行动指挥机构响应营救或捕歼行动支援申请的时间	时间
46	完成营救的人员数量及其占所有需营救人员的比例	数值和百分比
47	完成捕歼的人员数量及其占所有需捕歼人员的比例	数值和百分比

序号	评估内容	量度形式
48	完成营救或捕歼任务后是否按计划展开撤离行动	是/否
49	完成营救或捕歼任务后是否按计划完成撤离行动	是/否
50	完成营救或捕歼任务后是否撤离至后方安全地域	是/否
51	完成任务后撤离途中是否遭遇攻击及损失情况	是/否和百分比
五	**反恐破击**	
52	反恐特战部队是否保护了设施或设备不受损伤	是/否
53	反恐特战部队是否按预先计划展开反恐突击行动	是/否
54	为保护特定地域重要人物而实施的防恐和反恐活动的类型和数量	数量
55	在继续遂行其任务的同时是否采取了打击作战地域内恐怖主义的行动	是/否
56	是否完成了对己方各部队和设施的威胁与弱点评估	是/否
57	在部队作战地域内或己方设施附近活动的恐怖团伙的类型和数量	数值和描述
58	作战地域内部队支持的防恐活动数量	数值
59	恐怖分子在部队作战地域内发动的袭击数量	数值
60	恐怖袭击得手的数量	数值
61	己方特战部队挫败敌恐怖活动的行动数量	数值
62	因恐怖活动造成的己方部队和非战斗人员伤亡数量	数值
63	查明关键设施、重要地形和重要场所并规划防护重点的时间	时间
64	削弱、迟滞或改变己方部队行动的恐怖袭击事件的数量	数值
65	得手的恐怖袭击占己方部队被袭击次数的百分比	百分比
66	特定时段内因恐怖行动造成的己方部队和非战斗人员伤亡百分比	时间和百分比
67	特定地域内因恐怖行动造成的己方部队和非战斗人员伤亡百分比	百分比
68	针对恐怖活动而得到加固或保护的关键设施和设备的百分比	百分比
69	为打击特定地域内恐怖活动而采取的措施，对其他任务能力或支援能力的影响程度	描述
六	**特种心理战**	
70	心理特战部队是否按预先计划对目标人群实施了特种心理行动	是/否

续表

序号	评估内容	量度形式
71	心理特战部队是否完成了有关心理战目标的效能评估	是/否
72	心理战行动效果在目标人群中出现不同等级效果所需的时间	时间
73	特定时间内对心理战目标显现行动效果的程度	百分比

备注：所列内容，是实施特种作战袭击行动时一般需考虑的评估事项，需根据实际增减。

（2）特种作战袭击行动的评估可行性。从行动评估角度看，实时掌控特种作战行动的效能与进展非常必要。特种作战的全局性和重要性决定了对特种作战行动展开紧密跟踪评估的必要性。特种力量的突出能力往往被运用于主要作战方向或重要阶段，行动目标通常是敌方体系要害或节点，具有直接推动战局进程的重要作用。因此，其行动往往组织严密、计划周详，各级指挥机构都非常关注其行动进展和效果。此外，特种作战行动本身的特点也有利于对其实现实时动态评估。

首先，特种作战行动规模虽然相对较小，但行动力量技能超群、装备先进，通常会获得高效的行动保障和信息支撑，这为行动全程的精确控制与评估反馈提供了条件。

其次，特种力量不太可能担负针对敌方大规模常规部队的任务，不易陷入形势难明的混战场景；且特种作战行动强调准确、高效、隐蔽和突然，行动目标通常较为明确、行动效果易于辨识，因而其行动更易实现实时和精确评估。

最后，很多特种作战行动涵盖毁伤评估和侦察的内容，如特种侦察与监视行动、引导打击精确交战及打击评估等，这对各类火力打击及毁伤评估起到很好的辅助作用。而且在未来战争中，随着战场透明度提升及制导武器的广泛应用，双方对重要目标的防护、伪装势必更加重视，大量虚假目标及重要目标的机动化将成为常态，在这种情况下，由特种部队实施的抵近引导与毁伤评估行动将更为普遍和必要。

（四）地面近战突击行动

地面近战突击行动，是为便于在美军大规模作战理论与实践框架下，区分不同作战行动以利于评估而划分的行动样式，在此主要指以陆军摩步、机步或装步和装甲兵、海军陆战队（登陆上岸后）和空军空降兵部队（完成投送并着陆后），为实现特定作战目的，在地面及低空领域内实施的以近战突击为主要手段的作战行动。

当前，在信息化局部战争背景下，三军部队实施联合作战已成为广泛趋势。虽然以往那类以大规模地面部队为主实施的合成或陆军军种作战，在整个联合作战中的权重已显著降低，但它们对支撑起整个作战仍不可或缺，尤其在特定作战阶段它们可能还会成为作战活动的主角。这类近战行动虽然较为普通和常见，但它们涉及一系列复杂的任务类型，且其实现的作战目的复杂多样（控制、保护及占领特定地理区域，瓦解及消灭敌方有生力量，或掩护及保护友方力量等），加之与精确火力、网电、心理等行动交织展开，因此这类近战行动传统上是作战评估实践中最难以处理和量化的部分。

与特种作战行动相比，在大规模作战背景下由步兵、机步和装甲兵等近战部队实施的作战行动通常在己方已取得海空优势、有效扼控战局的条件下实施，具有决定意义显著、协同联合性强、任务类型多样等特点，加之地面战场本身的多样化和复杂性，通常难以及时有效衡量评估其实施效果。特别是在主要进攻作战行动结束后对占领区实施的维稳行动期间，地面作战往往以反叛乱、反游击和反恐怖行动的形式呈现，要衡量评估其实施效果更是世界性难题。[①] 由于战后维稳阶段的地面作战行动牵涉广泛的社会、政治和经济因素，碍于篇幅限制，在此对地面近战突击行动的评估研

---

① 美军在全球反恐战争后期广泛实施的平叛作战，就暴露出行动效果难明、衡量评估困难的问题。对此，美军方与国际开发署（USAID）共同设计了"区域稳定评估框架"（DSF），用于分析明确特定区域出现不稳定或冲突情形的根本原因，并进而设计相关行动或项目以化减导致不稳定或冲突的根本原因，进而帮助判断采取何种应对措施。但在伊拉克、阿富汗战后平叛实践过程中，其运用并未取得预期效果。导致奥巴马政府在执政末期做出强行撤军的决策。

究，将聚焦战役主要作战行动期间的此类行动。

就地面作战行动的评估而言，由于此类行动过程复杂，且易陷入敌我犬牙交错的混战局面，过于关注战斗具体歼敌毁伤结果，容易陷入美军在越南战争中"数人头"式的极端注重细节的评估模式[①]，将难以站在战役全局的层面衡量、判断地面作战行动的进展及效果。从评估角度看，首先抓住地面近战部队能否正确理解本级在上级整体作战意图中的地位、作用，进而明确本级任务的目的；继而再通过作战实施期间衡量判断任务部队是否或在多大程度上实现了上级意图，就能从其纷乱的行动表象中抓住衡量行动状态及效果的关键。

传统上，地面近战部队可遂行多样化的攻防任务，如增援、阻援、夺占、坚守、渗透、迂回、歼灭等。根据这些任务的目的意图，美军将其大体区别为三类：地理性行动目的（针对地理区域实现特定意图）、以攻敌为主的行动目的（针对敌方力量实现特定意图）、以存己为主的行动目的（针对己方力量实现特定意图），见表 3.7。

表 3.7　依据行动目的对地面近战的区分

地理性目的	以攻敌为主的目的	以存己为主的目的
夺取	消灭	掩护
占领	击溃	防卫
清障	阻滞	防护
维稳	突破（突入）	策应
潜伏	遮断	接应
坚守（扼守）	分割	撤离
退守	突击（突贯）	⋮
集结	合围	
展开	围攻（围困）	
渗透	追击	
⋮	穿插	
	⋮	

①越南战争中，美军的地面作战评估几乎都依赖于统计歼敌数量、缴获情况来判定作战效果，通过计算杀伤敌人数量来显示战术胜利、提升士气并获得舆论支持。

（1）地面近战突击行动的具体评估内容。结合特种作战袭击行动的特点，要实现对战役期间此类行动的高效评估，必须紧密结合其作战意图和目的，表3.8已区分特种部队可能担负的任务类型，区分并明确各类任务的评估项目内容。

当然，实战中近战部队的行动更为复杂，其任务往往融合多种目的，并伴随精确火力、网电、机动等作战协同实施，因此需要结合上级意图及本级任务预实现的行动效果，明确其评估项目内容，具体可参考特种作战袭击行动的评估项目建立其评估内容框架。

表 3.8　地面近战突击行动的评估内容

序号	评估内容	量度形式
一	**遂行地理性作战目的的作战行动**	
01	任务部队是否按计划在指定时间内完成集结	是 / 否和时间
02	任务部队在集结地域是否遭敌方发现并防范	是 / 否和描述
03	任务部队是否夺取特定区域、建筑物或设施	是 / 否和百分比
04	夺取特定区域、建筑物或设施时敌我双方伤亡及对后续行动的影响	百分比和描述
05	夺取特定区域、建筑物或设施后可保持占领和主导的时间	时间
06	任务部队在对特定区域、建筑或设施实施占领期间受到的抵抗	百分比和描述
07	任务部队在对特定区域、建筑或设施实施占领期间遭受的损失	百分比
08	是否控制特定区域的交通线路，拒止敌方使用这些线路	是 / 否和时间
09	是否建立了通往该区域的后勤补给路线以支撑任务部队持续占领，如无法提供持续保障那么任务部队持续占领能力的衰减速率	是 / 否和百分比
10	任务部队控制特定区域后是否清除相关障碍，以及当地交通基础设施通行能力的恢复百分比	是 / 否和百分比
11	任务部队在占领区域是否建立起稳固的监视和防御，遏止敌方渗透及反击的程度	是 / 否和百分比
12	任务部队能否在敌方反击下继续控制扼守特定区域、建筑物和设施	是 / 否
13	敌方仍对特定区域、建筑和设施部分保持控制的百分比	百分比
14	任务部队是否成功向特定区域渗透，如未成功被发现的原因	是 / 否和描述

续表

序号	评估内容	量度形式
15	任务部队潜入特定区域后是否被敌方发现,是否为敌方的欺骗行动	百分比
16	任务部队是否按预期时间和状态撤离特定区域,撤离时是否按计划组织防御	是/否和描述
二	**遂行攻敌为主的作战行动**	
17	任务部队突击行动是否消灭特定敌方部队,敌我双方战损比	是/否和百分比
18	任务部队突击行动是否消灭特定敌方部队,耗费时间,是否达到预期	是/否和时间
19	任务部队是否击溃了特定敌方部队,阻止其实现作战意图的程度	是/否和百分比
20	任务部队击溃特定敌方部队耗费时间,是否达到预期	是/否和时间
21	任务部队阻滞敌方行动的时间,是否达到预期	是/否和时间
22	任务部队阻滞当前敌方部队的行动是否达成预期行动意图	是/否
23	在特定任务框架下,被阻滞的敌方部队占敌方力量问题的百分比	百分比
24	任务部队是否在指定时间内突破敌方防御进入特定地域	是/否和时间
25	任务部队实施突破歼敌行动时战损比及对后续任务的影响	百分比和描述
26	任务部队是否在指定时间内遮断敌后方力量	是/否和时间
27	任务部队是否在指定时间和区域实现对敌方力量的合围	是/否和时间
28	对敌方特定部队实施合围时能否在特定时间内建立稳固防御以防突围	时间和描述
29	对敌被围部队实施围歼作战时耗费时间及战损比	时间和百分比
30	合围作战行动对任务部队后续任务的影响	描述
31	围歼作战行动对己方其他部队的协同需求及满足情况	是/否和百分比
32	对敌方部队实施追击时是否符合上级意图	是/否
33	是否完成对敌方部队追求并歼灭,行动战损比	是/否和百分比
34	任务部队是否按计划完成对敌防御地域的穿插	是/否
35	穿插行动是否引起敌方对己方作战意图的觉察	是/否
36	穿插行动的战损及对后续作战行动的影响	百分比和描述

续表

序号	评估内容	量度形式
三	**遂行存己为主的作战行动**	
37	任务部队是否掩护己方特定部队并保证了其实现作战意图	是／否
38	任务部队在执行掩护任务时间遭受损失情况及对其后续作战的影响	百分比和描述
39	任务部队与被掩护部队是否在行动中展开有效协同及协同程度对任务的影响	是／否和百分比
40	任务部队是否按计划实施了防卫任务及任务中的战损比	是／否和百分比
41	防卫作战行动是否达成预期，被防卫己方设施和力量是否得以保全	是／否
42	任务部队是否针对敌方特定攻击行动采取有效防护措施保存作战能力，作战能力在敌方进攻中的损失程度	是／否和百分比
43	任务部队是否接应到己方部队使其转危为安，接应行动对其后续任务的影响	是／否和描述
44	任务部队是否按计划撤离特定区域，撤离期间遭受的战损情况	是／否和描述
45	任务部队撤离后能否担负后续任务	是／否

（2）地面近战突击行动的评估可行性。在联合作战背景下，从战役层级评估其行动结果和效果角度看，对地面部队近战行动的效能与进展的衡量评估在时效性上并不如战术层级急迫，往往强调衡量战役地面作战行动是否形成预期战场态势。

大规模作战（或战役）中后期实施的地面部队突击行动，往往被运用于敌方主要作战方向的防御薄弱区域，行动意图和目标通常指向敌方防御体系的要害区域，具有迅速推动战局发展的重要作用。因此，其行动往往组织严密、计划周详，各级指挥机构都非常关注其行动进展和效果。但由于地面作战行动涉及兵种众多，所需行动协同复杂，且通常需其他军种、兵种力量的支持配合，加之地形的复杂因素，使地面作战成为现代战争中最难以准确把握和控制的作战行动，战场上的偶然、不确定性因素往往影响作战行动的最终结局。然而，无论这类地面近战行动多么复杂且难以及时评估整体态势发展，其与敌方短兵相接的实施特点都为行动评估提供了较有利的一面，部队与敌接触期间持续后传的战报将成为实时行动评估的主要信息。结合美军近几次战争实践看，地面作战的评估更急需解决的反而是"信息泛滥"问题，只有从前沿持续反馈的信息中撷取正确、有效的信息，才有助于形成及时有效的评估结论。

（五）网空或电磁行动

网空或电磁行动，是为削弱、破坏敌方网络和电子设备（系统）使用效能，保证己方作战行动顺利实施而采取的综合性进攻行动，包括网络空间行动（cyberspace operations），即"运用网络空间能力，旨在网空（内）或通过网空实现特定目的"[①]；电子战（electronic warfare），即"通过运用电磁能和定向能来控制电磁频谱或者攻击敌方的军事行动"[②]。通过综合运用电子、计算机和网络技术，网空或电磁行动不仅涉及传统光电、通信、雷达压制和干扰，也包含对网络空间领域的虚拟攻击等。它是随着人类对电子技术及认知领域的认识和运用能力提升而逐渐发展出的一类以电磁频谱、网络及认知空间为舞台的行动样式。

近期的美军联合作战实践，往往以网空或电磁行动为作战行动先导，然后再实施其他作战行动，同时这类行动还会贯穿作战全程并持续展开，通过破坏、干扰和影响敌方直接运用网络、电磁空间的能力，削弱或抵消其信息获取、传输、处理、利用和决策能力，进而为其他实体空间的作战行动提供辅助和支撑，使之成为一种既相对独立活跃于无形虚拟领域又广泛渗透于多维实体战场空间，且行动样式与效果极其复杂多样的行动。

从作战行动评估的角度看，在对等对手展开大规模作战背景下，网空或电磁行动具有涉及手段多样、攻击对象广泛且指挥协同复杂的特点，整体上难以准确全面衡量，只能根据其具体样式和实施特点分阶段、分类型展开评估。以实体信息目标为对象的"硬毁伤"火力打击行动，宜归为立体火力打击的评估内容，因而在此侧重探讨种类繁杂且难以评价其效果的

---

① JP 1-02《国防部军事和相关术语词典》，2014年1月3日，第59页。
② 可参考 JP 3-13.1《电子战》。

"软杀伤"信息进攻行动，其具体评估内容可细分为网电侦察行动、网电干扰行动、网电攻击行动 3 类具体行动。

1. 网电侦察行动

网电侦察，是综合运用各类军兵种网电技术侦察力量，在战前及战中对支撑敌作战体系运转的综合电子信息系统实施的侦察行动，尽快查明其构成、节点和运营机制等相关情报，分析研判其体系重心和关键节点，从而为破坏和削弱敌综合电子信息系统支撑能力，迟滞或阻断信息在敌作战体系内各作战单元、要素及系统间的有序流通奠定基础。由于这类行动主要发生在非实体空间领域，其行动的结果和后续效果仍难以衡量和判断。

（1）网电侦察行动的具体评估内容。网电侦察是网空或电磁行动的先导和基础，评估其具体实施情况，需要结合后续网空或电磁行动的意图，以及具体侦察行动的针对对象和实施情况，明确评估项目细化评估指标，见表 3.9。

表 3.9　网电侦察行动的评估内容

序号	评估内容	量度形式
01	网电侦察行动是否渗透入敌军网络和电子系统	是 / 否
02	网电侦察行动成功渗透的敌军网电系统节点数量	数值
03	网电侦察行动成功渗透的网电节点数量占总节点数量比例	百分比
04	网电侦察行动是否被敌方觉察，如被觉察将以何种形式表现	是 / 否和描述
05	通过网电侦察获得的重要信息或情况是否被证伪	是 / 否
06	敌方是否通过被渗透网络实施军事欺骗行动	是 / 否
07	网电侦察行动获得的可用于己方行动的情报数量	数值
08	网电侦察行动攻破敌方专门网络系统的数量	数值
09	敌方网络防护等级和强度的变化情况	描述
10	通过网电侦察在敌方网电空间内植入的后门情况	数值
11	通过网电侦察植入后门被敌方发现的时间和比例	时间和百分比
12	网电侦察行动持续进入敌方网络的时间	时间

序号	评估内容	量度形式
13	完成网电侦察后随即展开网电攻击行动的间隔时间	时间
14	敌方各类口令密码修改频次及变化	数值或描述
15	通过网电侦察获得信息被证伪的比例	百分比
16	网电侦察行动获得情报占预期收集数量的百分比	百分比
17	网电侦察行动渗透敌方网络难易程度的变化	描述

备注：所列内容，是实施网电侦察行动时一般需考虑的评估事项，运用时应根据实际增减。

（2）网电侦察行动评估的可行性。在与对等对手实施高强度对抗背景下，网电侦察行动往往配合战略级网络作战力量共同实施。在军事领域，以获取情报为主要目标的网电侦察行动，旨在感知敌方战场军用网络系统的物理特性（包括系统实体空间位置、网络连接及拓扑结构等）网络结构和功能特征（包括网络内路由节点结构、地址范围、频谱特征、网络防护措施及设施等）；在经济及社会领域，则需配合战略级网络作战力量，广泛收集分析对方社会信息网络的信息，特别是持续对敌国基础设施和通信网络（交通、电力、供水、电信、油气、媒体）各类信息进行隐蔽收集并建立相关大数据模型，获得敌国社会内部运行及信息流转的特征信息，为战时对敌方军用和社会网络系统的进攻行动奠定基础。要实现对网电侦察行动效果的评估，应以能否渗透敌方网络、能否获取所需信息为衡量重点；此外，评估网电侦察行动效能的难点，还在于准确判断敌方是否觉察到己方的网电渗透攻击活动，并杜绝敌方利用此领域展开军事欺骗行动。因此，对此类军事与民事、平时与战时界线较为模糊的攻击性网电侦察行动效果进行评估，需要反复、间接地印证多源评估指标，如目标网络体系的安全口令体系更改频次、其网内内容数据的流向与存在特征、敌内部谍报的反馈等。

2. 网电干扰行动

网电干扰是利用电磁能量对敌方电子信息设备或系统进行扰乱的行动，

是电子战的主要样式，其通过使敌方网络、电子设备或系统的使用效能降低甚至失效，进而间接影响实体空间内的作战行动。网电干扰行动按性质分为压制和欺骗性干扰，按方法分为有源和无源网电干扰等。它是一种典型的软毁伤的行动，能够对敌方造成一系列从削弱目标效用到彻底瓦解其功能的复杂影响。而且，当前软电磁手段的毁伤能力越来越介入实体作战空间，如美军新应用的"舒特"系统就日益模糊了电子攻击行动的软、硬毁伤界限，令情况更为复杂。

（1）网电干扰行动的具体评估内容。网电干扰是实体空间作战行动的倍增器，通常与精导火力打击及其他兵力突击行动共同实施。由于其实施后效果以对方网电系统功能压制、阻滞等软毁伤效果为主，因此要想评估其具体实施情况仍属于全球性难题，在此仅初步构建此类行动的评估项目框架，见表3.10。

表 3.10　网电干扰行动的评估内容

序号	评估内容	量度形式
01	是否按预先计划展开网电干扰行动	是 / 否
02	网电干扰行动可能影响的地理及网络空间范围	描述
03	网电干扰行动是否有聚焦性的目标对象或系统	是 / 否
04	网电干扰行动实施后目标对象呈现出被干扰迹象的时间	时间
05	网电干扰行动实施后目标对象功能恢复的时间	时间
06	网电干扰行动实施后目标对象功能特征的变化情况	描述
07	网电干扰行动对被目标对象干扰功能的影响程度	百分比
08	网电干扰行动期间敌方网络和无线通信活跃度变化情况	百分比
09	能否及时掌握敌方网络和无线通信活跃度变化情况	是 / 否
10	如何判定敌方不因己方网电干扰行动而采取军事欺骗措施	描述
11	网电干扰行动是否干扰己方设备并影响己方行动	是 / 否和描述
12	敌方是否掌握己方网电干扰行动的规律和缺陷	是 / 否和描述

备注：所列内容，是实施网电干扰行动时一般需考虑的评估事项，运用时应根据实际增减。

（2）网电干扰行动的评估可行性。从此类行动的本质特点和美军近年来的实战经验看，战役级作战中的网电干扰行动效果很难被及时准确地确认与评价。虽然表 3.10 初步勾勒出此类行动的评估内容框架，但在实战期间要进而构建其支撑性的具体指标仍非常困难。主要原因如下。

首先，网电干扰行动通常致力于使目标的体系功能降低或失效，其外在行动效果难以即时辨明。例如，针对敌方战场通信系统（卫星、短波或超短波等）的阻塞压制，有可能取得良好的表征效果（探测到对方战场无线通信能力在特定时段使用量急剧减少），但敌方仍可能依赖其他的手段（如事先计划、替代的有线通信手段，或分散式指挥及下级指挥官的积极主动）维持其行动的继续实施，短期内很难显现出干扰压制的效果，要实时评估其行动效能非常困难。尤其是当前电子技术高度发达，各种电子战反制措施层出不穷，单论网电干扰或欺骗行动是否奏效非常困难。其次，作为一种软毁伤手段，网电干扰行动对目标网电系统的影响作用效果具有多样性和可控性的特点，不同的行动意图及实施手段、强度会带来不同的压制削弱效果，而不同等级的行动效果之间的区别不仅非常模糊，而且更难以辨识。最后，此类行动所针对的目标网电系统，其自身具有鲜明的体系性特征，这对评估其行动效果而言带来的最大挑战是很难确定某次网电干扰或攻击行动与预期行动效果之间存在因果联系。例如，对敌方一体化防空体系中的雷达网络实施干扰后，发现其探测效能遭大幅压制，但实际上导致其功能受损的原因并非干扰，而是其作战体系中的一些关键节点遭同期火力毁伤所导致的。

从美军电磁频谱作战实践及此类网电干扰行动的实施特点来看，实战中此类软杀伤的效能评估，只能通过平台实施电磁干扰的同时，实时同步侦获敌方电子系统辐射或泄露信号数据，并分析其信号变化规律与特点的方式展开，本质上这是一种高时效要求的间接评估模式。由于电子技术的迅猛发展，敌对双方电磁干扰行动的对抗双方，都会在实战中采用全新的抗干扰、反欺骗的电子措施，从而导致干扰行动难以奏效，一旦出现这种情况往往会对干扰平台或载具造成严重威胁。在战役层级，对于多样化和大规模网电干扰行动虽然仍只能依靠间接评估方法，但评估内容的重点已聚焦综合网电干扰活动的整体效果及其对整个作战行动的影响。这既需要运用一体化指挥信息系统汇总融合具体电磁干扰行动效能评估的相关评估指标，又需充分运用其他多源评估指标信息，如有关敌方电子信息系统受影响程度的谍报、敌方作战体系在特定领域表现出的作战能力明显削弱的情报等。

3. 网电攻击行动

网电攻击行动是运用新兴作战手段针对电磁及网络空间甚至跨域针对实体空间的作战对象，实施以软杀伤为主但不排除硬摧毁可能的一种行动样式。它可在大规模作战中单独运用，也可像网电干扰行动一样与其他信息化火力、兵力突击行动交织协同实施。在战役实施期间，通常应在主要方向、重要时节和主要行动中集中运用网电攻击力量，充分发挥其力量倍增器的作用，实现对实体空间内行动力量和火力的最大化倍增效用。

（1）网电攻击行动的具体评估内容。作为一种以软杀伤为主要效果的行动，网电攻击行动情况及效果的评估同样较为困难。相关评估内容框架和具体指标的构建仍需进一步深入研究挖掘，在此仅初步构建此类行动的评估项目框架，见表3.11。

表 3.11　网电攻击行动的评估内容

序号	评估内容	量度形式
01	是否按预先计划展开网电攻击行动	是 / 否
02	网电攻击行动是否遵守了交战规则	是 / 否
03	网电攻击行动可能影响的地理及网络空间范围	描述
04	网电攻击行动实施后，目标对象呈现出受影响迹象的时间	时间
05	网电攻击行动实施后，被干扰对象功能恢复的时间	时间
06	启动网电攻击行动的时间及持续攻击时间	时间
07	网电攻击行动实施后，被干扰对象功能特征的变化情况	描述
08	能否及时掌握敌方网络和无线通信活跃度变化情况	是 / 否

续表

序号	评估内容	量度形式
09	如何判定敌方不因己方网电攻击行动而采取军事欺骗措施	描述
10	网电攻击行动是否干扰己方设备并影响己方行动	是/否和描述
11	敌方是否掌握己方网电攻击行动的规律和缺陷	是/否和描述
12	对敌取得预期战果的网电攻击行动的百分比	百分比
13	得到执行的网电攻击任务的百分比	百分比
14	网电攻击行动后敌通信辐射削弱的百分比	百分比
15	敌军因网电攻击行动在哪些方面受到削弱，以及被削弱的百分比	描述和百分比
16	网电攻击行动期间敌方网络和无线通信活跃度变化情况	百分比
17	能够遂行任务的可用网电攻击系统的百分比	百分比

备注：所列内容，是针对军用网电目标实施网电攻击行动时，需考虑的评估事项，运用时应根据实际增减。

（2）网电攻击行动的评估可行性。网电攻击行动的实施特点决定了此类行动的评估，既有有利的一面，又有困难的一面。有利于评估主要体现在战术及具体攻击行动的层面，这源于此类行动高度依赖技术手段，具体行动效果较易显现，进而易评估其行动效能；不利之处则体现在大规模网电攻击具有鲜明的体系作战特点，其行动效果高度模糊，难以准确及时判定，更难以通过少数节点系统功能的毁伤削弱来判断衡量己方攻击行动的整体效果与态势。

除军事领域的网电系统外，现代社会对各类信息网络系统的巨大依赖性使这类民用信息网络也可能成为战役期间网空或电磁行动打击的对象。近年来，各主要国家先后组建战略、战役级网络战部队，在平时广泛渗透侦察的基础上，战时通过有准备的战略性网袭行动，在短期内瓦解敌方特定网络系统，并通过持续指数级地累积袭击效应，迅速使网袭效果溢出、扩散至其他社会领域，形成级连性的崩塌效果。现代战略性网络进攻的效果已在近年来几次重要网络事件中获得验证（如2008年爱沙尼亚网袭事件），这进而更加坚定了各国发展网电破击手段的预期与信心。从此类从民用网络信息系统的网电攻击效果评估角度看，这类发生在虚拟网空领域的攻击行动，其效果难以准确实时评估衡量，而且不同性质的网络信息系统，其节点冗余、信息或能量流转各不相同，评估其攻击效果的难易也不尽相同。例如，军事信息网络是抗毁等级最高的信息网络，具有高冗余、信息安全度高的特性，对其实施的全面袭击压制不仅在短期内难以获得显著效果，而且行动效果评估也多通过多源间接指标验证；运营关键基础设施的信息网络，其安全等级低得多，且袭击后相关效果在民生领域的表现仍具有一定滞后性。

（六）心理认知攻击行动

当前，战争形态的嬗变使暴力的影响范围日益向人员个体及群体的心理认知领域渗透扩张，以人群的心理和认知意识为对象，运用专业的信息手段施加刺激和影响，造成有利于己、不利于敌的心理认知态势，已成为现代战役中不可或缺的重要组成部分。特别是近十年，社会进入大众传媒及自媒体时代后，各国间的舆论主导权、话语权争夺日趋激烈。美国通过以互联网为基础的现代舆论传媒，对目标人群进行定向"洗脑"，这已成为美国维持其霸权主义、达成战略目标的最具效费比的手段。东欧中亚爆发的"颜色革命"、北非中东"阿拉伯之春"，无一不显示出这类长期持续的定向心理和认知影响活动，在关键时刻所爆发出的致命影响。

在大国竞争背景下，美国及其武装部队针对潜在竞争对手在平时和战时综合实施的心理认知攻击行动，具有针对性强、对象广泛、手段多样等特点，但其起效也具有显著的滞后性和模糊性的特征，因此要评估掌握此类行动的效果、及时准确衡量判定目标对象的心理认知变化情况仍较为困难。

（1）心理认知攻击行动的具体评估内容。心理认知攻击行动的效果，只能采取间接评估的方式进行，通过采集目标群体的大样本数据，经过一系列数据分析和挖掘工作，才能形成倾向性、趋势性的结论。在评估内容的设计上，需要结合具体形势和心理认知攻击预实现的意图，明确项目细化评估指标，见表 3.12。

表 3.12　心理认知攻击行动的评估内容

序号	评估内容	量度形式
01	是否按预先计划展开心理认知攻击行动	是 / 否
02	启动心理认知攻击行动的时间	时间
03	是否查明了目标群体的人口统计数据（分布、族群、意见态度倾向）	是 / 否和百分比
04	是否具有对目标群体心理认知变化情况进行监控的条件	是 / 否
05	对目标群体心理认知变化情况进行监控的具体手段	描述
06	具备对目标人群心理认知变化情况进行监控的比例	百分比
07	己方心理认知攻击手段的覆盖范围和比例	数值和百分比
08	受到单一手段覆盖的目标群体百分比	百分比
09	受到多种手段覆盖的目标群体百分比	百分比
10	心理战内容传播至预期目标群体的百分比	百分比
11	心理战内容传播至非预期目标群体的百分比	百分比
12	对己方心理认知攻击行动做出反应的目标群体占总量的百分比	百分比
13	受到影响的目标群体以何种方式表现出其受到的影响	描述
14	目标区域受到杀伤性手段攻击的同时也遭受心理攻击的百分比	百分比

备注：所列内容，是实施心理认知攻击行动时一般需考虑的评估事项，应根据实际增减。

（2）心理认知攻击行动的评估可行性。心理认知攻击行动很可能在战役之前就已全面展开，并贯穿战役全程实施，特别是在战役后期维持社会稳定和重建阶段，及时掌握目标人群的心理认知状态对于后续行动调整和决策具有重要意义。但此类行动效果的评估极具挑战性，要想在战役期间尽可能准确及时地掌握其实施效果，不仅需要平时进行大量基础性准备，还需要获得外源性评估支持。

具体而言，平时应以潜在敌国的社会群体心理认知为目标，持续监控对象国国内舆情、媒体，运用大数据技术分析挖掘对象国民众心理认知分布及演变趋势等，形成对目标群体心理认知领域施加影响的正确策略。战时，才能最大化发挥其他类型网络进攻行动的效果，影响并塑造目标群体的心理和认识。就行动效能评估而言，平时心理认知攻击行动的效果可通过舆情调查、商业大数据分析等方式进行印证（存在一定滞后性）。例如，美国以其在 IT 技术及商业领域内的领先地位，立法要求脸书、谷歌、苹果等科技公司协助国家情报机构，利用这些公司积累的海量用户信息数据监视、分析特定地区民众的心理认知倾向和其他高价值信息，以便制定向目标受众施加心理认知影响的策略与方法。

（七）全域快速机动行动

机动（maneuver），"将舰艇、飞机、地面部队配置于比敌方占优势的位置上而进行的运动；在战场上通过运动与火力的结合来运用部队，占据比敌人有利的位置以便完成任务"[1][2]，是军队夺取主动、创造战机、达成突然性并实现最终胜利过程中的重要行动。在信息化局部战争背景下，作战行动具有高度动态的特征，各类机动行动作为兵力和火力快速投送、聚焦至特定战场的活动，重要性更加凸显。机动通常伴随着兵力、火力作战行动同步或交错进行，但鉴于其行动目的（位置变换而非交战，促进战斗力的发挥）又不同于其他以打击敌人为目的的交战行动，因此多数学术著作倾向于将机动行动视作一类与作战攻防行动同样重要而又相对独立的行动。此外，除伴随兵力、火力行动实施外，机动还可以相对独立地进行，如战前布势和作战阶段转换过程中，机动行动就较少涉及具体交战活动。

传统上对机动行动的类型划分，不利于针对机动行动效果建立相应的评估内容框架。例如，从内容角度将机动区分为兵力和火力机动，但在现代战役背景下，火力打击的范围逐渐覆盖了所有战场空间领域，其响应速度更为迅捷，对此类行动的评估很大程度上已转化为对立体火力打击行动的评估。因此，本节将仅聚焦在战役期间的兵力机动行动确立其评估内容框架。

---

[1] 程勇，等 . 新编美国军事术语词典 [M]. 国防工业出版社，2008：374.
[2] 也可参考 JP 1–02《国防部军事和相关术语词典》，2014 年 1 月 3 日，第 155 页。

（1）全域快速机动行动的具体评估内容。兵力机动既可能以转换地理空间位置为主要目的，也可能附属伴生于部队遂行的其他行动（作战或保障等），后一类情况下位置变换并非主要目的，而是为完成其他任务的必要组成部分。从这两个角度可设计明确其评估内容框架，并进而形成评估指标，见表 3.13。

表 3.13　全域快速机动行动的评估内容

序号	评估内容	量度形式
01	部队是否在规定时限内克服了地形、障碍物和路障抵达指定位置	是 / 否
02	部队在机动期间是否与上级、友邻和支援保障部队进行了协同，以保持在作战地域内行动自由	是 / 否
03	己方部队机动期间遭地形、路障及雷障迟滞的时间	时间
04	部队实施机动前是否对机动路线、地域进行了侦察	是 / 否
05	部队机动期间遭遇障碍后需要何种破障手段	描述
06	部队机动遭遇障碍后是否获得上级或本级的工程支援及等待时间	是 / 否和时间
07	部队通过障碍物区域所消耗的时间	时间
08	遭遇障碍物后部队实施火力破障的时间	时间
09	部队采取措施消除机动途中障碍的时间	时间
10	将破障设备转移至破障点的时间	时间
11	作战地域内被破除的障碍物百分比	百分比
12	能够执行任务的破障系统的百分比	百分比
13	部队机动行动是否遭敌方发现	是 / 否
14	敌方可能以何种方式侦察监视到己方部队的机动	描述
15	部队机动期间是否遭遇敌方突袭	是 / 否
16	部队机动期间遭遇敌袭后损失的装备、人员数量及损失百分比	数值和百分比
17	部队机动是否影响其主要任务的完成	是 / 否
18	部队因克服障碍机动时间延长而导致主要任务完成的滞后时间及程度	时间和百分比
19	部队因克服障碍机动时间延长而导致其完成主要任务能力的损失情况	描述和百分比

备注：所列内容，是展开全域快速机动行动时一般需考虑的评估事项，应根据实际增减。

（2）全域快速机动行动的评估可行性。对于以转换位置为主要目的的全域机动行动，如战前部署、战中阶段转换的兵力部署，或特定部队由战区后方向前沿地区的转进等，此类机动较少涉及具体作战目的，总体要求特定兵力按时、安全抵达部署地域，以完成集结或布势。在信息化局部战争的总体背景下，此类机动行动具有涉及空间范围广、方式多样、时限要求高、难以隐蔽企图的特点。从行动评估角度看，由于此类行动的评估对象及其过程皆在己方监控下展开，各类评估指标采集相对容易，评估的真正难点在于衡量机动行动能否隐蔽地达成机动意图。例如，战前的力量布势及战中阶段调整部署阶段实施的兵力机动，通常对于隐蔽己方机动及作战企图具有较高要求，一旦无法隐蔽企图不仅可能暴露己方意图，甚至会招致敌方的反机动打击。因此，对此类背景和意图下的独立机动行动，需要考虑较多因素，设计多层评估指标，并结合战场上的敌方行动态势综合衡量评判，如机动过程中敌方天基侦察体系对人员物资集结地域、前运集散地域的过顶侦察覆盖范围及频次指标、空中侦察力量对前运集散地域的侦察覆盖范围及频次指标、敌作战力量对后方集结地域的打击指标等。通过分析这些评估指标，就能较可靠地评估机动行动的效能，进而帮助指挥机构展开决策和后继行动筹划。相较之下，基于示形威慑目的的独立机动行动，其机动效能基本无须评估。

而在部队遂行其他任务期间所需实施的机动活动，它们本身即构成部队作战行动的组成部分，并与作战行动交织展开。例如，美军在描述地面作战行动时，往往将"包围、迂回、渗透、穿插、追击和退却"等列为各种机动行动样式，它们都可视作兵力"打、跑"动作的不同组合，但与前一类机动不同的是，这类行动中的机动本身并非行动目的，而是为了更好地辅助、配合"打"。从行动评估角度看，衡量兵力过程机动行动效能的评估指标，应作为兵力行动任务的下位评估指标，将其作为伴生作战任务的一部分来设计。例如，一支担负渗透敌后遂行精确打击引导任务的特种部队，评估其行动效能的核心指标是在指定时限前隐蔽进入目标区域，配合打击力量完成精确攻击，在抵达作战区域前该部队需在敌占区实施穿插和渗透机动，期间可能涉及与敌方部队的遭遇和交战。在此背景下，可结合待机动穿插通过地域特点和敌方威胁情况，将整个行动区分为不同阶段，设定相应各阶段的完成时限和作战实力耗损指标，并在行动中通过任务部队反馈的各阶段行动实施情况，持续评估其任务实施进展和行动效能，进而帮助指挥机构调配作战力量配合其完成相关任务。

二、阶段性作战行动及评估内容

除了从"点"的角度观察衡量战役外，还可以从"段"的角度分析和衡量持续时间相对较长的战役级作战行动。与大国竞争对手实施大规模作战的阶段性行动通常包括两种情况：一种是战前作战筹划阶段，以国家决策层对作战的总体目的为指向，在联合力量、环境、时间及指挥官指挥艺术等因素的约束下，主动设计各个作战阶段（如美军对其大规模作战行动划分的六个阶段）；另一种是在持续较久的大规模作战中，为实现特定作战目的，而在特定时段（自然周、自然月或特定时段）连续实施的综合性作战行动。

阶段性作战行动涉及大量具体作战行动，而作战实施很大程度上就是协调、同步大量具体行动的过程，因此各类作战行动的协同也需作为阶段性作战行动评估的重要内容。

（一）各战役阶段的作战行动

美军在反思其在越南战争中的失败时，将未正视战役作为战略与战术之间的重要层级，视为其赢得战斗却输掉战争的重要原因。之后，美军汲取了东方军队的战役思想，这在 1991 年海湾战争分阶段实施空中战役及后续地面作战"左勾拳"行动中表现得尤为明显。对持续时间较长的战役级大规模作战行动进行阶段划分，其本质是在准确理解上级意图的基础上，通过对战役的主动设计，有节奏且聚焦地投入联合作战力量，统筹、组织并协调各类战役级作战行动，逐步分阶段地实现战争的部分或全部目的。

当前，美军通常将其联合作战行动划分为以下六个阶段：行动环境塑造，威慑、夺取战场主动权，占据并保持优势，稳定局势和行动环境、作为行动最后阶段的民事权力移交。但要注意的是，上述阶段划分并不强制要求所有指挥官在所有行动中都加以应用，而应根据行动的具体特点和持续时间，适当调整再加以应用。各级指挥官在制定作战计划时仍保留相当的灵活性，但诸如联合参谋部、作战司令部之类的高级指挥机构，仍希望各级指挥官在制定其作战计划时，结合具体面临形势的实际情况，设计定制化的行动阶段，以便更好地实现决策层目标。显然，美军明确认为，除上述 6 阶段典型划分外，还存在很多其他的阶段划分模式。从有助于评估的角度看，无论对大规模作战（或战役）采取何种类型的阶段划分，最重要的是设定各阶段行动启动或结束时的明确条件。

从评估此类大规模作战（战役级作战）实施的角度看，如需要，各战役阶段行动的效果同样需要尽早且准确地衡量评判，对战役中各主要阶段作战行动的评估，有助于指挥官从总体和宏观上准确把握战役发展进程，及时展开战役阶段转换、调整联合力量部署和战法运用。由于当前战役级作战行动的类型和具体样式的组合繁复多样、不可枚举，因此无法归纳出几类典型战役级作战行动并对其具体评估内容进行分析。故在此仅从理论层面阐述如何设计各大规模作战各阶段的评估对象。

确定战役阶段评估内容的考虑事项。各战役阶段划分通常在战役筹划时已经明确，每个阶段都会设定需达成的部分或特定的战役目的，都会以具体指标或要求的形式呈现。因此，从评估角度看，各战役阶段的评估内容都已有较明确的指向，评估团队要做的是以这些战役阶段预实现的指标和要求为基础，从可观察的不同维度细化明确具体的评估内容（确定评估内容后，再以具体评估指标的形式呈现）。

在确定评估对象、设计具体评估指标时，可从以下几方面考虑。

一是在战役筹划期间或战役命令中明确各战役阶段需达成的战役的量化指标，这些指标所指向的内容都可直接细化为具体的评估内容。例如，任何战役先期阶段实施的综合制权夺取阶段，会明确将敌方作战力量及体系功能削减至特定程度时（如在阐述后者时，以类似描述"敌方某类特定系统削弱至 ××%"表达），才会转入下一阶段作战行动，其中涉及具体敌方作战力量的要求可转化为具体可量化的评估内容（特定数量的作战目标），而涉及敌方作战体系功能的要求则可以从可观测到的行动效果角度形成具体评估指标。

二是战前明确的各战役阶段需实现的、非量化或难以量化的特定效果或目的，可再细化描述为行动在特定领域实现的具体效果。通常，特定战役阶段行动实现的战役态势，属于一类预实现多个目的的复合型效果，它们难以量化，通常采用描述性的状态或态势表达。对此，可将此类战役目的或要求，映射到各个具体空间或领域（需要将行动的直接和间接影响可能波及的空间和领域都考虑在内）[①]，以行动在各个空间或领域内呈现出的、可观测衡量的现象表征作为其评估内容。例如，一些战役末期实施的平叛维稳行动阶段，上级通常会提出诸如"采取行动确保特定地区安全稳定"这类较为模糊的要求。在确定行动的相关评估内容时，就可将此要求（或态势）映射到军事、政治、经济、社会、心理等领域，战役力量在这些领域内采取的行动可能对预期战役目的（"确保特定地区安全稳定"）产生直接及间接（衍生、次生）影响或效果，再从可观测衡量的角度形成较为具体的评估内容和指标。

至于战役期间的中间阶段的作战行动，其战役阶段的目的或意图可能更多地聚焦军事领域。因此，在分解难以量化的战役阶段目的并形成评估内容时，通常可从运用作战力量及行动产生直接和间接影响的空间和领域的角度（陆、海、空、天等实体作战空间，以及电磁、网络等虚拟作战领域）着眼，形成可观察、可衡量的具体评估内容。从不同角度剖析难以量化的作战目的的例子，还可参考第四章"效能评估指标及制定"。具体分解和映射可参见表 3.14。

---

① 美军的作战评估实践，极为强调在战前设计各类评估指标时，采取"头脑风暴"的方式激发评估人员思维，充分研讨行动所可能直接或间接影响的各类领域，以及行动在这些领域里所可能呈现的表征形式。

表 3.14　非量化战役目的的分解和映射

目的	评估领域	评估内容	评估指标	度量形式
维持特定地区安全稳定	军事安全	区域反叛组织活动的时间特征	反叛组织活动是否存在峰值或谷底时段	是/否和描述
			特定时段周期内反叛组织活动的频次	时间和描述
			反叛组织活动与特定时间节点的关系	时间和描述
		区域反叛组织活动的地理和空间特征	反叛活动高发地域	百分比和描述
			反叛活动的地域分布	百分比和描述
		区域与反叛组织交火情况	反叛组织实施袭击的类型	描述
			反叛组织实施袭击的规模	描述
			反叛组织实施袭击的模式演变情况	百分比和描述
		区域交火导致的伤亡情况	己方部队伤亡情况及趋势	百分比和描述
			区域平民伤亡情况及趋势	百分比和描述
			区域反叛组织人员伤亡情况及趋势	百分比和描述
	政治治理			
	社会经济			
	社会心理			

注：政治治理、社会经济、社会心理部分表中已省略。

（二）特定时段内的联合作战行动

特定时段内的联合作战行动，是指在固定时间间隔内展开的作战行动。它既可能是特定战役阶段内，作战目的较为明确并在一段时间内实施的一系列作战行动，如战役阶段持续时间较长用于实现特定作战目的、包含多种典型作战行动的复杂行动；也可能包括具有明确作战目的但跨越不同战役阶段的行动，如在针对大国竞争对手实施的联合进入作战中，针对竞争对手国家军队和民众展开的持续心理认知攻击行动。这些阶段性作战行动，由于其行动目的相对聚焦，或者在战役期间的特定时段受到指挥官的特别关注，因而有必要及时准确展开衡量评估活动。

对于包含多种典型作战样式的复杂行动，依据前文所述的战役级作战评估的原理，不必拘泥于构成它的具体作战行动及其效果评估，而应聚焦于一系列具体行动所共同致力于实现的最终阶段性作战目的，设定相应的评估内容和评估指标。这不仅有利于评估团队摆脱纠结于中间过程的一系列具体作战行动的评估内容与指标设计，还避免了以工程化思维通过累积、计算过程行动评估结论，推导形成最终评估结果的弊端。

例如，在协助岛屿伙伴国反击上岛入侵军队的作战阶段，己方 A 师受领了阻滞敌军 X 师（敌增援力量）对 Z 城市的增援任务，这将防碍己方 B 集团军部队对 Z 城市的攻占任务。由于敌军 X 师获得多个装骑旅和空骑旅部队的配属加强，具有较强的机动和联合攻防能力，因此预期己方联合部队将在行动中为 A 师提供持续的多种支援，而打援、迟滞行动预期也将持续较长时间。此次作战行动目的较明确，其过程中涉及的典型作战行动繁杂多样（如火力打击、机动、特种作战等），有的还需反复多次实施，故而在设计此次作战行动的评估内容时，就应避免将评估重心放在其中的过程行动上，而应直接聚焦行动的最终目的设计相应的评估内容。据此，可设计表 3.15 的评估项目和评估内容。

表 3.15　防御作战行动的评估项目和评估内容设计

作战目的	评估项目	评估内容	评估指标
阻止敌军第 X 师的力量（敌增援力量）干扰己方 B 集团军部队攻占 T 城	敌军 X 师突破至特定地理区域（M—N—L 一线）	己方部队是否仍占领扼控 M—N—L 一线的关键防御地域	结合上文阐述的典型作战行动的评估指标具体设计
		过去 24 小时内由己方后方部队（排以上单位）上报的、在后方区域内敌方部队的活动情况	
		本级部队情报部门判断的在 M—N—L 敌方一侧活动的第 X 师营级部队的数量及变动情况	
	己方 B 集团军攻占行动未受影响	B 集团军后方地域是否获得 A 师的掩护，未遭到敌方 X 师远程火力打击	
		B 集团军后勤补给线获得 A 师的掩护，未受到 A 师与第 X 师交战的影响	
	A 师作战区域电磁控制权	在己方战场电磁压制后，连续探测到的敌方第 X 师的电磁活动情况及变化趋势	
		己方截获并破译的敌方电磁通信信号情况及变化趋势	

续表

作战目的	评估项目	评估内容	评估指标
阻止敌军第 X 师的力量（敌增援力量）干扰己方 B 集团军部队攻占 T 城	A 师作战区域制空权	持续积累的与敌方空中交战（空空、地空）的数量，及更早前的空中交战情况变化趋势	结合上文阐述的典型作战行动的评估指标具体设计
		作战区域内敌方仍在运行的地空导弹发射装置的数量变化	
	敌方 X 师残余作战能力情况	确认遭到摧毁的敌方第 X 师及营级以上指挥所（含营级）数量	
		持续积累并证实的、由己方前沿部队（连以上单位）上报的敌方第 X 师建制单位、主要技术兵器被消灭和功能丧失情况	
		持续积累并证实的敌方第 X 师被摧毁的支援火力兵器数量，己方遭受敌方火力打击的情况及变化趋势	
		持续来自己方部队（连以上单位）上报的、在前沿与敌方部队的交战情况及敌方进攻能力变化	

（三）作战行动间的协同

作战行动间的协同，是"各种作战力量共同遂行作战任务时，按照统一计划在行动上进行的协调配合"①（美军概念），即力量在行动层面上的协调与配合。作战行动间的协同，是为实现战役预期行动效果，确保各类联合作战力量协调一致展开行动而进行的协调配合活动。高强度、大规模作战期间的作战协同，不仅存在于基本作战行动之间，也广泛存在于阶段性作战行动之中。对协同效果的评估，同样也是监控协同过程、完善协同机制的重要一环。

从行动协同的角度看，指挥机构控制作战整体或阶段性实施与塑造其发展的过程，实质上就是把握作战行动与阶段性之间效果协同、调控各作战阶段之间转换的过程。因此，要衡量作战期间各类行动协同的成效，宏观上，应把握各作战阶段主要行动效果之间、各作战阶段之间配合与增效的整体进展与过程；微观上，则要充分发挥联合指挥机构的指控职能，通过指挥信息系统快速汇集分析协同过程反馈信息，衡量具体行动和任务是否达成预期目的。同时，考虑到计划协同和临机协同是大规模作战最常采

---

① 全军军事术语管理委员会 . 中国人民解放军军语［M］. 北京：军事科学出版社，2011：86.

用的协同方式，可据此设计相应的评估内容框架。

1. 计划协同

计划协同是运用预先计划的方式对不同行动力量在行动中的配合与协调做出的安排，也是作战过程中最常采用的行动协同组织方式。在信息化局部战争背景下，联合作战呈现出高度体系化的特征，其行动协同日益显现出不同于以往机械化战役行动协同的特点，包括行动协同的对象复杂多元、行动协同的手段高度信息化、行动协同精度要求高等特点。此外，在采用短周期计划模式、每日滚动制定计划下发（如ATO）实施后，也更加强调行动协同计划的预先筹划和有序实施。因而，大规模作战行动协同的目的，是致力于实现各种预期行动效果的整体配合与联动，通过协同实现行动效果的有序整合与增效，进而达成各行动效果的级联累加，实现预期作战目的。

（1）计划协同的具体评估内容（表3.16）。计划协同，涉及战役中所有可能的行动，通过预先明确主战力量或支援及保障力量，并在计划中明确几类力量行动的时序或效果的逻辑实现顺序，实现行动实施的协调统一。因此，应以计划协同和作战计划中明确的预期行动效果为中心，围绕其设计相应的评估内容框架，进而形成评估指标。

表3.16　计划协同的具体评估内容

序号	评估内容	量度形式
01	任务部队是否按计划协同中明确的要求展开行动	是/否
02	导致部队无法按计划协同中明确的要求展开行动的原因	描述
03	未按计划协同展开行动是否影响其完成任务并达成行动效果	是/否
04	计划协同遭到破坏后能否采取措施恢复协同，如能可采取何种措施	是/否和描述
05	协同失灵后为恢复协同需要派出何种额外的支援配合力量	描述
06	协同失灵后为恢复协同所耗费的时间及其占任务预期总时间的百分比	时间和百分比
07	多支部队在协同行动中是否出现误伤误击事件	是/否
08	协同行动的多支部队能否相互利用各自行动效果实现行动协同增效	是/否
09	协同行动实现预期行动效果的百分比	百分比

序号	评估内容	量度形式
10	前序行动效果实现后可供后续行动利用其效果的时间窗口	时间
11	前序行动或行动阶段的预期效果达到何种程度后，后续行动才能展开	百分比
12	需协同的几种力量之间其行动效果耦合程度	百分比

备注：所列内容，是进行计划协同时一般需考虑的评估事项，应根据实际增减。

（2）计划协同评估的可行性。与其他作战行动效果评估不同，对战役级作战行动协同的评估，更强调从战役全局整体衡量联合部队陆上、海上、空中、特种等组成部队的行动效果协同增效的结果和程度。联合指挥机构需以指挥官意图和作战构想（通过作战计划、协同计划呈现）为根据，聚焦整个作战的协同效能评估，关注影响作战态势、推进作战发展的重要行动的协同效果。战区等战役层级指挥官及其指挥机构精力有限，除非重要的具体行动，无须也不应关注具体行动的协同效果，因而在对作战总体协同效能评估的内容上，应以各联合部队如陆上、海上、空中、特种等实现其行动效果、效果间的耦合程度为衡量考察对象，以作战计划中所设计的具体协调、同步评估方法和预实现的协同效果为根据，制定相应的评估指标，展开对比分析并形成定性为主的评估结论。

对于担负全球各战略方向的作战司令部（CCMD）而言，其层次高、兵力多、战役任务耗时长且预期达成目的复杂，主要和重要行动协同的效果对作战全局的影响显著。因此，战役层级作战协同仍应以计划协同为主要方式，各分作战域组成部队（JFLCC、JFMCC、JFACC 等）需准确理解上级意图，以周密的行动协同计划为依据，把握本部力量行动协同的要点，才能在战役层面上实现行动的整体增效。具体在对行动协同的效果进行评估时，战役层级指挥机构依据当前计划周期拟制的战役协同计划，制定相关的行动协同评估标准（可从任务、阶段、时间和空间等具体协同方法的角度制定），运用当前各分作战域组成部队实时上报的本级行动协同评估信息及结论，展开作战整体协同效能的评估，帮助指挥官调控协同计划或行动，并直接影响下一计划周期作战协同计划制定。

2. 临机协同

临机协同，是多支任务部队在行动过程中为达成各自作战目的而临时展开的计划外的协调配合。在信息化局部战争中，力量多元、空间拓展及节奏加快等特点，使联合作战完全依托计划展开行动协同已不现实。因此，具体作战行动的协同，虽然以精心组织的计划协同为基础，但计划外的临机协同比重越来越大，这要求任务部队具有充分的灵活性，使其能够自主地与其他部队达成临机协同，以应对行动中的各种意外、突发事件。

从评估角度看，临机协同多发生得仓促，事前无法从容规划评估内容与指标，行动间的协同持续时间又可能较短且可用于评估的时间更短。因此，在评估行动间的协同效果时，除了需临机确定评估内容外，更需避免选择过多评估指标。有关临机协同的评估内容框架，可参考表 3.16 所列计划协同的评估内容。

第四章　作战评估指标设计

　　对世间万物的客观认识活动，与评估、判断过程存在千丝万缕的联系。例如，对物体长、短、粗、细等特性的感知，必然伴随着对特定衡量标准的对比和衡量；又或者对事物某种特征的认知，同样必然与某种参照物标准相联系。这些都涉及评价、衡量的过程，因而战争中必然存在大量评估活动。美军认为，就评估本身而言，作战评估活动包含三项基本要素（评估主体、评估客体、衡量指标或标准），其具体展开分为两个阶段（首先明确比较、评价的主观或客观标准或指标，其次由评估主体展开主观的衡量与判断）。其中，各类评估指标要件的确定，是后续所有评估活动的基础。

为什么衡量指标（标准）至关紧要

　　部队组织管理着他们所衡量评价的事物（事件），组织内的人员亦衡量评价着他们的领导者所告诉他们需报告的事物。因而，领导团队转移其当前聚焦重点的一个重要方法，就在于改变要求其下级报告的内容及相关的效能评估指标、执行评估指标。

——斯坦利·麦克克里斯托将军
喀布尔，2009 年 12 月

一、作战目的与效果

　　基于美军当前的联合作战组织、筹划思维与习惯，作战目的（objective）

是明确界定的、决定性的和可实现的行动目标（非指代具体目标的 target），通过明确作战目的使每一次军事行动的实施都有所趋向。美军在其作战筹划阶段，指挥官首先需理解（其行动所应达成的）军事最终态势（end state），并进而设定本级军事行动的终止标准（termination condition）。行动终止标准，可将其理解为本级结束作战行动时，战场应达成的状态或满足的具体条件，而这些具体条件将构成本级作战行动的作战目的。后续计划团队将以各类具体作战目的为基础，展开细节化的计划制定活动。例如，联合计划制定流程（JPP），就是将军事能力与其他国家实力工具，从时间、空间和意图等不同角度整合为统一的作战行动，以实现联合部队指挥官的作战目的。对于具体任务部队而言，上级作战目的及其他需实现的支撑性（行动）效果，将为本级明确需完成的具体任务奠定基础。

具体作战目的，描述了己方作战力量特定行动的终止标准。战役级行动的作战目的是大量具体战术行动目的（不同于战场上具体打击的目标）的集合。美军的战区作战司令部（CCDR）是本战区内遂行的各类作战行动的军事意图的最终决策机构，它必然与美国的国家战略目的紧密相关（可简单地描述为"我们想要实现什么"）。在联合作战计划制定过程中，上级对本级（通过军事行动）预实现的最终态势和行动终止标准，是明确本级作战目的最重要的考虑因素。它们明确了（通过军事行动）必须完成什么，并为描述预期的军事行动效果提供了基础。

作战目的描述了为实现最终态势所必须达成的状态。由于作战目的本身是对特定态势的高度抽象，因此要采取某种结构化、工程化的描述方式非常困难。对此，美军采取的方法是从军事、外交、经济和信息（DIME）等领域（在行动后呈现的状态）来描述某种作战目的，它将帮助从各个领域界定和澄清作战计划团队必须完成的、用以支持实现国家战略最终态势的（军事）状态。

作战目的将战术层具体任务的完成与（战役、战略层级）最终态势的达成联系在一起。至于"效果"（effect），美军认为（军事行动的）效果可视作由于一次（一系列）具体行动或其他行动效果所导致的（敌方作战）

系统呈现出的实体和 / 或行为状态的变化情况（或状态）。预期的（行动）效果也可被认为是一种能够支持实现某个相关作战目的的条件，而非预期（行动）效果则是那类能够抑制（己方行动）进展达成作战目的的条件。因此，对特定层级的部队而言，效果可视作作战目的在具体环境、领域中的下位呈现。例如，美军要求其各级指挥机构的参谋业务部门在拟制预期的（行动）效果声明时，需要考虑下述四项主要因素。军事最终态势、作战目的与终止条件间的关系参见图 4.1。

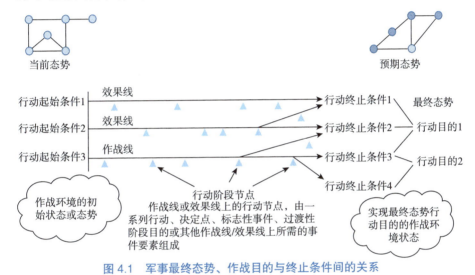

图 4.1　军事最终态势、作战目的与终止条件间的关系

（1）每个预期（行动）效果应直接与一项或多项作战目的相联系。

（2）（行动）效果应是可衡量、可评价的。

（3）（行动）效果声明中不应详细明确实现此效果的手段和方法。

（4）（行动）效果应能与相关作战目的（此效果也可作为衡量行动成功的条件，支撑着此作战目的的达成）相区别，而不应只是另一个作战目的或具体任务。

在各种行动与效果因果关系模糊的复杂战场背景下，导致某次行动（后出现特定）效果的近似原因可能非常难以预知。甚至在此类作战行动中行动的直接效果也非常难以实现、预测和衡量，特别是当它们与道德和认知这样的无形效果相关联时（如宗教和敌方的思维）更是如此。行动的直

93

接效果如此，其间接效果更加难以描述和衡量。间接行动效果通常都是意外的、非预料的，因为在实战过程中对作战环境的理解总与实际发生的情况存在着差异，因此行动筹划团队很可能无法有效预知行动所导致的间接效果。指挥官及行动计划团队还必须意识到，在作战行动中，不可预期的第三方的具体行动、己方作战行动所导致的意外结果、下属部队的积极精神和创造性及战争迷雾等因素，将使作战行动更趋不可控和难以预期。

在联合作战计划制定过程中考虑运用行动效果的概念，能够帮助指挥官及其参谋团队判定需要设计哪些具体任务以实现作战目的，并通过阐明行动中的重心（COG）、作战线（LOO）[①] 和 / 或效果线（LOE）[②]、决定点 [③] 和行动终止标准等要素的相互关系，更高效地利用其他作战筹划要素。

二、设计评估指标的考虑

当前，作战行动涉及的环境、样式千差万别，针对每次作战设计整套独立评估指标并不现实。因而，美军在长期的战争实践中认为，在当前复杂的战场环境下，从判断作战行动（完成后）所呈现的（己方能够观测收集）外在表象的实证性角度，衡量作战行动的实施情况，可从其实施后所产生的直接效果（或结果）、间接效果两个方面考虑。

（一）作战行动的直接与间接效果

作战行动的效果，区分为两类：直接效果（direct effect）和间接效果

---

① 作战线（line of operations），按时间和空间来界定部队相对于敌方的方位的线条，它们将与其作战基地和目标连接起来。（JP 2–01）

② 效果线（line of effects），军事行动中，将任务部队所担负的多个任务以因果逻辑的顺序用线条连接起来，就形成了效果线。效果线的应用聚焦于各项任务之间的逻辑时序，使指挥官更易于把握不同任务、事件或状态之间储存的条件，即某个任务的达成对另一事件（状态）的出现或发生构成先决条件。（JP 5–0）

③ 决定点（decisive point），既可能是一处特定的地理位置，也可能是特定的关键性事件，涉及军事行动的重要因素或功能，如果己方指挥官能够在决定点来临后做出正确的判断与决策，将使己方获得显著优势并有助于将行动导向实质性的胜利。（JP 5–0） （indirect effect）。直接效果，是指行动本身按要求（或预期）执行后，对行动对象（某个目标、动作）造成的即时影响或结果，其表征通常会立即出现，是军事行动所导致的第一阶的即时结果。因此，行动直接效果的表征不仅包含可实证观测的行动本身执行情况（是否按数量、质量要求或预期实施），还包括行动导致的即时影响或结果。例如，针对目标使用某种武器系统后所产生的结果，该结果不会因干扰性事件或机制所改变。第一阶结果通常是即时的、易于辨识的。例如，一架停放着的飞机被摧毁，该结果既可能因一枚炸弹的直接命中而产生，也可能因附近爆炸弹药所产生的爆炸碎片和冲击波所损毁。

间接效果，是指行动按要求（或预期）执行后，对行动对象（某个目标、动作）造成的渐进的、积累的影响或结果，其表征显现通常具有延迟性。一般来说，间接效果都是作战行动的直接效果溢出、转移、映射至第二阶甚至更高阶空间或领域的结果。间接的打击效果会因过渡性事件或机制的强化而产生预期的行动结果，本质上它们既可能是物理性的，也可能是心理上的。对行动的间接效果而言，由于敌方行为的细微变化（因行动的间接效果所致，且此类变化可能在某种程度上被隐瞒），间接效果难以直接辨识。例如，敌方机场上因己方直接攻击而遭损毁的飞机，可能被视为具体而直接的损失，如果再加上己方对敌方防空系统各类节点的类似直接攻击损失，那么假以时日，大量个别的损失将积累并最终削弱敌方政权的合法性，因为其积累性效果将在心理上使敌方民众形成其政权无力保护他们的印象。在此，敌方民众心理上的变化可被视作打击行动的直接结果，溢出至敌方社会群体心理认知域（更高阶的域）后的间接效果。

直接和间接的作战行动效果具有根本性的、对敌方能力施加影响的特点。大量个别的打击行动效果会随着时间流逝而相互交织作用与影响，将产生远大于所有单独即时行动效果叠加后的结果。类似地，对敌方目标系统各要素遂行打击的间接效果通常也会相互作用、影响并协同增效，产生比各独立间接效果相叠加后更显著的效果。随着更高阶间接效果出现的低阶行动效果的不断实现，不同位阶打击效果相互影响、发酵积累的本质可能促使战术行动所产生的效果影响至战争的更高级层面（战役、战略层级）。

由于当前作战体系各要素、各节点普遍相互联系、相互影响，打击行动的间接效果可能波及作为综合目标系统的敌方整个作战体系。这种效果的"波及"和"溢出"通常通过目标系统内部或目标系统之间的节点进行，它们对目标间、目标系统间的（信息、能量、物质、功能）联系至关重要。通过影响特定节点，可能影响、作用于整个系统，可被视作行动间接效果的级联效应（cascade effect）。间接效果的级联效应通常更容易从战争的较高层级溢出至较低层级（反之则不然）。例如，敌方某级司令部被摧毁，将导致其指挥控制功能的丧失，进而破坏其下属部队的行动协同和统一。

对敌方目标（系统）打击所造成的种种效果通常会溢出，造成其他非预期的效果，如对与行动目的毫无关系的人员或对象造成损害。稳健完善的作战行动计划应充分考虑行动导致的非预期第二阶、第三阶效果。可能很难设计某种确切的程序、步骤来预估行动的非预期效果，而且随着作战行动的进行，各种行动效果在各类目标及目标系统之间持续交织、复合和级联，要预判行动所可能导致的各种结果和效果更加困难。此外，单次作战行动所造成毁伤事件的影响，其效果如果未被及时消除，通常会随时间流逝和空间距离的延伸而被放大，此类间接效果、效应所影响的范围，很可能极大地超过与行动相关直接效果所能影响的范围。

（二）作战评估指标设计思路

理解了美军理论中的作战目的和行动（直接或间接）效果之间的关系，结合美军形成的实证性作战评估逻辑后，就能清楚认识美军对评估指标分类和具体的设计思路，即针对各类作战行动实施后所呈现的外在表象，从行动所导致的直接效果、间接效果（这是所有行动效果呈现的共性）层面，设计易用且精简的评估指标体系（见图4.2）。

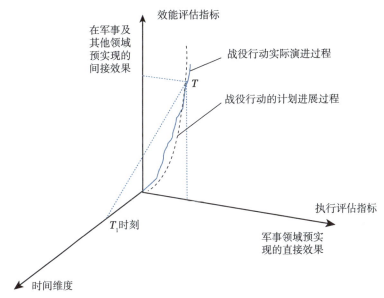

图 4.2　作战行动的主要评估指标体系

美军认为，衡量作战行动的发展过程，具体可从其导致的直接效果（对应着具体任务本身及其实施的即时结果）、间接效果（对应着作战目的或意图）及时间因素三个维度着眼。直接效果可形成执行评估指标，间接效果则可演化为效能评估指标。图 4.2 是在理论层面上从这三个维度对某次作战行动的描述，如图中 T 点表示战役进行到 T_1 时刻，应予以完成的具体任务（及形成的直接结果）及实现的作战目的（及形成的间接效果）；虚线表示按计划战役行动预期在不同时刻发展过程（从直接效果和间接效果的角度），实线则是其实际的演化动态。另有"时间维度"，它代表作战行动实施时在具体时限方面的要求，可用于判定"行动部队是否正按特定时限节点要求，完成具体任务及实现预期效果"。由于它与执行和效能评估指标密切相关，因此不再单列而体现于这两类指标中。

这种从行动的直接效果和间接效果的角度设计衡量指标的思路，也适应当前军事行动与政治、外交、经济及心理认知等其他领域相互影响程度日益深化的现实。尤其是与战略决策层意图密切相关的大规模作战行动，战区指挥官更需要超越单纯军事视角，考虑作战行动结果溢到其他领域的衍生、次生效果。

因此，美军将一项军事行动任务（无论是战役级还是战术级）的评估活动，划分为两个层次：首先评价判断具体任务完成情况，即行动的直接效果的达成情况［主要以"执行评估指标"（MOP）为主］；继而评价判断行动是否实现预期的意图，或者说其间接效果实现情况［主要以"效能评估指标"（MOE）为主］。而两类评估指标，再由其下位的一系列具体评估指标（indicator）支撑。图 4.3 是运用三类指标构成的评估指标框架。

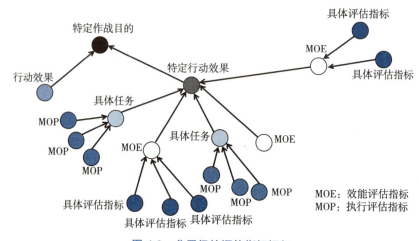

图 4.3　分层级的评估指标框架

借助上述对评估维度的划分，美军在评估过程中运用执行评估指标衡量评价任务完成直接效果（它们更多地与具体任务目标相关），继而运用效能评估指标判定作战行动达成间接效果的情况（或实现预期行动间接效果的进展、完成度）。

而美军在发布诸如指挥官意图、作战构想并下达作战命令时所采用的"两段式"阐述格式，也有利于由此推导衍生相应的评估指标；在其命令中，首先要阐明需要受令部队具体采取的行动、实现的结果（它应高度简明、易理解，不会产生歧义），继而要阐释上级预期通过受令部队所展开行动而实现的效果（有时上级仅会给出较概略的阐述，本级还需由其推导细化可指导本级作战的具体行动效果）。军队分层级遂行任务的特点，又决定了本级部队评估指标将由一系列下属部队的多层级评估指标、具体指标所支撑，以全面反映具体作战环境中的战役或战术作战行动在不同视角下的主要表征。

两类评估指标的制定，可参考"附录 B：评估具体指标设计模型"。

三、执行评估指标及制定

执行评估指标，通常是定量信息，但也能应用其定性的特性来评估任务完成情况。执行评估指标可被用在大多数战斗毁伤（CA）的场景中，因为这类指标通常需要一些明确、详细、定量的数据或对事件的直接观察（观测）结论，来判定具体作战任务的完成情况。同时，在涉及一些非战斗军事行动的评估时，也会用到执行评估指标（如分发救援物资的数量或非战斗人员撤离情况等）。执行评估指标也可用于衡量、评价战役和战略性作战任务，但具体衡量评价过程可能不会要求过于精确。

（一）执行评估指标的特点

执行评估指标，是用于衡量本级部队完成其担负的"具体任务"的规则和标准，直接与行动预实现的直接结果有关，它是作战行动最直接的体现，具有以下主要特点。要注意，这里的"具体任务"，是指上级向下级阐明的、易于理解且不会产生歧义的任务要求（非意图），它只是"使命或任务"或"作战目的"的一部分组成。

执行评估指标是分层级的。作战行动，特别是战役级作战行动由一系列相互联系的具体战术行动构成，而且考虑到具体的任务力量的层级性，顶层的作战执行评估指标向下涵盖下位层级的同类指标。特定层级部队在受领明确任务后都将形成本层级的执行评估指标，而它们又由其下属部队明确的一系列具体执行评估指标所支撑；延伸至最底层，就是遂行各类具体任务作战要素或平台所明确的具体打击或行动目标。作战实施期间，各级部队将由下至上地将其具体任务的完成情况反馈给上级，逐层形

99

成各级任务评估结论，并最终形成本级部队（具体任务）的执行评估判断结论。

执行评估指标以定量指标为主。任务部队及其下属各级部队的执行评估指标，通常与本级担负的具体任务直接相关。它聚焦及时衡量、判定各类行动遂行后在军事领域内形成的外在表象。在战役级及以下各层级部队，该指标多为具体的定量指标，如作战发起后的联合空中作战行动，预期需要毁伤打击的目标体系类、数量及各类目标的具体数量等。例如，所有需毁伤目标的数量可视作"分母"，而联合部队各分域作战力量（JFACC、JFMCC、JFLCC 等）完成打击后经评估确认完成毁伤的目标数量则作为"分子"，两者的比值即为某个明确的百分比打击执行评估数值。而在最低战术的战术级部队，此指标也可表达为简略的定性指标，如具体目标是否命中、任务是否完成等。

执行评估指标应可衡量、易判定。执行评估指标聚焦于作战行动所产生的直接结果，评估团队在进行准备时，可依托作战筹划过程中形成的目标清单（如统一优选目标排序清单）、任务清单明确具体的定量评估指标。作战计划制定阶段所形成的目标清单，实际上正是上级作战意图、本级具体作战方案通过目标角度的具体体现，可自然地作为行动整体完成情况的执行评估基准指标。

（二）执行评估指标的制定

通常，对于担负特定军事使命的联合部队，应由联合部队各域组成部队完成相关执行评估指标的制定和评估（评价执行评估指标本身是否合适）。由于战役级评估主要聚焦于作战行动的效果，因此战役级指挥机构在制定相关执行评估指标方面应保持对下属部队的指标制定的指导。联合部队各组成部队指挥机构负责制定相关执行评估指标，而组成部队层级的评估团队需要具备相关知识、经验和技能，以便判断和选择与其担负具体任务相关的执行评估指标。

执行评估指标与具体任务和任务评估紧密相关，因此，特定任务或一系列相关的具体任务都对应着适用于评估它们的执行评估指标。执行评估指标应是可衡量的（measurable），通常聚焦对战术具体任务产物的直接结果进行衡量。它们用来帮助评估团队解答与具体任务或相关一系列任务实施情况相关的问题，如任务是否完成、完成得成功与否、是否需再次实施任务，以及任务部队是否以正确的方式完成任务（高效率地实施任务）等，取决于具体所采取的外交、信息、军事或经济（DIME）行动。执行评估指标可用于衡量评价：向某个关键敌方节点投射致命性火力的情况，俘虏或消灭敌方某个高价值个体目标的情况，与部落或当地领袖的非正式接触情况，或者一系列与安全行动相关的具体任务完成程度，抑或经济重建项目的完成程度等。对某种具体任务而言，评估它们的执行评估指标相对简单，只需用"是"或"否"做出结论即可（如目标是否被命中）。但对另一些具体任务而言，评估它们所需的执行评估指标就可能较为复杂（如与当地众多部落领袖接触和交流的比例达到了多少，安全行动或经济重建项目完成的程度达到了多少）。在具体任务本身就较为复杂，或任务本身包含一系列相关的更具体且相互影响的子任务的情况下（如经济重建项目或安全稳定行动），这时评估任务进展情况就可能就需要设定一些不同的评估指标标准。当然，最终仍要清楚的是，执行评估指标被用于判定任务的实施状态、作战线（LOO）或作战行动进展情况、具体作战活动和具体任务的完成情况等。

当完成对敌方作战体系（基础状态）的分析或完成具体行动方案（COA）的制定和优选后，联合行动计划小组（JPG）或作战计划小组（OPT）将修订更新作战计划（OPLAN）或作战命令（OPORD），以反映各类指派给具体任务行动的作战资源的分配情况（对大规模的作战行动而言，在联合部队指挥机构层级，其明确的作战资源分配情况可能只限于明确到各组成部队层级，不会细化至更低层级战术部队）。对于各个（通过分析细化的）具体行动，执行部队的指挥机构需制定相应的执行评估指标，并以分配的（或本级）评估资源对其完成情况和进展展开评估。对于具体军事任务的评估，各级指挥机构通常负责本级执行评估指标的制定和维护更新，并应上级指挥机构［如联合特遣部队（JTF）或作战司令部（CCMD）］的要求，周期性地呈报各类（涉及执行评估指标的）报告文书。

美军在制定本级及下属部队的执行评估指标时，其实践做法通常按下列三步完成。

步骤一：制定本级执行评估指标。一个可用于制定（任务部队）遂行任务执行评估指标的来源，是通用联合任务清单（UJTL）或各军种的详细具体任务清单、联合目标清单。联合部队可利用这类任务清单，将其作为制定明确本级部队具体任务及相应评估标准的基准。在相应作战行动计划制定之时，计划团队通过分析上级作战意图、任务，将逐步分解明确本级担负的任务及这些任务的目的，达成任务所需实现的特定条件等，在此过程中形成的这类具体任务清单将能帮助评估团队制定相应的执行评估指标。从这类清单中提炼出的执行评估指标，应被反复审视和检查，需要修正以使其适应评估特定作战行动。例如，当某层级部队的行动计划团队完成各具体行动方案（COA）拟制并进行分析时，也应明确其下属各部队担负的具体任务及任务目的（即可衍生出本级执行评估指标），下属部队也同样需分析本级担负的任务，并解构、细化出本级担负的更为具体的任务（解构本级任务的标准，就是判断所细化出的本级必需遂行一系列任务是否有助于总体任务目的的成功实现，这同样可作为下级制定其执行评估指标的基础）。

步骤二：指导下级制定评估指标。战役级指挥机构在拟制本级作战计划时，必然涉及本级作战任务向下属各组成部队的分解和明确，这些具体任务又将形成各组织部队形成其本级作战行动的基础，而下级明确的本级任务清单和目标清单，则可作为本级的执行评估指标。

步骤三：汇总下级执行评估指标。按上述步骤由上至下逐级形成本级的执行评估指标。由顶层驱动向下分解行动任务时，尤其需注意那些需要多方行动协同以完成的行动及任务。这类任务在作战指挥机构可能对应特定类型目标，如作战指挥机构预定打击的敌方防空系统。但在将分解赋予下级部队后，构成此防空系统的具体雷达、发射阵地、储运设施，可能会分列于下属空中、陆上、海上组成部队的行动目标清单中。因此，本级指挥机构在自下而上地汇总行动的执行评估指标时，需防止重复评估与统计。

　　某次作战行动，将由一系列在时间、空间或目的上有序展开的具体任务具体构成，因此明确行动的执行评估指标并非难事，在评估计划中不会专门涉及此类指标（及其下位具体指标）的分析，跟踪作战计划和执行的过程就足以完成有关任务执行情况的衡量评价。行动期间，当前作战组（COP）常利用执行评估指标跟踪衡量具体任务的完成情况。毕竟，运用此类指标衡量评价任务的完成情况相对直观，且经常只需担负任务的指挥官做出"是"或"否"的回答。一些执行评估指标的例子如下。

　　（1）X 路线已清除并安全。

　　（2）村庄 A、B 和 C 的发电机已分发，它们都已处于安全运行的状态。

　　（3）计划修缮校舍的 1.5 万美元已完成投入。

　　（4）从空中向 D 村庄散布 6 万份传单的任务已完成。

四、效能评估指标及制定

　　在联合计划制定流程（JPP）中的具体行动方案（COA）制定之后，紧接着就要针对具体行动任务拟定评估它们的执行评估指标和具体任务的衡量标准；同时，针对明确的具体任务，计划团队还要明确这些任务的预期和非预期的（行动实现）效果。拟定了具体任务行动效果后，就可立即着手制定用于评估这些预期和非预期任务效果的效能评估指标及其下位的具体评估指标（indicator）。鉴于制定效能评估指标和具体评估指标的目的，在于构建一套评估模型和标准，而非制定具体行动方案。因此，这类效能评估指标在制定时并不取决于具体行动中选择的关键任务节点。尽管执行评估指标通常由担负任务的军种组成部队或相关部队负责制定，但相关效能评估指标及其具体评估指标，具体由联合行动计划小组或作战计划小组负责拟制（如指定专门的评估团队，则由后者负责）。制定明确相关效能评估指标及其评估指标的目的，在于提前建立精确的评估基准模型，以便评估团队利用其判定当前的联合作战行动是否正在向实现预期行动效果的方向发展。由于作战行动的战略和战役级效果很少会立即表露或实现，因此效能评估指标将为评估团队基于所观测到的特定、不连续的评估指标，为分析当前行动的趋势（如敌方体系行为或作战能力的变化，它们随着时间的流逝而开始演变）变化，提供一套衡量框架。

（一）效能评估指标的特点

效能评估指标，是用于衡量本级部队通过遂行其作战行动，实现预期间接影响或效果的规则及标准，是对行动遂行情况的更深层次评估。美军认为，在当前战略背景下，军事、政治、经济及文化等领域广泛联系且相互影响，战役级指挥官及其指挥机构更需及时洞悉作战行动的间接的、衍生的影响。因而合理构建并运用效能评估指标，衡量并检视作战行动所产生的间接（衍生、级联）效果至关重要。

与执行评估指标类似，效能评估指标具有部分类似的性质，如具有一定的层级性，不同层级指挥机构需明确各自行动的效能评估指标；除此之外，它还具有一些不同于执行评估指标的特点。

效能评估指标以定性及趋势判断为主。无论行动的直接或间接效果，效果本身难以定量度量，效能评估指标聚焦于对行动的间接效果的定性判定。战役级效能评估指标，以作战行动的直接结果为基础，延伸至整体作战行动的预期或非预期间接影响的衡量上；它更聚焦于检视作战行动在军事及其他领域产生的衍生性、次生性影响。美军认为，当前在战争已演变为双方体系间的碰撞和冲突的背景下，不同行动的效果之间的互动与影响具有典型的非线性特征，现有侧重于从工程、系统角度研究（即美军的operational analysis）的效果评估理论与实践，难以应用于战时紧张复杂的环境，更难以及时准确判定效果之间级联、积累的程度，以及特定行动与某类效果之间的逻辑联系。因此，在当前技术手段仍较为有限的作战背景下，战时对行动效果的评估仍以易理解和实施的定性判断方法为主。

各级行动效能评估指标相对独立。虽然战役级及其下属部队的效能评估指标具有一定的层级性，但各级效能评估指标仍应主要基于本级任务目的和预实现的行动效果制定。上下级部队作战行动的效果虽具有一定级联累积的特性，但体系作战过程中行动效果的非线性和涌现性特征决定，对战役级作战行动效果的评估不能等同于简单累加下级部队作战行动的效果，这与执行评估指标具有级联累加的特性显著不同。美军近几场战争实践的经验表明，在设计作战行动的效能评估指标时，下级可以参考但不应依据上级的效能评估指标形成本级的同类指标，各级指挥机构仍应依据本级担负的任务，以及本级在上级作战意图中的地位、作用，独立根据本级作战行动的预期实现效果，设计效能评估指标。

效能评估指标应具有调适性。鉴于当前作战行动的极端复杂性及其产生的各类效果在战争迷雾的遮掩下晦暗难明，提前制定的效能评估指标往往可能难以应用，而需在作战实施期间调整修正。例如，作战实施期间因评估信息收集原因（难以收集），或敌方对己方行动效果采取了某种补救措施，造成预期行动效果无法被观测到，或观察到的效果与预期的差距较大；这时，就需要基于本级作战目的，调整衡量观测待评价效果的角度，形成新的效能评估指标。作战实施之前，评估团队可能会有充分的时间设计针对作战效果的多维观察评估指标；但在作战实施期间，随着行动持续展开，作战组织与实施的节奏加快甚至难以把握，使评估团队基本无法全面设计各类评估指标，而只能从当前最简洁、最易理解的角度设计效能评估指标。因此，高效的效能评估指标需要具备在评估过程中调整适应的能力。

（二）效能评估指标的制定

在制定效能评估指标和用于评估（行动）效果的指标时，评估团队还需要各类参谋部门及专业人员（包括 J–2 情报、J–3 作战和 J–5 计划部门，以及参与行动的跨机构和多国伙伴部门代表和相关主题专家）的支持，确保评估特定行动效果的效能评估指标及具体评估指标是可观测和衡量的，以便展开可信赖的评估。只要有可能，评估团队还应将行动中的一些节点（事件或任务）与特定评估指标联系起来，以便聚焦情报监视和侦察行动的计划制定和信息收集实施。在制定评估指标标准时，如果需要的信息无法通过与其他机构部门的合作获得，就将提交为特殊的评估信息需求（请求上级分配额外信息收集资源）。在完成制定效能评估指标和具体评估指标后，评估团队应将相应的评估指标提交给情报监视和侦察（ISR）行动计划团队，后者将与联合情报作战中心（JIOC）协调，以便为这些评估指标（的信息收集）指派特定的情报监视和侦察资源；之后，联合特遣部队的联合情报支援分队（J2-JISE）或作战司令部的 J-2 联合情报作战中心（JIOC）将明确相关（收集的、评估的）信息报告的职责和周期，同时这类信息将在（信息）收集计划或作战命令附录中发布。

应针对各个（行动所预实现）效果，分别制定效能评估指标和具体评估指标。继而，根据各个指挥机构的（评估）需求和时间限制，对相关效能评估指标和具体评估指标进行修订和定制。美军的经验表明，在制定效能评估指标时临时组建一支小规模的特定工作组是有用的，他们将草拟一系列的效能评估指标，以便供更为专业、正式的评估团队审查提炼。制定效能评估指标的具体步骤和程序如表 4.1 所示。

表 4.1　制定效能评估指标的步骤

步骤一：分析预期（行动）效果
步骤二：集体讨论制定效能评估指标
步骤三：考察评价效能评估指标
步骤四：制定效能评估指标及其具体评估指标
步骤五：考察评价效能评估指标及其具体评估指标
步骤六：优选排列效能评估指标
步骤七：倒序审查各类指标
步骤八：区分各效能评估指标权重

步骤一：分析预期（行动）效果。在制定效能评估指标之前，评估团队应分析行动预期实现的效果，以确保评估人员形成对预期或非预期的（行动）效果（效果可具体描述为敌方体系的行为或能力变化）的共同理解，以及这类预期或非预期的行动效果将可能如何在敌方目标系统（或体系）显露出来（特别是如果采取行动后预期行动效果分阶段显露的话）。对这些事务形成共同的理解非常重要，这将确保相关的效能评估指标能够反映作战活动（及其效果可能的演变）；如此，在执行作战命令（OPORD）并对作战行动进行分析时，才能准确地描述行动实现特定效果的程度或状态。期间，可能有助于分析这些行动效果的参考资料，包括详细的（行动）效果描述、红队的摘要及政治、军事、经济、社会、基础设施和信息（PMESII）系统摘要。在评估团队回顾审视这类（行动）效果后，如果认为它们仍不够明晰（如以措辞模糊、特定标准对应两种以上状态等），评估团队将向联合行动计划小组或作战计划小组提交修改建议。

步骤二：集体讨论制定效能评估指标。在形成了行动预达成效果的共同理解后，就可以开始研讨制定效能评估指标。"头脑风暴"式的讨论可用于研究完善效能评估指标。在此步骤中，评估团队将聚焦明确（待评估）具体活动的类型，这将为评估（行动）效果的状态提供潜在的有用信息。期间，评估团队不应拘泥于具体建议的质量，而应考虑分析所有提出的建议。更通常的情况是，评估团队指定由专人负责记录所有人提出的建议，把所有建议整理誊写在一面白板（如果会议是以实地召开而且缺乏电子设备的情况时）或输入到投影显示屏上。誊写或输入这些建议，如"［特定活动 / 事件］的增加 / 减少"，有可能的话，通常应将各项活动都以共同的格式表达。指挥机构评估团队在研讨制定效能评估指标时，一个很有用的技巧，就是在初期讨论会议后，针对各政治、军事、经济、社会、基础设施和信息（PMESII）领域或战争的功能性区域（海上、空中等）循环依次对各具体待讨论建议进行讨论，去芜存精，归纳提炼，达成一致。运用这种头脑风暴的研讨方式，有利于减少因考虑不周而带来的潜在风险，有利于在作战计划或作战命令执行、评估具体作战行动时，将所有可能因素纳入评估指标的考虑中。

步骤三：考察评价效能评估指标。在第二步完成后，将形成具体效能评估指标，接着应从文法措辞、清晰明确程度、相关（行动）效果、适当性（即对于阶段性的特定行动效果，可否运用相关效能评估指标考察评价行动在各阶段产生的效果）等角度对所有效能评估指标进行考察和评价。在此步骤中，一些效能评估指标可能被重新归类为潜在的评估指标，或与其他效能评估指标合并处理。被认为是不合适的效能评估指标，将重新措辞或被放弃。在完成各个效能评估指标的评价后，经提炼完善的（用于评估某一行动的）多条效能评估指标将作为一组标准，再进行整体性评估（针对特定行动）。评估团队必须就以下问题达成一致，即考虑到在可以获得运用各条经完善的效能评估指标（进行评估）所需的相关信息时，作为一组（用于评估某个行动的）经完善提炼的多条效能评估指标，整体能够用于对特定行动效果进行准确的评估。如果（评估某次行动效果的）效能评估指标被认为数量不足，就必须研讨制定额外的类似标准，或者（如果无法制定评估的效能评估指标，即意味着原计划行动的效果无法衡量）需要修订原行动预达成的效果，抑或完全放弃此效果。

步骤四：制定效能评估指标及其具体评估指标。在此步骤中，将为步骤三中完成的效能评估指标制定相关具体评估指标。针对各个效能评估指标，评估团队将明确与之配套的特定离散指标点，这将使评估可以考虑对效能评估指标所针对的作战活动做更细化的评定和分级（例如，某个效能评估指标用于衡量"计划外的军事行动的增/减量"情况，那么构成此效能评估指标的基础性评估指标就可能包括"战机出击率""部队部署状态"等具体指标）。这些具体评估指标必须是可衡量的（至少潜在的，它们应容易被信息收集分析人员在之后加以分析和确认），而且需与效能评估指标（所评估针对）的作战活动直接相关，并能帮助评估团队掌握有关（敌方）目标系统或体系的特定消息。此外，评估指标在提供有关评估（目标）状态变化的数据信息时，还必须充分考虑时限因素，即评估团队有充裕的时间完成分析并得出结论，以便相关结论的提交能够赶上指挥官的决策周期。战役级行动中，一些作战行动的效果必须经过较长的时间才会得以显露，因此在运用相关评估指标衡量特定行动的状态变化情况时，可能会仅依据评估的时间点形成一系列离散的评估结论，或以渐进的方式形成一些结论。在这类情况下，在行动发展演变的过程中，一些作战目的或预期的（行动）效果可能会出现调整，因此评估团队也应随战局的发展考虑制定或明确一些额外的评估指标，尽管这些行动过程中新增的指标可能在可靠性方面不如前期经反复论证的指标，但却可为评估团队衡量出现时间较长的特定（行动）效果提供更多的中间状态变化衡量基准。如有可能，效能评估指标的选定应与行动中特定（时间、事件）节点相关联，以便有助于（信息）收集计划的制定（因为围绕这类行动节点，往往更易安排分配作战资源）。正如第二步中所阐述的，指挥机构评估团队在研讨制定效能评估指标时，一个很有用的技巧就是在初期讨论会议后，针对各政治、军事、经济、社会、基础设施和信息（PMESII）领域或战争的功能性区域（海上、空中等）循环依次对各具体待讨论建议进行讨论，去芜存精归纳提炼达成一致。如果在此过程中与会人员无法讨论制定易于衡量的评估指标，即表明针对待评估的行动、事物或行动效果，缺乏可行的衡量、评价它们的手段，那么可考虑放弃此（待评估项目的）效能评估指标，并着手调整思路，寻求以新的维度观测衡量行动效果（制定新的可衡量的效能评估指标）。帮助研讨拟定效能评估指标及其具体评估指标的一些参考资料来源，包括美国和平研究所编撰的《衡量冲突环境中的（行动）进展》（MPICE）[①]等，为效能评估指标和具体评估指标的设计提供有益的范例与参考，该书中列出的很多标准与指标都经过跨机构部门的审查和检验，覆盖稳定行动的多类效果呈现领域，能够衡量在遂行稳定行动时的参与力量的效能与进展。

步骤五：考察评价效能评估指标及其具体评估指标。在完成评估指标的制定后，将以该评估指标作为指标群进行整体评价。在评价这类指标群期间，评估团队必须就以下问题达成一致，即考虑到在可以获得运用各条

---

① https：//www. usip. org/sites/default/files/MPICE_final_complete%20book%20（2）.pdf.

经完善的评估指标所需的相关信息时，作为一组用于评估某个行动的、经完善提炼的多条具体评估指标，能够用于对特定效能评估指标进行准确的衡量。如果评估某个效能评估指标的具体指标，被认为数量不足，就必须研讨制定其他观察维度的评估指标；或者如果无法提出更多具体评估指标，即意味着针对原计划行动的效能评估指标无法或难以被衡量，需要修订相关效能评估指标、抑或完全放弃此效能评估指标。

步骤六：优选排列效能评估指标。效能评估指标制定过程中的下一步，就是排列优选各个针对特定行动效果的效能评估指标，并为下一步针对各效能评估指标的倒序审查做准备。更常采用的方式是，实战时应收集应用一系列独立的标准（这些标准通常包括行动效果的可观测性、时效性，以及与效果的直接相关性），来衡量评价特定行动效果的效能评估指标；之后基于评估结果对这些效能评估指标进行排列。排列在前的效能评估指标，即属于那类拥有较稳固支撑的评估标准；反之，排列在后面的效能评估指标则不易应用于衡量行动效果，（如无法衡量，难以实现衡量评价时）很可能被抛弃或修正。

步骤七：倒序审查各类指标。即针对前一步排列的效能评估指标，先从排序后列的效能评估指标审查起。在完成效能评估指标的优选排序后，制定效能评估指标的后续步骤则是进行倒序审查，以确保这些效能评估指标是评估实战行动效果时所需要的（且运用这些标准，对准确评估衡量作战行动带来的风险是可接受的，如用于收集评估信息的侦察资源遭受损失），同时确保相关评估模型和流程的效率，且评估所需情报监视和侦察（ISR）资源不会被浪费。在此步骤中，排序最低的效能评估指标将被暂时划入另册，评估团队再选取排序较低的标准（仍保留在效能评估指标序列中），针对它们所衡量的行动效果，对其能否衡量（待评估）特定行动效果进行审查和检验。从整体行动效果角度看，如果评估团队认为现有效能评估指标（废弃掉排列在最后的此类标准）已足够对预期行动的整体效果进行衡量评估，而且利用现有效能评估指标（进行的评估）并不会给对行动效果的评估和认识带来不可接受的风险（例如，评估因缺少某些重要效能评估指标，对行动效果的理解与判断出现较大偏差），就可以保留现有效能评估指标，而将之前被暂时废弃的标准正式抛弃。如果时间充裕，这一过程将从效能评估指标排序的低端针对各效能评估指标反复，直到评估团队判定所有所需的效能评估指标为止。

表 4.2 描述了防御作战场景中运用相关效能评估标准衡量判断行动最终态势的例子。此例中，效能评估指标 MOE_1 和 MOE_3 并无明显的因果逻辑关系，当然这两个效能评估指标都是用于衡量是否达成条件 1 的有效指标。运用不具因果逻辑关系的效能评估指标（从不同角度衡量评价），可提高并确保对特定待评估项目的衡量严谨程度和有效性。表中 MOE_2 则与 MOE_1 和 MOE_3 都具有因果逻辑关系，但由于其与待评估项目的直接相关性，加之其来源较为严谨和精确，因此仍是必要的。

表 4.2　防御作战行动的效能评估指标及其具体评估指标

最终态势条件 1：己方部队阻止敌军 X 师的力量（敌增援力量）干扰己方某支军级部队与敌的决定性交战行动		
MOE_1：敌方 X 师的部队在"蓝色"阶段线以西地区被己方击败（阻止作战力量越过该阶段线）	MOE_2：在己方军部队行动区域内夺取并保持的制空权	MOE_3：敌方 X 师通信系统被干扰、破坏的情况
具体评估指标 1：己方部队占领目标地域"SLAM"（Y/N）	具体评估指标 1：距评估时过去 24 小时内与敌方空中交战（空空、地空）的数量及趋势	具体评估指标 1：距评估时过去 24 小时内，探测到的敌方 X 师的电磁活动情况及变化趋势
具体评估指标 2：距评估时过去 24 小时内来自己方部队（班及班以上单位）上报的、在相关作战区域内敌方部队的活动情况	具体评估指标 2：当前联合部队空中组成部队指挥官（JFACC），对作战区域内敌方仍在运行的地空导弹发射装置的数量评估	具体评估指标 2：确认遭到摧毁的敌方第 X 师及营级以上指挥所（含营级）数量
具体评估指标 3：本级部队情报部门（G2）评估判断的在"蓝色"阶段线以西活动的敌方第 X 师营级部队数量	—	—

步骤八：区分各效能评估指标权重。为了完成评估效能评估指标的最终制定，还需要明确判定各效能评估指标的权重（针对某个行动效果的多个效能评估指标的重要性程度排序）。进入制定过程的这一步骤，评估团队

将基于相关评估标准针对衡量评价相关行动效果的相对重要性，评价衡量所有效能评估指标（在评估时的）的权重，即确定在评估时所运用的哪些效能评估指标，对评估过程具有更大的重要性。显然，确定各效能评估指标的权重排序顺序不可避免地掺杂着主观因素，排列过程基于分析人员的主观判断（即对于特定效能评估指标而言，评价人员主观地判定它比其他同类指标具有更显著的重要性）。如果缺乏主观或客观的衡量权重基础，针对特定行动效果的所有效能评估指标可能都被认为是同等重要的（显然这并非现实）。而在完成了这一步骤后，则需开始制定与评估指标相关的具体评估指标。

五、具体评估指标及其制定步骤

评估时最基础的指标——"具体评估指标"被界定为"一项信息，用于提供对效能评估指标或执行评估指标的深刻理解和洞察"[1]。在评估的背景下，具体指标可以是定量的（基于观察到的或客观的事实），也可是定性的（基于经验的或主观的观念）。[2]

具体评估指标，可提供某种特定状况（态势）存在或特定结果是否已经达成的证据，并使得决策者能够（根据评估结论和建议）对进行中的行动做出调控，以确保本级正展开的行动仍然聚焦于实现最终态势。[3]具体评估指标所表示或揭示出的信息，可用于支撑执行评估指标或效能评估指标衡量具体行动的情况。一项具体评估指标既可支撑执行评估指标，但更多地用于支撑效能评估指标。与前两类指标类似，具体评估指标同样必须是可量度的（可以进行定量或定性的计量）、可收集的（可合理获得的数据及信息）和相关联的（与其支撑的效能评估指标或执行评估指标具有相关性，即可用以更好地理解这两类主要指标）。[4]

---

[1]ADRP 5-0，paragraph 5-14.
[2]ADRP 5-0，paragraph 5-26.
[3]JP 5-0，pages D-2 - D-3.
[4]ATTP 5-0.1，paragraphs 7-21 - 7-24.

具体评估指标的制定。在完成评估的效能评估指标的制定确认后，应立即着手制定具体评估指标及其阈限（indicator thresholds）。行动计划制定期间，确定具体评估指标的阈限标准非常重要，因为这些标准为评估趋势分析构建一套连贯的基础，并减少相关评估机构的主观性。当涉及特定决策点的（如作战阶段转换）行动效果的评估状态或与之密切相关的效能评估指标出现变化时，所建立的阈限标准尤为重要。计划团队必须确保指定的具体评估指标阈限能够支持实现指挥官的意图，这些具体评估指标阈限标准还将导致相关、具有较高准确性和真实度的信息被提供给指挥官，使后者能够据此做出明智决策。

制定效能评估指标的具体指标阈限标准，需要来自情报分析师、主题专家、作战计划团队及（信息）收集管理团队的重要信息输入。因为制定此类阀限标准可能较为耗时，在联合计划制定流程（JPP）中的任务分析阶段就应展开，并可能持续至联合计划制定流程中的具体行动方案（COA）制定步骤。需针对各效能评估指标，展开具体评估指标标准的制定。表4.3是此类具体评估指标阈限标准制定的步骤。

表 4.3 评估指标阈限标准的制定步骤

步骤一：审查评估指标
步骤二：判定报告阈限
步骤三：优选排序评估指标
步骤四：倒序审查
步骤五：区分评估指标权重
步骤六：重复进行上述具体评估指标制定过程
步骤七：将相关结论提交给（评估信息）收集管理方
步骤八：通报评估模型

步骤一：审查评估指标。初始审查评估指标的步骤是为确保考虑制定的效能评估指标能够用于衡量评价特定的作战活动。当评估团队形成了对（针对特定行动效果的）效能评估指标的共同理解后，针对此标准的具体评估指标就能更好地支持其效能评估指标。接着，这些具体评估指标都将被逐个审查，以确保它们是相关的、可衡量的、响应迅速的，以及拥有相应行动资源（以获得相关指标数据）。如果某个指标被认为无法衡量，意味着与其相关的（评估）信息（在其需求周期内）将无法获得。评估时，针对特定效能评估指标收集的指标数据（信息），其数量应足以覆盖此效能评估指标相关指标的评估应用，而且充分的数据量也可用于对各个指标进行交叉检验，以确保评估的准确性和有效性，同时减少评估过程中的风险。如果具体评估指标不足以完成相关效能评估指标的衡量评估，就必须选定额外的具体评估指标，或者修订相关效能评估指标，又或放弃此效能评估指标，即应用于特定效能评估指标的具体指标，无法满足该效能评估指标的可衡量性要求。

步骤二：判定报告阈限。经上一步骤完成评估指标的审查后，各个具体指标将被详细地审视，以便确定某类需上报的评估数据或指标，以及这些指标数据向上级报告的特定阈限（即从时间、数据数量、质量或重要性等角度，确定达到的某种需上报的标准），通常需要上报的数据类型有以下三种：

①定量数据（例如，"平均每天的供电时数"或"每天战机出击架次数量"）；

②基于（特定）事件的数据［与某类事件明确出现相关的信息，例如，"建立（与某个国家）外交关系"或"参与谈判"］；

③定性数据［例如，"可获得的卫生保障服务程度（低／中／高）""军事演习活动的活跃度（低／中／高）"］。

针对特定评估指标明确应上报的数据类型后，还应分析并建立任务执行过程中，各类评估数据的上报阈限，以建立初始的上报标准（即某种指标数据达到何种程度，或利用评估数据进行评估后得到某种结论时，就需要上报的标准）。对主要涉及定量数据的报告，某个指标的上报阈限通常基于来自同类指标的历史经验性标准，后者常意味着（评估指标数据及其处理应用）达到上报需求的某种"标准的"或"可接受的"的程度。例如，（以特定区域）平均每天供电时数的指标，该指标达到 16 小时以上，即可将其标定为"绿色"状态，具体量化的"16"小时可视作上报该地区供电情况良好的阈限指标；类似地，如果供电时数在 8 ~ 15 小时，可将此指标阈限设定为黄色；而红色则代表每年不足 8 小时的情况。确定的评估指标阈限既可能基于历史经验标准，也可能基于分析确定的某种"可接受"的状态或程度。

如果在评估团队的会议上，评估时衡量评价的基准信息无法获得，评估团队应暂停确定缺乏相关信息评估指标的阈限，以便情报人员或主题专家进一步分析提供更充分的信息后，再研究确定它们的各种阈限。对于定性数据，设定相关阈限时需特别注意，以确保对本来就不易更进一步细致区分的定性数据做出连续的阈限区分。例如，为"（特定区域）提供卫生保健服务的情况"或"军事演习活动的活跃度"这类定性指标界定不同的上报阈限标准时，就可区分为三个程度等级（低、中、高）。应用时，要注意可能引入评判人员的过多主观因素，导致错误地判定待评估对象的等级。

步骤三：优选排序评估指标。在确定了上报数据类型和明确了相关阈限后，就需要优选排列评估指标，以便为后续倒序审查这些指标做准备。更常采用的方式是，利用一系列独立的标准对具体评估指标进行衡量、评价，之后基于评估结果对其进行排序。这些用于优选评估指标的标准在 5-0 号联合出版物《联合计划制定流程》中有所阐述，具体包括指标的相关性（与相关效能评估指标、行动效果和作战目的），可衡量性，响应迅速性及相应的实现（评估指标应用的）资源。

步骤四：倒序审查。在完成上述对评估指标的排序后，需进行类似的倒序审查，以确保这些评估指标是应用于特定行动效果的效能评估指标所确实需要的（且运用这些具体指标，对准确评估衡量效能评估指标的风险是可接受的）。与此前对排序后的效能评估指标所进行的倒序审查类似，排序最低的具体评估指标将被暂时划入另册，评估团队再选取排序较低的指标（仍保留在具体评估指标序列中），针对它们所衡量的效能评估指标，对其能否衡量（待评估）相关效能评估指标的情况进行审查和检验。从整体行动效果角度看，如果评估团队认为现有这些具体指标（放弃掉排列在最后的此类指标）已足够对特定效能评估指标进行衡量评估，而且利用现存具体评估指标（进行的评估）并不会使对特定效能评估指标的评估和衡量带来不可接受的风险（例如，评估因缺少某些重要具体评估指标，无法实现对相应的效能评估指标的衡量评价），就可以保留现有具体评估指标，而将之前被暂时废弃的指标正式抛弃。如果时间充裕，这一过程将从评估指标排序的低端针对各效能评估指标反复进行，直到评估团队判定所有所需的具体评估指标为止。

步骤五：区分评估指标权重。作战评估期间，为了使各评估参与方掌握相关评估模型和数据管理工具的运用，评估团队将基于相关具体指标针对衡量评价相关效能评估指标的相对重要性，评价衡量所有评估指标（在评估时的）的权重，即确定在衡量效能评估指标时所运用的哪些具体指标，对评估过程具有更大的重要性。显然，确定各具体评估指标的权重排序顺序不可避免地掺杂着主观因素，排列过程基于分析人员的主观判断，因为评估过程中所获得的各种评估数据（应用于具体评估指标）仅为评估团队的分析过程提供一个起点；而且针对特定效能评估指标的一系列具体评估指标，在应用时可能具有同等的重要性（即各指标权重相同），除非这一系列指标中的某些指标在评估中的重要性方面与其他指标具有显著差异。

步骤六：重复进行上述具体评估指标制定过程。需针对各个效能评估指标，对用于评估此标准的具体评估指标重复进行上述指标制定、审查和权重判定过程。当用于某个效能评估指标的具体指标完成所有上述步骤后，即可对后继效能评估指标及其具体评估指标展开类似的过程。

步骤七：将相关结论提交给（评估信息）收集管理方。在完成了大量效能评估指标与具体指标的制定后，评估团队将制定和审查完成的评估指标提供给情报监视和侦察（ISR）计划团队，后者将与联合特遣部队（JTF）的 J-2 情报部门或联合情报支援分队（JISE）或联合情报作战中心（JIOC）协调，将确认的具体评估指标（所需的信息需求）纳入战时信息收集计划中，并分配具体的情报监视和侦察资源用于完成相关信息的收集。并非所有的具体评估指标都需要提交给（信息）收集管理方，并运用相关收集资源展开收集活动。

步骤八：通报评估模型。一些指挥官在以往的战争实践中，曾成功地利用整合有宏程序（macros）的标准电子表格软件，用以储存相关评估参数并自动获取评估相关数据。还有的指挥官曾利用特定软件工具协助完成评估计划制定和执行。无论采用何种评估工具，在作战行动展开前，所能用到的评估工具或模型都应向相关机构或评估团队通报，并确保由相关参与方熟练运用。

六、三类指标的区别、设置数量和检验

作战中，海量的信息本身就是一种麻烦，它们使指挥陷入混乱，迟滞指挥官的决策时间，削弱指挥官自身对态势的直觉和感知能力。在作战行动展开前，上述难题可部分地通过全面的情报融合与评估活动准备加以缓解。

——美国空军条件文件 2

三类评估指标的区别。一种区分执行评估指标与效能评估指标的简便方法，是在筹划、计划阶段设计评估指标时，清晰区分本级担负的具体任务，以及预期实现的意图及效果。例如，某支部队担负了夺占特定高地的任务（行动具体结果），上级意图是通过该部队占据此高地后，依托其地形优势为己方主力提供区域监视和预警（行动效果和意图）。行动执行后，部队顺利地完成夺占高地的任务，那么是否占领此高地将成为执行评估指标判定的关键；而如果该部队完成占据高地后仍未能达成监控、预警周边区域的效果（如未能预警周边特定范围内敌军的活动），那么则需要借助效能评估指标体现。

再例如，某支部队担负的任务是每天在特定区域展开至少 10 次巡逻活动（具体任务），其目的是使当地民众感到安心（部队出现次数与民众对安全的信心之间存在着一定关联）。但即便这支部队已按标准每天进行了必要次数的巡逻，仍可能未能使当地民众感到安全。从行动的直接结果角度看，这支部队已成功完成了任务；但从效果评估的角度看，该部队的行动并未实

现预期效果。因此，具体任务的评估通常很容易被视作一种定量的衡量评价体系，而效果评估则通常被视作一种定性衡量评价体系。效果评估主要聚焦行动跨域衍生实现的结果，而直接结果评估则聚焦于具体行动或任务在军事领域产生的直接后果。当然，也会存在行动的直接结果与其在各领域的直接或间接效果部分重合的情况，这时两类指标同样会有重合。

效能评估指标帮助评估团队解答这样的问题，"我们在采取正确的行动吗，我们采取的具体行动是否正产生预期的（行动）效果，或者是否还需采取其他的具体行动（以实现预期效果）"。执行评估指标则与具体作战任务的完成情况密切相关。执行评估指标帮助评估团队解答这样的问题，"是否已采取行动，或具体任务是否按标准完成，或者（行动实现当前进展情况时）投入了多少努力"精心设计的评估指标与标准，能帮助指挥官及其参谋团队理解特定具体任务与预期（行动）效果之间的因果关系。（参见表 4.4）

表 4.4　评估中的三类指标的区别

效能评估指标（MOE）	执行评估指标（MOP）	具体评估指标（indicator）
回答质疑：采取的行动是否取得预期效果	回答质疑：我们是在以正确的方式完成任务吗	回答质疑：该效能评估指标或执行评估指标的某种状况是什么样的
衡量评价行动目的的实现情况	衡量评价具体任务的完成情况	衡量评价特定数据/信息输入，它们用于供具体的效能评估指标或执行评估指标所采用
与 MOP 并无层次关系	与 MOE 并无层次关系	主要从属于效能评估指标
判定任务陈述中的"为什么"（why，意图）	判定任务陈述中的"什么"（what，具体任务）	用来判定"什么"或"为什么可能"的信息
通常会正式在正规评估计划中跟踪其变动情况	通常会正式在计划执行矩阵表格中跟踪其变动情况	通常会正式在正规评估计划中跟踪其变动情况
通常的挑战是选择正确的有效性指标	通常仅简单地选择正确的执行评估指标	在选择支撑效能评估指标或执行评估指标的具体指标时，都较具挑战性

评估指标设置的数量。在实践过程中，评估团队仍不可避免地呈现出耗费更多时间选择、验证过多效能评估指标及其具体评估指标的倾向。如果对评估团队管理不善，在其评估计划中设定了过多数量的效能评估指标

和具体评估指标，这将耗费大量准备时间。作战行动及相关评估活动展开后，评估团队需耗费大量时间进行相关评估指标的数量收集与验证，那么后继对时效性要求高的数据分析处理过程就会受到阻碍，评估就难以聚焦对行动产生的实际效果和作战目的的衡量与评价。如果对相关（信息）需求管理不善，评估团队就很可能被行动中源源不绝的海量数据所"淹没"，进而导致评估活动丧失其意义和效用。换言之，如果参谋团队衡量评价战场上的每一个变化，他们就会发现其评估将毫无重点，难以发挥提升指挥官决策品质的作用。对战役级作战行动而言，为支持对战役级外交、信息、军事或经济（DIME）行动的评估，计划制定团队明确 8～12 项总体的行动效果可能是较为现实的选择。此外，对每个行动效果明确 4～6 个效能评估指标，再为每个效能评估指标制定 4～6 个具体评估指标，被证明是较为合适的评估框架设计。当然，为实际具体行动设定的效果、效能评估指标和具体指标的数量，应基于行动所预期达成的总体目的和需求来确定，而不应该预先设定某些限制。

评估指标的检验。评估过程所需的各类指标，应该是相关的、可衡量的、（对变化）响应迅捷的、拥有相关评估资源的，它们可作为检验评估指标的标准。

相关性。执行评估指标和效能评估指标，都应该与任务、条件、作战行动、作战环境、军事上的最终态势及指挥官决策息息相关。该标准有助于避免收集和分析那些对具体作战行动缺乏价值的信息，还有助于通过减少评估过程中的冗余努力并确保评估效率。

可衡量性。评估衡量活动，应该有定性或定量的标准，确定可被用于衡量和判定。为了有效地衡量（行动或态势的）变化，在展开行动前应首先建立起（对待衡量指标、事物及事件的）基准性评估（并形成基准评估结论），以促进在整个作战行动期间展开准确的评估。执行评估指标和效能评估指标，在本质上是可以被测量、检定的，当然为避免受主观因素影响，评估时最好选取有意义的定量指标。

（对变化）响应迅捷。评估过程应该足够迅速地感知到情况的变化，以便参谋人员能有效地应对，指挥官能及时做出决策。一次行动或者足以在作战环境中产生影响（导致特定指标出现相应变化）所需的时间及相应具体指标的制定，也应考虑到。联合部队指挥官下令实施的许多行动，执行起来都需要时间，而这些行动可能也需更长时间才会产生可衡量的结果。

拥有评估资源。为使评估活动更具效率，评估必须有充足的资源。参谋团队应确保为（评估）收集和分析提供充分的资源，并将其纳入整体行动的计划中，同时在计划实施时监控其运用。高效的评估能够帮助避免重复执行很多具体任务，避免采取不必要的行动，这反过来又有助于保存（高效运用）作战资源与能力。

指挥官及其参谋团队在计划制定过程中就应制定相关的评估衡量指标，并在整个作战准备和执行过程不断地审视和修正这些评估指标。例如，在展开任务分析时应考虑相关评估指标，并在联合部队指挥官（JFC）拟制并下发计划制定指导的基础上修订完善这些指标；接着在计划制定的各个步骤，在相关参谋判断（staff estimate）文书中，从各个业务角度提出对相关评估指标的详尽修订反馈意见，并在制定和推演行动方案（COA）时确定兵棋推演的评估指标阈值和具体条件；最后在完成计划制定并经审批下发的计划或命令中需将形成的效能评估指标、执行评估指标及（用于评估的情报信息）收集需求纳入其中。经过充分设计和完善的效能评估指标和执行评估指标，在获得高效的（评估信息）收集计划的支撑下，将帮助参谋团队在行动中及时收集相关评估信息和指标，完成评估分析，并向指挥官提供有助于其决策的评估结论建议。

第五章　作战评估流程

作战评估，并无单一路径或方法可供依循。每次担负的不同使命任务及所处的作战环境，都使作战评估活动面临一系列挑战，每次行动中指挥官也都会运用不同的信息进行评估，这使得每次的评估计划都是独特的。根据更新的 ATP 5–0.3/MCRP 5–10.1/NTTP 5–01.3/AFTTP 3–2.87 多军种战术、技术和流程（MTTP）手册《作战评估》，美军对作战评估流程的最新规范见表 5.1。同时，这类作战评估流程，通常在战前与联合计划制定流程（JPP）同步展开，并贯穿整个作战实施全程。

表 5.1　作战评估的 6 步骤流程

步骤	整体作战过程中活动	输入信息	涉及业务部门/人员	参谋活动	输出
制定评估方法	计划制定过程	JIPOE 参谋判断 作战方法制定 JPP 联合目标工作 评估工作组	指挥官 计划团队 主要参谋 特业参谋 AWG 人员	明确界定行动的最终态势、目的和具体任务	信息、情报和数据收集计划
制定评估计划	计划制定过程	制定相应框架 设计评估指标（MOE 和 MOP） 明确具体指标 确定评估反馈机制	作战计划人员 情报计划人员 AWG 人员	作战方法 JIPOE 预期最终态势 反馈机制参数	评估计划
收集信息和情报	计划/行动实施	联合目标工作 JIPOE 参谋判断 信息需求管理 ISR 资源运用规划及优化	情报分析师 当前作战单元人员 AWG 人员 评估单元（如组建）	多源情报报知和联合火力资源与位置信息作战报告	对作战环境状态/条件、敌方位置及己方力量位置的判断分析

续表

步骤	整体作战过程中活动	输入信息	涉及业务部门/人员	参谋活动	输出
分析信息并综合反馈	计划/行动实施	评估工作组参谋判断	主要参谋 特业参谋 AWG人员 评估单元（如组建）	情报分析评估 参谋分析评估 分析人员运用评估方法	判断联合部队对作战环境的影响
沟通评估结论通报评估建议	计划/行动实施	向合适的决策者及时提供评估建议	指挥官 下属指挥官（周期性） 主要参谋 特业参谋 AWG人员 评估单元（如组建）	分析判断联合部队及其行动对作战环境的影响（拟制评估报告）	评估报告、决策和对上级指挥机构的建议
调整计划	计划/行动实施	联合目标工作JPP	指挥官 计划团队 主要参谋 特业参谋 AWG人员 评估单元（如组建）	指挥官指导和反馈	对当前作战行动进行的调控纠偏 对评估计划的修订

AWG：评估工作组　IR：信息需求　ISR：情报、侦查、监视　JIPOE：作战环境联合情报准备
JPP：联合计划制定流程　　　　MOE：效能评估指标　　MOP：执行评估指标

一、制定作战评估方法

参谋团队通过明确评估（计划或行动）实施效能所需的适宜评估计划框架或结构，构想并形成相应的"评估方法"，其核心是要确定评估行动进展情况所需的信息与情报需求，并为相关决策（如情报收集计划的确定）提供支持。如果某个上级指挥机构已制定有评估计划，（本级）评估计划制定方应确保本级评估计划中的相关要素内容与上级的计划一致。评估方法将成为后续形成的评估计划的框架，并在作战或评估计划制定过程中继续完善。

（一）作战前的评估准备

作战前的评估准备，主要聚焦于与计划团队的协作，确保随着计

划活动与作战设计（operational design）的展开而形成相应的评估方法（assessment approach）。在任何作战行动中，明确行动目的、预期最终态势和相关状态或条件（conditions），对于判断行动的进展与进程至关重要。如果行动目的或最终态势不明，通常会导致行动计划的低效，并增加行动中作战资源浪费的风险，降低成功完成本级使命任务的可能。作战设计是指挥官明确行动的清晰目的（objectives）和相关具体任务（tasks），而与此同时，评估团队则要据此判断这些目的达成的效率或程度（effectiveness）与具体任务执行情况（performance）的衡量判断标准，这些标准（评估指标）可以在行动计划制定和实施过程中，被任务部队或评估团队观察、衡量和修订完善。

作战筹划阶段及计划阶段形成的作战计划，其蕴含的对达成本级作战意图的作战构想和作战设计，为评估计划提供相应的逻辑和框架。例如，对战役级行动的阶段设计和划分，常作为阶段性评估活动的框架。设计作战阶段时，指挥官及其筹划团队将从作战的意图或目的、时间和空间等角度，对整个作战行动进行阶段划分（对作战意图的层级和次序进行划分，将澄清作战行动中渐次实现的预期行动效果；对作战实施时段的划分，将作为不同的作战行动阶段；对作战空间的划分，将形成不同的作战领域），同样也将作为评估团队设计和明确各类衡量评估方法、具体评估指标和判定行动成功与否的基础。而为在作战中实现某种目的而设计的特定作战行动，也为相关评估活动提供明确的指向，如行动使用的力量、采用的战法等，都影响着后续对其实施过程的评估。因此，评估团队在作战准备期间，需要深入参与作战筹划和计划制定过程，全程理解和掌握指挥官的作战思维及其对作战行动的筹划过程。

（二）评估启动时机

在联合行动计划制定期间，当参谋团队明确了行动的终点（即指挥机构预期的行动最终态势、行动目标、效果和具体任务）时，作战评估工作就启动了。接着，评估参谋团队将进一步明确用于评估的相关信息和情报需求，这类信息是团队理解作战环境、衡量行动向着预期行动目的达成程度所必需的。例如，评估团队需要大量信息（背景数据）理解战区气象等环境情况，计划的行动将如何更好地被遂行等；若作战环境特定方面出现变化，他们也需要相关情报信息加以解读。

作战筹划和作战计划制定期间生成的很多产物，都可用作评估准备期间的资料和信息。例如，理解上级意图、分析任务时形成的有关指挥官意图、各部门分时段的参谋判断文本、作战环境联合情报准备产物等，将为后续评估指标的设计提供依据；三情分析期间形成的一系列关于环境、敌我的情报信息，同样是后续评估活动的信息基础。

二、制定评估计划

在指挥官及其参谋团队研究明确本级行动的目的及（各阶段）行动应达成的效果过程中，步骤二将与步骤一重叠展开。评估计划，将聚焦于对（战场或行动）进行适宜的监控及必要信息或情报收集活动的组织，进而在行动实施全程为决策活动提供支持。

作战评估计划，应将行动的目的、预期效果及具体任务，与可观测的关键指标关联起来，其制定可依托同期形成的作战方法，将其作为判断明确效果线（LOE）或作战线（LOO）实现情况（效能、程度）的基准，而这作战线或效果线直接与行动目的和预期最终态势密切相关。此外，评估计划的内容应包括用于监督或指导评估信息收集、处理与利用、分析与整合、分类、分类及归档等环节履职情况的内容。制定作战评估计划涉及所有参谋业务部门，还应包括其他重要的利益攸关方，以更好地完成此类活动。作战评估计划还应明确本级参谋团队或下级单位在监控（作战行动）、收集、分析（评估）信息，按需形成评估建议与产物等方面的职责与边界。本书附录 C 为计划团队基于行动的预期最终态势制定评估指标，提供了相应的样例。

按评估计划内容及评估团队活动展开顺序，制定评估计划可分为以下六个步骤。

（一）收集评估工具和评估数据

一系列战略指导文件将作为作战评估计划制定开始后重要的依据和指导。即便未获得高层的指示，作战司令部指挥官和其他指挥机构的指挥官只要明确了其评估需求，就应在其职权范围内启动本级指挥机构的评估计划制定。针对地区危机和战争，美国将会采取合适的国家实力工具加以应对，而在总统的选择中，既包括军事的应对选项，也包括非军事应对选项。至此，各业务参谋团队需不断更新其对行动发展的评估，并收集所需的评估工具。涉及作战评估，且需收集的特定工具和信息包括但不限于以下类别。

（1）上级指挥机构的计划或命令（如可能，应特别收集整理上级指挥机构下发行动计划中的评估附件）；

（2）如果任务部队被调换，此部队在担负任务期间进行作战评估的相关资料及产物；

（3）民事和军事机构制定的相关数据及评估工具（涉密或开源的）；

（4）明确的潜在评估数据来源（含学术机构和民事主题专家）。

（二）理解本级使命任务

从根本上看，作战评估就是衡量、判断当前作战行动实现预期行动最终态势（end state）的过程。预期的行动最终态势，可细化为一系列预期的行动终止条件（termination condition），评估过程就是判断当前行动不断实现这些具体条件，逼近预期最终的所有结束条件的程度，最终通过调整当前行动的计划和执行以实现高行动的高效率过程。就这些具体的行动终止条件而言，评估参谋团队通过比较当前作战区域内各项条件与预期结束的最终条件，形成其评估结论和建议。任务分析、作战环境联合情报准备及构成军种部队层级关于战场的情报准备，将有助于评估团队更新对当前行动态势的理解。指挥官及其参谋团队在战前计划阶段明确的预期行动最终态势（条件），以及制定行动计划所需依赖关键前提假定。在计划执行过程中，应尽可能确保这类前提假定仍是有效的，否则整个行动计划制定的基础就会被动摇。类似的，在行动计划执行期间，预期的行动终止条件也应被反复评估和衡量，适时调整更新。

理解当前和预期的行动终止条件，需要承认此前行动计划制定时所设定的前提假定的有效性。行动计划制定期间明确的这类假定亦将在整个作战评估过程中的数据分析期间被反复检视和检验。如果这类假定被后续行动实践证明存在问题，那么可能需要重新设计行动计划构架。行动的终止条件可被视作实现指挥官最终态势的具体支撑，是本级结束作战行动的"先决条件"，或者说国家战略意图在本战区（地区）实现后，军事或其他领域应呈现出的状态或特征。显然从评估角度看，监控评判具体作战行动是否达成这些终止条件，正是评估作战目的完成情况的最终衡量标准。因此，在评估活动展开前，最重要的工作就是将本级最终态势（或作战目的）分解为一系列具体的行动终止条件，为作战评估明确行动终点及其评判标准。当前，全球各国军队仍缺乏普适性的工程方法来解析最终态势，形成更具体的终止条件，因此美军在实践中仍采用定性方法，即从政治（外交），军事，经济（基础设施），信息（舆论、心理）等维度，分解最终态势形成具体的行动终止条件。其间，尤其需要防止两个倾向：既要防止终止条件不足以支持本级作战意图和目的，又要谨防其超出本级作战意图和目的的范围。因此，在形成行动终止条件后，还需提交战略层审核批准反复修订；并在作战实施过程中，根据战略态势的发展变化适时调适。

在接下来的任务分析中，指挥官将发布其初始指挥官意图、行动计划制定指导、指挥官关键信息需求等一系列重要指导。指挥官初始意图中明确的行动最终态势，也有可能描述指挥官希望通过实施行动实现的具体条件。在作战评估计划制定过程中担负各自职责的参谋业务部门，应根据指挥官的意图（及已区分了政治、军事、经济、信息等维度的终止条件）并从各自业务领域角度出发，进一步分解本业务领域在各个维度的预期行动终止条件。这些具体条件，将为整个作战评估提供合适的聚焦。如果在行动计划制定过程中，明确相关的行动终止条件出现变化，那么参谋团队应在相关评估计划中同步更新这些变化。

例如，指挥官在其意图中提出行动终止条件之一，是"战区的基本（社会）服务恢复至敌对前水平"；据此，评估团队在其制定的评估计划中应设计相应的衡量是否达成此条件的指标。这类指标也可用于衡量整个作战区域范围内，当前和战前的基本（社会）服务的状况。通过类似的评估衡量活动，评估团队建立起完整的评估框架，以衡量当前行动及其效果的具体进展情况（与预期所需达成效果的差距）。

（三）制定评估标准和指标

作战行动分层级展开和实施的基本特点，决定了具体评估指标同样呈现出分层级的结构（图5.1）。处于最顶层的评估指标，用于衡量检验一系列具体支撑作战目的的终止条件，主要由一系列效能评估指标构成；在战役级指挥机构下属各分域指挥中心，则设计构建用于衡量评价具体行动实施进展和效果的评估指标，它们由效能评估指标、执行评估指标及其具体评估指标共同构成；最底层任务部队指挥机构，则设计用于检验具体任务实施情况的执行评估指标及其具体评估指标。

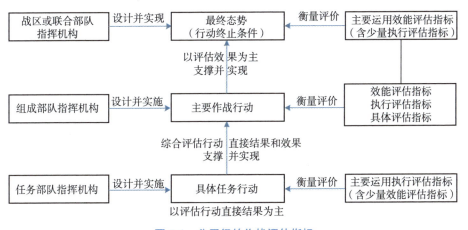

图 5.1　分层级的作战评估指标

127

作战评估计划应聚焦评估衡量作战环境中的各种变化，判断行动是否达成了预期中的结束条件，同时还将持续地监控和评估这类行动终止条件成立或失效所基于的假定前提的变化。在行动联合计划制定及行动展开后对此前计划进行修订期间，所明确（更新）的这些评估衡量标准，也有助于达成上述目的。

关于执行评估指标、效能评估指标，以及具体评估指标的具体制定，可参考第二章相关内容。

（四）制定评估数据收集计划

每个评估具体指标，都意味着一项具体的信息需求，其本质上都是一类情报需求；战时，评估信息需求很可能会与其他信息需求，在信息收集资源的运用方面产生竞争。因而完成评估信息需求的收集汇总及优选排序后，将形成评估信息需求清单，继而由评估团队和情报部门共同将此评估信息需求纳入本级的情报收集计划中。

在与现有情报收集计划合并时，情报部门需要在作战构想的指引下，综合权衡各类情报需求与已排序的评估信息需求的优先性，并综合考虑当前及未来作战行动与作战评估的重要性，形成涵盖主要评估信息需求的情报收集计划，并为信息收集需求匹配相应的情报资源，实现对本级有限情报资源运用的高效管理。在实战背景下，各类评估活动往往意味着对相对稀缺情报资源的频繁调用，因而如果缺乏对情报活动的管理，很可能对其他行动构成影响。

及早将评估信息需求与其他情报需求合并，形成统一的情报收集计划，可采取以下步骤。一是在作战计划制定阶段，评估人员需要介入情报部门的业务活动中，既帮助情报部门形成对评估信息收集活动的准确理解和信息需求，又使评估团队掌握当前的情报活动的节奏与成效，以便将评估信息需求与情报收集活动融为一体。二是与情报部门人员共同汇总和排序评估信息需求与其他情报信息需求，形成统一优选排序的情报需求和情报收集计划；深度参与情报活动将有助于评估团队及时掌握哪些必要的评估指标信息已被纳入情报收集计划，还需要收集哪些信息才能满足其评估所需。三是在作战实施阶段，评估团队需根据情报活动的节奏及时提交当前评估信息需求，由双方快速完成与其他情报需求的融合排序。无论何种情况下，都应提高评估信息需求纳入统一情报计划并实施的比例，减少为满足评估需求而临机抽调情报资源的情况。

（五）明确评估过程中数据分析和拟制建议的职责

除收集特定评估数据信息外，各参谋业务团队还可能担负本职业务范围内评估数据的分析，建议制定的职责。例如，在评估分析过程中，情报分队主导对敌军状态的分析，而工程分队主导战场基础设施方面的评估。评估分析时，本级部队参谋长应积极主动指示各参谋业务部门负责人和主题专家及时参与评估过程，包括拟制评估产物、设计可行的建议措施。

（六）明确评估反馈机制

在评估计划制定阶段，评估团队还需要根据作战指挥机构内部各类业务流程的运行情况，掌握指挥信息系统及其他各类系统的特点，特别是指挥机构在作战实施期间的运行节奏[①]，理解指挥机构内部的指挥官及各业务部门，在作战期间何时及以何种方式和形式反馈其评估产物。

例如，在作战初期的高节奏、高强度的主动权争夺阶段，作战评估具有时效性高、猝发性强、需求短促且集中等显著特点，往往需要评估团队充分利用各类信息系统快速收集、汇总评估信息，及时反馈评估结论，满足指挥官决策需求，因而需设计按需随时反馈的机制，评估产物也多以一事一评的简短结论性信息为主。而在作战中期，作战行动将转入维持战场主动权，粉碎敌方抵抗力量的阶段，作战评估则不仅需监控具体作战行动的实施是否达成预期意图，还需聚焦战后要实现的战略态势，衡量作战行动所产生的效果及其衍生的其他影响。至作战末期的稳定行动及移交民事

[①] 指挥机构的运行节奏，可将界定为"经刻意安排的指挥机构及其各业务部门日常活动的周期循环，旨在使指挥机构及其业务活动，与当前部队行动相协调同步"。

权利阶段，评估则需聚焦较长时段低强度军事行动，更侧重于较长时间段内的周期性评估。无论何种类型、样式的作战行动，评估团队都需要适应指挥官的决策特点与偏好，提供定制化的评估辅助和支撑。

（七）制定作战评估计划时的注意事宜

在制定一份作战评估计划时，评估团队应在其评估计划中注意以下问题。

（1）清楚地阐述和注解各种行动最终态势，包括可接受的结束条件、行动的变化速度、行动成功或失败的阈限，以及技术或战术的评估触发点等具体条件；

（2）在任务分析期间清楚地阐释评估所选定并涉及的作战环境相关方面或要素；

（3）拟制指挥官在评估时可能在预期行动效果、行动目的或最终态势等方面提出的问题；

（4）清楚阐述计划中确定的评估信息和情报需求；

（5）明确战术层级部队评估时所考虑的事宜，将评估的信息与情报需求与指挥官的意图、最终态势、行动目的和决策点联系起来；

（6）明确战略和战役级指挥机构评估时所考虑的事宜，除了上述战术层级评估考虑事宜外，将作战评估与高级指挥机构在组织筹划行动时所设计的作战线和相关预期行动终止条件联系起来；

（7）清楚阐述评估计划中的评估数据收集和分析方法措施；

（8）确立评估任务相关风险的方法措施；

（9）确立判定行动实现预期最终态势的进展的方法措施；

（10）确立评估指挥官决策点触发时机的方法措施；

（11）协调作战评估建议的制定；

（12）清楚阐述作战评估过程中各类事务的职责权限和范围；

（13）确立作战评估结果上报的形式。

三、收集数据信息和情报

任务部队在其作战计划制定和实施过程中，会持续展开信息与情报收集，作战启动后他们还会持续修订和调整对作战环境中所需评估信息的收集需求，以此适应战局变化并分析比较行动预期的实施情况与实际完成情况。参谋团队和下级指挥机构，可在（指挥机构的）作战节奏事件或议程中，（为本级评估团队）提供评估所需的信息。情报参谋团队将持续更新作战环境中相关信息及其影响，支持评估参谋团队的信息收集与分析活动。

（一）汇总并排序评估信息需求

作战评估信息需求的明确，可区分为战前准备和作战实施期间两个阶段展开。其中，准备阶段又可划分为作战筹划、计划拟制两个时期，提出相关评估信息需求；实施阶段则需结合作战指挥机构运行节奏和临机决策实施的任务提出。

作战设计阶段的评估信息需求。筹划阶段，指挥官将形成其作战构想，作战及计划部门拟定多个备选的概略作战方案，评估团队应当深度参与上述作战筹划与组织计划活动，掌握并理解形成的作战构想（CONOPS）及具体作战方案（COA）的思维逻辑。以此为基础，将形成对整个作战实施过程展开作战评估的总体框架和概略信息需求。指挥官的作战构想将明确作战目的、行动阶段划分、主要行动及作战方法等，其中作战目的、作战阶段划分等内容，将为作战评估提供概略性指导。例如，行动阶段划分，代表着对作战总体目的及行动效果分阶段达成的设想，其具体划分将成为作战评估阶段性展开的依据，而不同行动阶段之间的过渡与转换，也涉及各阶段转换的评估指标，这些都涉及大量具体的评估信息需求。

计划制定阶段的评估信息需求。完成作战筹划并转入更细致的作战计划制定阶段，作战及计划参谋团队将主要运用联合计划制定流程（JPP）将同步筹划期间形成的指挥官作战构想，进一步细化为作战方案（COA），并经方案推演、分析形成优选行动方案，最终细化为可付诸实施的作战计划（OPLAN）或作战命令（OPORD）。作战计划是安排、配置本级作战资源投入具体作战行动、并实现预期的行动效果的详细文本，其中涉及大量具体作战行动与任务及与其相匹配的作战资源，这些计划内容为考虑如何衡量作战行动的任务完成情况、效果实现情况提供了最直接和重要的提示。例如，通常在作战初期的"夺取主动权"及"占据并保持优势"阶段，作战行动将聚焦于空海或空陆联合打击等行动，这些阶段的作战计划详细设定对敌方作战体系的毁伤行动，并有明确的目标及毁伤效果指向，这些内容也就可被视为同期作战评估的指标并衍生出相应的评估信息需求。

作战实施阶段的评估信息需求。在作战计划的实施阶段，行动虽然尽可能按照作战计划实施，但仍需要指挥官根据战场态势的快速变化而对现有行动紧急展开临机调控，其间明确的新作战任务也会产生新的评估信息需求，尤其是那些指挥官较为关注的重要临机行动（如对重要的时敏目标的打击等），相应的评估需求更为急迫。在此情况下，评估团队需要与作战、计划及情报等业务团队紧密协作，迅速分析任务情况，拟定相应的评估信息需求，并付诸情报收集活动。

无论是战前阶段，还是作战实施阶段，作战指挥机构的评估团队需要以时段为框架汇总同期的本级、上级和下级的评估信息需求；可以预期，其间所产生的评估信息需求很可能会超出本级情报收集和处理资源所能承受的水平。因此，在完成评估信息需求的汇总后，还要对需求进行优先性排序，以优化相关信息收集处理活动，避免干扰影响其他情报收集活动。

在排序整理评估信息需求时，可依据以下考虑因素进行排序。

首先，考虑本级的重要作战评估信息需求。在指挥官的作战构想、后续制定的作战计划，涉及作战的主要行动、方向及指挥官关注重点，特别是一些与实现作战意图直接或间接相关的关键作战行动，它们往往与作战行动的发展相关，是指挥官集中作战资源并聚焦的关键。作战期间持续生成的指挥官关键信息需求（CCIR）和优先情报需求（PIR），将为确定高优先级评估信息需求提供指引。除此之外，还需要明确其他具有中等或较低优先级的评估信息需求。

其次，考虑上级对本级提出的作战评估信息需求。上级出于监控战局和及时掌握作战进展的需要，会对作战实施过程产生对特定评估信息的需求，当然这些具体需求往往以评估产物的形式存在，但这无形中也可为本级指挥机构的评估活动提供指向，因此这类信息需求应具有较高的优先级。

最后，还要考虑的是下级向本级提出的作战评估信息需求。下级部队及指挥机构往往因本级评估信息资源不足而提出此类需求，但由于此类需求数量较多，本级指挥机构不可能也难以全部满足其需求，因此必须站在全局角度，围绕实现上级作战目的与指挥官作战构想，对下级提交的评估信息需求进行综合优选排序。

在初步整理并排序评估信息需求后，还需以具体待评估任务为中心，对相似的评估信息需求进行汇总，进一步优化、压缩评估信息的需求数量。

（二）作战评估中的数据收集

评估所需数据和信息的收集是一项持续展开的、涉及所有参谋业务部门的活动。高效的参谋团队应利用现有的报告机制，尽可能地从中收集提出可用于评估的信息与情况。在评估数据收集计划中涉及的部门或人员及其发挥的作用可参见表5.2。

表 5.2 评估数据收集期间各类人员角色

人员	角色
指挥官	对分配用于评估信息收集的情报资源进行审批
副职指挥官或参谋长	管理涉及评估的作战节奏运维，和参谋及相关人员的人力资源配置
评估单元	分析明确并更新评估信息需求，对收集的评估数据进行组织、管理和储存，用以进行分析
情报分队	情报参谋团队负责明确并更新威胁态势和作战环境信息需求，并对收集的情报信息进行管理和储存，以便展开各种用途的情报分析，准备并展开作战环境联合情报准备

续表

人员	角色
当前作战单元	当前作战参谋部门负责监控部队行动过程。从下属任务部队输入的信息，可能主要由当前作战单元运用
特业参谋：公共事务、民事事务、信息行动等	从各自专业角度，提供更新的参谋判断
评估工作组（AWG）	提供相关主题专家，为评估组提供支持，以分析明确并更新涉及评估的相关信息

在评估计划及其相关的数据收集计划被审批后，数据收集环节就正式开始了。评估团队应利用（通用的）情报收集流程，和其他涉及评估计划的参谋部门的信息，减少战时对有限情报资源的挤兑。在制定评估计划期间，也应对评估分析所需的输入性数据、指标设定相应需求，以便组织和储存这些数据。

表5.3所示案例，即作战评估计划制定和实施期间，如何将各参谋业务部门/单元的信息整合进作战评估活动之中。运用此表，可促进评估团队向适宜的业务部门/单元合理地提出/指派数据收集任务，并在行动实施前及行动期间确保相关数据是可获取的。

表 5.3　作战评估数据收集的可能来源

行动目的	行动效果	指标	信息源
作战能力：降低敌方作战能力，使其失败	摧毁敌方防空（能力/力量）	攻击敌方一体化防空设施的数量，并进行战斗毁伤评估（BDA）	火力
		针对己方战机的敌方雷达获取设施数量	情报
		敌方雷达系统之间的信号情报（SIGINT）活跃数量/程度	情报
		己方战机战损的数量	空中联络军官
	摧毁敌方一体化火控能力：瓦解敌方火力支援和目标获取系统	远程炮兵单位被发现及交战的数量	火力
		远程炮兵的杀伤/宣传弹药的投射数量	火力
		对敌方远程炮兵单位的战斗毁伤评估（BDA）	情报

续表

行动目的	行动效果	指标	信息源
作战能力：降低敌方作战能力，使其失败	摧毁敌方一体化火控能力：瓦解敌方火力支援和目标获取系统	敌方炮兵指挥所之间信号情报（SIGINT）活跃的层级/程度	情报
		己方任务期间遭受敌方有效火力反击的百分比	情报/火力
		敌方炮兵及导弹有效打击/毁伤的数量	情报/火力
	削弱敌方攻击航空兵力量	对敌方攻击航空兵单位打击行动的战斗毁伤评估（BDA）	情报
		敌方航空兵对己方单位实施攻击的次数/规模	情报/下级部队
	削弱敌方机动作战能力	对敌方机动单位（坦克、装甲车等）攻击的战斗毁伤评估（BDA）	情报
		己方机动作战单位报告的情况（与敌方同类单位遭遇情况及规模/数量）	情报/下级部队
	削弱敌方工程保障资源	对敌方工程和反机动资源打击的战斗毁伤评估	情报
		己方敌方设障的数量/规模	情报
		已知的敌方挖掘堑壕工事的位置、数量/规模	情报/下级单位
指挥与控制：迟滞敌方决策	扰乱敌方机动力量：削弱敌方指挥与控制职能	电子战任务实施的数量	火力
		对敌方师、旅指挥与控制节点打击的数量	情报/火力
		对高价值目标实施打击及战损	情报/火力
		对敌方指挥与控制功能施加多维影响行动的数量	特种技术行动
		敌方各指挥机构之间信号情报（SIGINT）活动程度（频次/强度、数量等）降低	情报
		对敌方旅级单位指挥与控制（C2）能力情况的报告	情报
		对敌方师级及更高级单位指挥与控制能力情况的报告	情报
		有关敌方运用其机动作战能力遂行有效防御作战的能力的情况描述及证据	下级指挥机构
	瓦解机械化旅的增援能力	对敌方后备旅部队、指挥机构和维持设施打击的战斗毁伤评估（BDA）	情报

续表

行动目的	行动效果	指标	信息源
指挥与控制：迟滞敌方决策	瓦解机械化旅的增援能力	敌方预备队单位不在能够有效增援敌方主力或塑造态势的有效位置上	情报
	拒止、欺骗和削弱敌方后勤的指挥与控制	以敌方后勤单位及后勤指挥与控制节点打击的数量，及战斗毁伤评估（BDA）	情报
		对敌方后勤指挥与控制节点实施非致使打击行动数量	火力
		敌方后勤能力效能（被削弱的）层级/程度	情报
	削弱敌方国家领导层的信誉	对敌方领导层信誉施加影响/打击行动的数量	火力
		报告的敌方政治领导层内出现相互怀疑情况的征兆/表征的数量	情报
		侦察到的敌方领导层叛逃/变节事件的数量	情报/下级单位
意志：削弱敌方意图以便获取己方的作战优势	降低敌方力量抵抗意志	对敌方指挥/领导层人员作战意志施加影响/非致命行动的数量	火力
		敌方部队人员投降或溃逃的数量/规模（单位/人员）	情报/下级单位
		对削弱敌方单位/人员战斗意志的情报报告	情况
	放大敌方伤亡及其进攻行动受挫在心理层面产生的效果	与己方致命打击和机动行动相关的非致命行动的数量	火力
		与造成敌方高人员伤亡行动相关的非致命行动的数量	火力
		敌方对己方致命打击及机动行动反应的报告情况	情报
	支持国际战略沟通	战略层级公共事务官员发出信息及采取的非致命行动的数量及它们对敌方意志的影响情况	火力/公共事务
		驻在国、敌方和盟国的反应，国际媒体/舆论的观点	情报/公共事务
	削弱敌方媒体对驻在国受众的影响，杜绝媒体对叛乱组织的支持	对敌方媒体传播反制性信息/消息的数量	公共事务
		为降低敌方媒体影响实施非致命行动的数量	火力
		支持敌方的媒体和舆论的数量和意义，及其变化情况	情报/公共事务

续表

行动目的	行动效果	指标	信息源
意志：削弱敌方意图以便获取己方的作战优势	削弱敌方媒体对驻在国受众的影响，杜绝媒体对叛乱组织的支持	敌方传播消息可有效覆盖及影响的驻在国受众的人口规模及范围	情报/公共事务
向民事治理过渡：为驻在国政府承担民事职责奠定基础	消灭驻在国的敌对力量	驻在国领土范围内仍存在的敌对势力的数量/规模情况	情报
	强化驻在国中央/当地执法力量	下级指挥机构与驻在国当局的联系情况	下级指挥机构/民事事务
		重要的执法机构/实体及执法基础设施的状态/数量	情报/民事事务
	保护关键基础设施或文化设施	打击行动附近存在关键基础设施或文化场所的数量/性质	火力
		评估对关键基础设施或文化场所造成的附带毁伤	情报/民事事务
	支持人道主义救援行动	为使其他机构在当地展开救援行动所需安全条件及安全状况	下级指挥机构
		驻在国需援助地区的救援物资有效分发情况	火力/民事事务/下级指挥机构
	强化驻在国政府的合法性	支持驻在国政府合法性的行动及信息行动的数量	火力/公共事务
		驻在国政府人员被暗杀事件的报告的数量	情报
		驻在国抗议和暴力事件的出现的数量及强度/规模	情报/民事事务
		叛乱组织在驻在国实施破坏和攻击事件的报告数量	情报
		难民和难民营的状况（可有效救援难民的数量）	民事事务

　　作战评估所需收集的信息流，通常可在日常作战节奏事件（battle rhythm events）和指定的报告渠道及战时文书中提取，如情报更新、作战报告、后勤状态摘要、日常信息更新、参谋判断更新等。表 5.4 所示的数据收集途径与方法，展现了一个简化的评估计划案例，该计划确立（利用各参谋业务部门日常作战文书及信息展开评估活动时）所需的信息报告节奏。

137

表 5.4 数据收集途径与方法

信息源	信息和情报需求	频次和分发
情报部门	指定的效能评估指标（MOE）和执行评估指标（MOP） 威胁和作战环境态势更新	日常指挥官的更新简报 日常张贴在 Share Point 上的信息
当前作战和未来作战单元	行动造成的影响 / 效果的评估表征（基于定义的各层级），基于各个行动目的及观测到的表征的具体指标的描述（1 段内容）	日常指挥官的更新简报
火力部门	行动造成的影响 / 效果的评估表征（基于定义的各层级） 指定的执行评估指标（MOP） 生成相关建议（调整火力支援协调线、边界和火力支援优选性） 巩固信息输入并生成相应描述，突出关键具体指标	日常进行的目标工作组简报/会议（评估单元人员参加）
下属指挥机构 1	行动造成的影响 / 效果的评估表征（基于定义的各层级），基于各个行动目的及观测到的表征的具体指标的描述（1 段内容） 指定的效能评估指标（MOE）和执行评估指标（MOP）	日常更新给评估单元的信息
下属指挥机构 2	行动造成的影响 / 效果的评估表征（基于定义的各层级） 指定的效能评估指标（MOE）和执行评估指标（MOP）	日常更新给评估单元的信息

　　清晰地确立（评估信息的）报知需求、分发方法和分发频次，将极大地提升评估活动的效率，并让评估团队有更多的时间进行分析。

（三）评估数据和信息来源

　　作战实施期间，除了根据评估团队制定的数据收集计划专门收集并获取的数据信息外，评估团队还可从本级指挥机构和下属部队的大量作战文书、文电中获取各种有益评估的数据信息。依据来源分析，这些信息源包括三类：作战环境联合情报准备（JIPOE），其他业务部门参谋判断（staff estimates）文书，以及本级以外的外源数据信息。

作战环境联合情报准备，是情报参谋团队在作战筹划和作战实施期间持续、迭代进行的情报收集与分析活动，或其他各类军种情报活动，以便保持对作战环境全面认知与理解。该过程可参见图5.2。评估团队同时应寻求运用这些持续展开的过程与活动，获取并更新评估用途的数据与信息，及时向指挥官通报作战行动展开的效能，并形成相关建议报告以推进作战进展并提高实施效率。

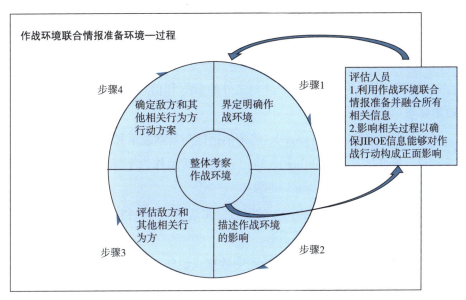

图 5.2 融入作战环境联合情报准备中的评估活动

参谋判断。本级及下属指挥机构各类参谋业务部门在作战期间持续更新修订的分业务领域参谋判断文书，可提供各类有用的信息，从这些信息中可提取出相关的评估指标，并为评估活动提供背景类信息。例如，在陆军 ADP 5-0《作战过程》条令中，为参谋判断提供了具体的模板，其内容要素包括：事实、假定、己方部队状态、敌方活动与能力、民事考虑事项、结论和建议。评估团队应与参谋长协作，确保所有参谋业务部门在他们的参谋判断文书中聚焦于"那又如何"（so what）的问题（即出现某种情况或阐述某种状态后，要怎么应对），这些内容通常在判断文书中的"结论和建议"部分。

外源数据信息。评估团队可利用本级参谋部门之外的机构所提供的信息评估作战行动。这里所称的本级之外机构，包括国务院、其他政府或非政府部门或实体。评估单元可能还会发现能够利用来自私营部门的信息展开评估活动。

其他评估数据收集方法，还包括评估团队（经由指挥链）要求下级指挥机构或参谋部门提供相关数据（通过自动化系统或定制的信息需求格式）。在评估单元向下级或其他参谋部门提出评估信息需求时，应谨慎地考虑这些需求的必要性（可能干扰下属部队或机构的工作节奏，并可能挤占有限的信道资源）。

在获取作战评估数据收集计划之外的数据和信息时，应注意以下数据收集要点：

（1）联系或联结（linkage），将评估指标与行动效果和目的关联起来；

（2）责任（accountability），将信息报知活动作为下属部队或参谋部门的一项具体任务；

（3）可获取（availability），确保数据和信息的可获得性，注意缺乏的所需关键信息；

（4）意图（purpose），清晰地阐明数据收集任务的意图或用途；

（5）相关性和聚焦性（relevancy and focus），数据收集不宜过度且并非越多越好，只收集验证分析所需数据，聚焦于较少的评估维度可聚焦进行更精准严格的分析评估；

（6）定量评价与定性评价结合（qualitative versus quantitative），作战环境中并非所有的方面或系统都可定量评价，不应仅聚焦于收集数值类信息。

四、分析信息并综合反馈

评估数据和信息的分析，旨在明确当前作战行动是朝着还是逆着实现预期行动效果、达成行动目的或满足最终态势的状况或程度，发现、辨识随时间流逝和作战展开作战环境呈现的变化与演化趋势，进而形成对作战行动效能的判断和认知。这些分析还要确定（当前作战行动）可能对作战环境及（后续）作战产生的重大影响及变化趋势。根据这些分析，参谋团队就能评估判断其部队运用和资源分配（是否适宜），分析当前的部队行动是否正在实现预期的行动目的，或者意识到某个新的决策点（DP）正在出现。通过这些分析及形成的认知，参谋团队就能判断出作战期间隐含的战机与风险。

评估数据分析必须由各参谋业务部门共同努力展开，利用他们在各业务领域的专业知识与技能。数据收集和分析的步骤实际上并行，各领域专家和下属部门从各自业务领域维度展开相关分析，具体可见图5.3。

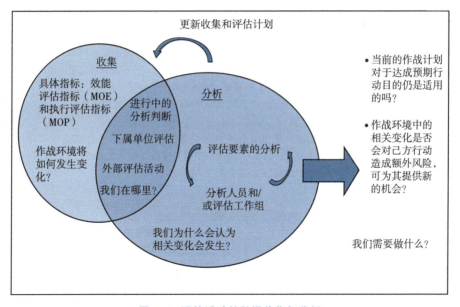

图 5.3　评估活动的数据收集与分析

评估团队在各参谋业务团队的配合下，可基于评估计划在评估数据分析活动中质疑并回答以下六类评估问题，帮助他们组织、管理并充分发挥数据的效用。具体而言，评估团队在进行数据分析时，必须将对下述问题的解答与所收集的（定性或定量）信息和情报综合起来，进而才能经过适当的数据处理，形成相关结论与建议。评估结论必须以实证性证据为基础，以确保评估的可信度。表 5.5 为在此过程中评估团队常自我质疑并回答的六类评估问题，以及有关它们为什么对评估具有重要性的探讨。

表 5.5 六类常用的评估问题

评估问题	细节
作战环境（OE）如何变化？	参谋团队将作战环境中的关键变化梳理为文字和阐释，其间应聚焦于理解这种变化对己方和敌方行动的影响，以及在此前的（各类）信息报知 / 报告中（环境中多方）各类活动的相互影响。回答这一评估问题，将帮助评估团队确定本级担负的使命任务、具体任务及实施行动是否在正面或负面的方式朝着己方预期的最终态势、状态和条件发展
在达成己方预期行动目的方面，（环境中）有多少可辨别 / 衡量的进展表征？	回答这一评估问题，有助于分析确定当前行动朝着可衡量的行动目的终点前进及偏离的程度。当行动进展难以衡量时，可利用基于标准的统计数据（standards–based bins），这可帮助评估团队定性地关联是否有可辨别的行动进展
我们认为是什么因素 / 原因导致了我们在达成行动目的方面取得进展或难有进展？	评估分析能够帮助参谋团队主观地形成他们认为作战环境发生变化的原因（即假定出现某种原因促进环境演化）。专业的军事判断，能够对因果关系的归因（各类行动与其造成的变化）进行批判性思考，但评估团队人员在此过程中应谨慎，以避免常见的偏见导致主观假定出现错误。利用变化理论或因果归因，可以帮助员工分析环境中的复杂变化
作战环境中的变化，是否将导致对作战计划的修订及具体行动的纠偏？	回答此评估问题，会让参谋团队确认应执行哪些分支或后续计划（branches or sequels），以确保当前的作战计划继续实施（或经修订后）仍能实现本级的最终态势或行动目的
实现己方预期目的所需资源，与当前实有资源之间，还有哪些 / 多少缺口？与当前投入资源相关的风险有哪些？	前述的"缺口"，是评估分析活动的重要结论，因为基于此结论可形成更具体可靠的建议，指挥官可以通过重新分配作战资源或向上级申请获取额外作战资源并采取行动，以避免相关风险。清楚地阐明作战中的风险，是决策作战资源配置的关键。标准化的风险定义，可参见第 3105.01 号参谋长联席会议主席手册《联合风险分析》
本级评估应如何在上级指挥机构评估框架下展开，以及如何融入下级单位的评估？	评估团队，应及时向指挥官报知各类评估文件及结论，清晰阐明行动进展及当前进展是否引起本级担负使命任务（mission）的变化；同时，评估团队及其文件，对于指挥官及其参谋团队而言，也是一个重要的"沟通工具"，因为此工具可向上级指挥机构（HHQ）提供本级作战期间的各类重要信息详细列表清单，包括能力、权限或能力差距、风险等。而下级指挥机构提供的详细信息，必须为本级的评估活动提供相关的信息输入，帮助本级评估下级单位的行动进展，并将下级的能力缺口及行动风险综合考虑进本级的决策活动与行动中

美军作战实践表明，在持续时间较长的战役级作战行动中，可将作战评估区分为两类：基于事件（具体）的评估，基于阶段性行动的周期评估，作战指挥机构通常贯穿其行动全程展开两类评估活动。其中，前者重点解决作战过程中对关键行动的衡量（体现为对"横截面"或"点"行动的评估），其评估过程需综合运用任务、效果和时效评估指标；后者则主要解决作战进程中对阶段性、较长时段内持续展开行动实施效果的衡量评判问题（体现为对"纵截面"或"段"行动的评估），需主要运用效能评估指标和少量任务和时效评估指标。

（一）基于事件和阶段的评估数据分析

基于事件的评估数据分析，由作战环境中的特定事件所驱动。这类作为驱动的事件既可能是计划的（如作战计划中明确的决策点或遂行某项任务后的最终态势），也可能是非计划的（如作战责任区内爆发的需要实施人道主义救援军事行动的自然灾害）。在计划事件的情况下，参谋团队应持续监控作战环境，以判定作为触发评估的事件是否即将发生或已发生。一旦判定事件发生，评估团队应立即运用已有数据信息展开评估，并提出相关建议。相对的，对于计划外出现的需要评估的事件，评估团队应在事件出现后展开评估，分析作战环境中的变化，包括当前采取行动后可能导致的效果，并拟制相关建议提交指挥官。指挥机构应随时准备好展开计划或非计划的基于事件的评估活动。通常，基于事件的评估可用于支持以下类型的决策活动。

（1）作战阶段的转换；

（2）分支行动计划和后继行动计划的执行；

（3）作战力量和资源配置的调整；

（4）调整作战行动；

（5）修订行动命令、目的和最终态势；

（6）调整和修改欲实现行动效果的优先级；

（7）调整指挥关系和指挥体系；

（8）修订行动策略（如调整战术、技术和程序，或行动交战规则）；

（9）修订行动的战略指导。

基于阶段行动的周期评估数据分析，通常以固定的时间间隔展开；它既需要评估衡量按需划分的作战阶段内的行动完成及实现特定效果的情况，又需要按某个自然时间段，如每周、每月或每季度例行展开，尤其是在主要作战阶段结束的维稳行动期间，更需展开此类评估活动。

作战期间的周期性评估，有助于指挥官及其指挥机构从总体和宏观上把握战场态势及作战发展变化中的规律、趋势，充分考虑作战行动中的风险和可能的战机，进而协助指挥官完善对下一阶段作战行动的构想与行动规划。周期性评估的间隔时段，将取决于指挥官的决策需要、作战节奏和作战环境的具体条件而各有不同；如不同作战阶段的转换，需要指挥官根据前阶段作战行动的预期效果实现情况做出决策。周期性的评估循环也可与基于具体行动的实时评估活动结合起来，而且两类评估活动应避免相互隔离独立地展开。

当然，与基于具体行动的实时评估相比，周期评估活动关注特定时段内行动的总体情况并更聚焦于衡量行动所产生的直接或间接效果；而其评估所需的信息数据，也与实时评估的不同，此类评估活动需要更多地分析和挖掘日常收集汇总的战场信息和数据（而不像基于行动的实时评估较为依赖与待评估行动相关的实时信息与数据），需要运用目前的一些常见数据分析方法，如描述性统计分析、探索性数据分析、验证性数据分析方法等，未来随着更多的大数据应用理论和技术的出现，也可开发用于作战期间周期性评估的数据分析处理方法。

（二）数据统计分析方法

1.描述性统计分析方法

这种分析方法对于综述数据样本较为有用。例子包括平均值和方差估计量，或可能的高阶矩（higher moments），如斜率（skewness）和峭度（kurtosis）。

使用（统计数据的）集中趋势测量（均值、中位数和模式）作为起点，但要注意检查数据的形状或分布。

使用直方图来评估数据的形状，并理解其集中趋势度量相关性的潜在意涵。例如，图 5.4 中所有数据都有相同的均值，但有非常不同的基础分布，其中短划线表示均值，虚线表示中位数。

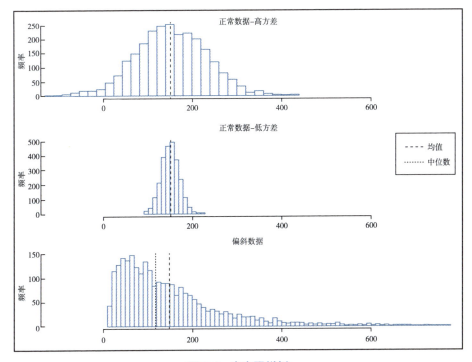

图 5.4　直方图样例

由于数据分布，在分析过程中需考虑数据的中位数（median）和模式（mode）。在图 5.5 所示的偏斜数据图（skewed data plot）中，中位数更好地反映了大部分数据的中心。这种方式可能在数据处理实践中更为有用。

始终考虑数据的方差。一些数据组的平均性可能很好，但并非总是如此。利用一组数据的最高均值或中位数进行分析或度量，可能并非最佳的选择，因为有时数据的一致性（consistency）更为重要。对此，可参见图 5.5 中的不同数据组的高方差和低方差案例。

145

针对特定行动目的实现程度的分级界定

削弱敌方战斗能力使其失败	己方主导性战斗力优势	己方战斗力优势	双方战斗力对等	敌方战斗力具有优势	敌方具有主导性战斗力优势
1.己方和敌方战斗力比例 2.敌方损耗 3.己方损耗 4.关键敌方资产的毁坏	1.敌方防空力量被摧毁 2.敌方坦克和攻击航空兵被摧毁 3.敌方后备力量被瓦解 4.己方作战师部队报告其已拥有显著的战斗力优势	1.敌方防空力量被抵消/无效化 2.敌方坦克和攻击航空兵被削弱（<40%） 3.敌方后备力量瓦解仅具有最小的增援能力 4.己方作战师报告对敌拥有战斗力优势	1.敌方防空力量已削弱 2.敌方坦克和攻击航空兵被削弱（<60%） 3.敌方后备力量被扰乱 4.己方作战师报告对敌方只有很微弱的对敌战斗力优势	1.敌方防空力量仍可运作 2.敌方坦克和攻击航空兵仅受到微弱干扰 3.敌方后备力量仍能有效运作进行增援 4.己方作战师报告对敌方处于战斗力劣势状态	1.敌方防空力量基本未损失并可有效运作 2.敌方坦克和攻击航空兵仍可完全投入作战 3.敌方后备力量能够实施增援活动 4.己方作战师报告对具处于显著的劣势之中

指挥与控制：迟滞敌方决策	敌方旅以上部队C2能力失能	敌方旅以上部队仅有较低限度的C2能力	敌方师级部队C2能力被瓦解扰乱	有效扰乱瓦解敌方C2能力	未知
1.降低敌方师级部队协同防御行动 2.敌方指挥与控制节点被摧毁 3.敌方师级与上级指挥机构的信号情报截获量降低 4.敌方协同其火力与空中支援的能力被削弱	1.敌方师及其上级单位的C2节点完全失能 2.敌方师及其上级单位C2节点被打击致命/非致命手段打击后被瓦解和影响 3.仅有很少表征信息表明敌方仍具有协调其机动部队空中支援与火力的能力	1.敌方师及其上级单位的C2节点受己方致命/非致命手段打击后被瓦解和影响 2.敌方师及其上级单位C2节点间信号情报活动保持间歇性活跃 3.仅有少量表征信息表明敌方仍有能力协调其机动部队的空中支援与火力行动	1.敌方师及其上级单位的C2节点因己方致命/非致命手段打击后被瓦解和影响 2.敌方师及其上级单位C2节点间信号情报活动截获量已降低 3.敌方协调其机动部队火力与空中支援的能力被扰乱/瓦解	1.敌方师及其上级单位的C2节点仍保持一定功能能够持续运作 2.敌方师及其上级单位信号情报活动仍持续进行并被截获 3.敌方师级部队及其上级单位的火力与空中支援协同能力仍保持较完整	1.缺乏可用的信号对敌方C2能力被扰乱瓦解做出分析判断

意志：削弱敌方战斗意志获取作战优势	敌方大部分力量意志降至最低	敌方投降单位有限地撤回	多个己方单位发现敌方意志降低的证据	缺乏敌方意志降低的证据	未知
1.敌方单位投降数量及情况 2.信号情报或人力情报报告敌方意志已削弱 3.敌方高价值个体目标（HVI）被消灭或因己方非致命手段而受到影响	1.敌方部队全部从A国撤离，旅及旅以上层级单位投降 2.多个己方单位报告敌方单位缺乏意志且士气低落	1.营及营以下敌方单位投降 2.多个己方单位报告敌方单位可能正在进行有计划的撤离 3.多个己方单位报告敌方单位缺乏士气和意志	1.报告称敌方可能正在进行有计划的撤退或投降 2.多个己方单位报告称敌方单位已缺乏士气和意志 3.报告称敌方对其伤亡/高价值个体目标（HVI）被消灭出现显著的反应	1.敌方部队未撤离或投降 2.多个己方单位报告称敌方仍保持着继续战斗的意志 3.敌方保持着继续积极战斗的意志无论其伤亡如何	1.缺乏足够的可获得信息/证据做出判断 2.态势可能将快速变化

过渡至民事管治	状态/条件集	当地稳定受到威胁	当地稳定受到侵蚀	当地形势失稳	未知
1.出现IDP、暴乱和抗议的次数及其位置 2.敌方部队的存在及其影响能力 3.管治活动合法性的证据 4.经济基础设施运维的安全性	1.无暴动或主要的抗议事件 2.当地民事政策被认为是合法的 3.关键基础设施足以支撑本地人民的生活 4.当地政府能够管控出现的非对称性威胁 5.当地政府的生存未受到威胁	1.存在一些抗议事件 2.当地IDP影响社会 3.出现一些反政府信息的迹象 4.当地的经济存在一些威胁且当地关键基础设施受到很多损坏	1.当地出现显著的抗议事件 2.当地IDP影响民事社会状态 3.反政府信息广泛出现在当地民众中 4.当地经济及其基础设施出现临时性破坏和重要影响	1.广泛出现抗议事件 2.当地IDP事件影响民事社会安全且政府无力应对 3.反政府信息已广泛流传 4.社会形势对经济和关键基础设施造成持续的损害 5.大规模有组织暴力事件广泛出现	1.缺乏足够的可获得信息/证据做出判断

图 5.5 评估时对程度等级的界定

如果可能，确定各组数字之间是否有统计学上的显著差异。方差分析可以为三组或更多组数字间的比较提供有效的数学工具。

2. 回归分析

回归分析有助于评估人员更好地理解或预判变量之间的关系，如对在特定地理范围内部署部队密度与该区域内暴力活动的对应程度进行评估等。有一些计算机程序提供了回归分析的工具。当任何统计分析的结果暗示（多种因素之间存在）因果关系时，要确保格外谨慎。

3. 高级统计学分析技巧

如时间允许，分析人员可以考虑使用模式识别（pattern recognition）、聚类分析（clustering）、多重回归分析（multiple regression）或其他方法，就作战行动对环境的影响进行建模和 / 或确认。

4. 建模与模拟

在时间和资源允许的情况下，评估团队可以运用相关作战与稳定行动模型，为指挥官未来的决策提供支持。这些作战模型，包括先进的战斗模拟软件和战争推演工具，以及诸如"雅典娜"（Athena）这类用于模拟社会因素互动与稳定的模型工具。

5. 专业军事判断

评估团队将来自不同参谋业务部门和数据来源的信息，综合分析并形成令人信服的建议和结论，供指挥官参考。这种信息的提炼需要分析人员做出假设再根据获得的信息进行推论演绎，过程中还需要配合其经验和专业判断。

评估团队或分析人员往往并非较具经验或知识丰富的专业军事判断来源。但是，他们可以构建一个适当的框架，来充分发挥外源主题专家的知识、经验与专业能力。评估分析人员必须明确在评估中的哪些方面和领域，需要运用特定专业领域的判断或逻辑来进行分析，并谨慎运用这些专业技能；但同时，他们也应理解专业化的判断可能比任何单方面的定量或定性衡量评价更具价值。

6. 主题专家启发

（1）评估团队应寻求特定主题专家（SME）的支援，以获得他们多种形式呈现的观点与见解，如专家意见、主观判断、专家预测、最佳估计、有根据的猜测等。

（2）对于新出现的、罕见的、复杂的或不太了解的现象，可寻求特定的主题专家的分析评估支持。

（3）分析人员必须能识别并解释专家判断中任何潜在的偏见。

（4）作战评估活动通常可获得的专家支持，包括下级指挥官或资深士官或士兵、主要参谋军官、文职政治或军事顾问、跨部门幕僚人员和伙伴国部队的相关人员。

7. 基于标准的评估

（1）为了从各参谋业务部门或下属部门、机构持续地获得评估信息输入，并在复杂背景下展开尽可能客观的评估分析，评估团队可以运用基于标准的评估（standards-based assessment）来界定行动进展的成功程度与等级。

（2）图 5.5 所示，即对（行动中）目标工作活动的评估（targeting assessment）案例。其中，设定的标准框架为评估提供了基础，也提供了用于将那些未达基准或先前预期的评估信息整合进评估活动中的一种方法。

（3）应充分详细地构造这些不同标准层次，避免不同层级间出现重叠或遗漏；就是说，对于某种特定的性质状态（对应某个数值或描述），它只属于某一类标准或层次（不会出现一对多的情况）。如果某个状态/条件可划归入多个标准或层次类别，则需要更新对这些标准或层级的界定，使其具备更多的细节筛选标准，以避免上述情况。行动中，最高层级的行动目的（top level objective），通常保留为对行动整体实现的最终态势与行动目的进行衡量与评估的终点。行动的当前状态，可能与预期的最终态势或行动目的仍有差距或偏离，评估团队必须全盘考虑这些行动的终点及进度，不被一时的情况或进展所迷惑。

（三）评估数据分析时注意事项

评估数据分析，涉及各种类型数据信息的组织、管理与处理活动，总体上应注意以下原则或标准。

可信性（credibility）。对评估数据进行全面周密的分析，确保其可信性。指挥官和参谋团队应知道他们如何运用评估产物支持其决策。这需要引用并验证所有事实、假定和可用的选项。

因果检验（causality）。在评估中，不可避免地会涉及归因和因果关系，因为评估团队的活动本质上是作战环境中的某种变化归因于己方的某次作战行动或具体任务。然而，在复杂的作战环境中，明确两类事件之间的因果关系仍非常困难，现实世界中各类事物、事件之间的关联与逻辑关系并不容易被认知和阐明。因此，在进行归因分析评估时，出错的可能性很大，当运用较多信息仍错误地归因时，评估团队必须有承认错误的道德勇气。

频率（frequency）。评估团队需要花点时间考虑作战环境并构建适宜进行分析的时间框架。要理解按不同时间间隔（频率）测量环境中变量形成结论的区别，确保评估周期与决策或行动周期相匹配和适应。

噪声（noise）。注意运用数理统计技巧、基于专业的判断和专家意见，避免基于作战环境中自发演化的变量或因不准确的衡量评价，形成对作战效率的判断结论。

审验和确认（vetting and validation）。对评估活动构建适宜的管控构架，并在评估结论和建议提交给指挥官之前对其进行验证。

利用专业知识（leverage expertise）。不要在"真空"中展开作战评估与分析，尽可能多地吸收有效的信息和意见。

五、沟通反馈和建议

评估产品，主要包含提供给指挥官的决策建议，这些建议基于指挥官指导而形成，使其了解掌握作战环境中当前和未来可能的变化，判断己方部队行动对作战环境的影响及行动朝着预期行动目的、最终态势的进展程度与状况，向上级机构及外界利益攸关方通报及沟通行动进展情况。无论作战评估的质量和努力如何，如果对评估结论的沟通或通报不足，或不适应指挥官个人决策习惯或风格使其未能发挥支撑决策的作用，那么评估结论再正确也毫无用处。此外，作战中可能会出现向上级指挥机构提供评估信息的需求，这类需求与本级内评估活动的反馈是不同的。

对各类评估数据及结论的可视化，为评估团队快速分析确定作战环境中的变化趋势及其模式提供便利与机会。下面的案例显示了利用数据可视化最常用的技巧。在作战中，如时间允许，参谋团队或评估单元应进行数据核验，以判断行动中是否存在着某种"模式"（pattern），以及这些模式的重要性。

1. 数据表

数据表（tables）是有用的分析工具，但随着数据类别增多及数据规模积累增大，简单的列表将很快就失去了效用。

排序和过滤表格数据，更完整地分析和理解（环境中变化）趋势或甄别数据中的异常值（以便剔除，防止其影响评估结论）。

参见表 5.6，可注意到对某一类别内数据是能够较容易进行比较的，但跨类别进行数据比较，或寻找潜在的模式和趋势，则更具挑战性；

当使用数据表格时，限制一次可显示的数据量，以便有效分析和最终沟通分析结果。

表 5.6　数据表样例　　　　　　　　　　　　　单位：次

省份	A	B	C	D	E	F	G	H	I	J	K	L
抗议事件	10	12	13	14	15	8	12	12	8	7	3	2
爆炸事件	3	5	7	10	4	2	9	2	1	2	3	5
人道主义救援分发次数	3	2	3	2	1	4	7	2	3	4	2	2

2. 数据透视表（pivot tables）

数据透视表，在进行数据分析时非常有用。它们是汇总数据的表，通过应用排序、平均化或汇总数据等操作，形成上述各类评估问题的解答。

从上表的数据中，运用数据处理技巧生成简单的数据透视表案例。

微软 Excel 电子表格（或类似软件）有专门生成数据透视表的功能，由于经常需收集大量数据，评估团队应该利用这些工具来快速生成可分析的结果。

3. 柱状图

柱状图用于比较和显示分类数据，数据类别可以包括地理位置、特定状态或条件、人群，以及其他任何可用于评估与分析的类别维度。

人类的视觉感知可以快速、准确地进行长度比较，特别是与区域图面积（如饼状图）比较时。出于这个原因，如果想要更全面地比较相似的值并理解差异，柱状图可能比饼状图更好。

图 5.6 所示的分组柱状图，数据来自表 5.6。这为评估团队提供了一种辨识出行动模式的方法。评估团队可以很容易地辨别出各省别信息与特定活动的潜在关联（即某种模式）。与表格类数据相比，这些资料更容易用于相互比较。

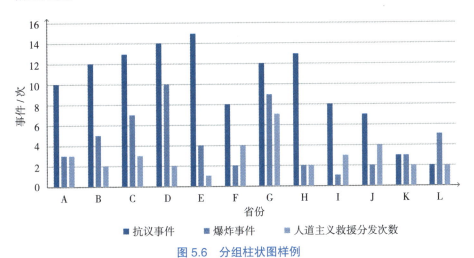

图 5.6　分组柱状图样例

注意图表的比例，以确保理解相关指标的相对量级及大小，最好的做法是至少 y 轴从 0 开始；进而，分析人员可以根据需要分析并确定潜在的数据差异。

不同类别的数据往往具有不同的相对量级，为了有效地进行分析，可能需要将不同量级的数据共同显示在同一个图表上，因而需要注意数据处理。

堆叠柱状图（stacked bar chart）对于显示有某个类别信息的子组数据和时较为有用。一个按地点或年份类别比较总暴力事件的案例，可以制作成为堆叠柱状图，不同子组（子类别）数据分别显示在图中。

4. 线形图

线形图（折线图）可用于显示时间序列的数据，评估人员可以通过这些图表识别出某类别信息随着时间推移的变化趋势，特别是当评估背景性信息被包含在分析性阐述中时的情况。

在可能的情况下，线形图的 y 轴从零开始，显示变化发展及趋势。

确保 x 轴或时间变化是均匀间隔的。

如图 5.7 所示，评估人员可利用数据平滑技巧，如简单的移动平均线，以规避噪声或异常值数据的影响。

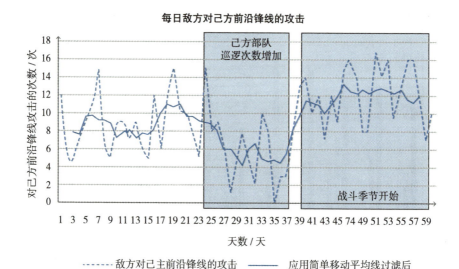

图 5.7　线形图样例

5. 饼状图

饼图可以用于比较数据或少数类别的比例数据，但通常最好将此类图

152

作为一种与其他部门进行沟通的技巧，图 5.8 即为一类利用饼图进行比较的案例。

注意图 5.8 案例，评估人员可以假定出现攻击活动下降的原因是随着巡逻的增加，此类活动有所减少；而攻击事件之后的升高，则可能是随着传统的夏季攻击高峰的开始，攻击事件随之升高。

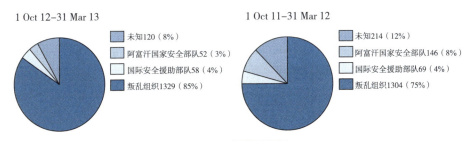

图 5.8　饼状图样例

图 5.9 则展示了饼图的局限性，图 5.8 饼状图样例当信息显示为条形图时，分析人员可以更有效地辨别测量值 1~5 的大小差异。

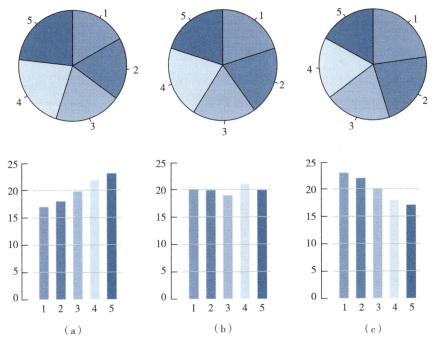

图 5.9　饼状图和柱状图应用的对比

6. 地理空间图

地理空间图是一种用于分析地理或空间属性数据，以便形成对作战环境发展演化趋势的认知。基于地理空间的数据分析与沟通方法，可提供多种有用的信息（如基于地理分布的人口统计数据），还可使用不同色彩标示程度、状态、等级及事件密度等多维信息（如不同地区的安全程度等）。使用地理图形表达方式，能够使图形的使用者更容易地将其注意力集中在需要额外关注的地理区域。例如，在反恐战争中地理图形常用于描述不同地区爆发恐怖或临时爆炸装置袭击事件的发生密度。地理图形表现形式存在的局限，在于地理图形的比例尺度可能隐蔽很多重要的评估结论细节。例如，大比例尺战略地形可描述整个国家或省份的情况，但却无法显示省级以下各地区的具体情况；而省级地理图虽可能揭示出其所辖各地区的具体情况，但却无法显示整体情况。

六、调整计划或作战行动

指挥官可直接调整或提供额外的作战指导，影响作战行动的实施，以推进作战朝着预期的行动目的和最终态势演化发展。参谋团队应及时获悉指挥官最新的决定和指导，以确保部队采取必要的行动。随着作战行动展开和作战环境的演化，评估计划也需要不断调整优化。

作战实施期间展开高效及时的作战评估，能够聚焦优化作战力量与资源运用，确保指挥官对战局的主观指导符合战场实际。通过及时、准确地掌控战场态势、战局发展，主动设计战法并精准地投入作战资源，进而实现对态势的主导和塑造。具体而言，评估产物可应用于战中作战行动调控、作战计划完善等两类领域。

1. 提升指挥官实时指控品质

直接用于调控作战行动，是作战评估最首要的用途。作战期间，对具体行动动态进展的实时评估，将为指挥官及时掌握战场情况、提升其 OODA

（观察、判断、决策、行动）决策循环节奏，奠定必要的信息基础。尤其是依托各类执行评估指标和时效评估指标，对作战行动展开的衡量评价，将支持指挥官基于战场现实展开多种决策活动，包括：判断当前行动中配置的作战资源，是否按计划展开并与敌方交战；判断行动交战过程是否按计划取得进展，遭遇何种阻碍及其原因；判断具体行动中风险的存续情况，以及降低风险的措施是否奏效；实时判断并把握行动中出现的战机等。通过实时评估，在形成对战局全面、及时和准确的掌控后，指挥官将能依据行动发展情况调整当前战法，适时投入后备作战资源，指导并调控实施火力支援和其他支援保障行动，最终使作战行动得以顺利按计划实施并达成预期结果。

2. 促进中长期作战计划制定

作战期间的中长期作战计划，是指在滚动制发作战计划的组织模式下，指挥机构计划团队在展开当前行动计划（短期计划）滚动制发的同时，对后续中长期未来的作战行动的循环制发。如果说调控作战行动提升决策品质，是评估活动直接影响并作用于当前行动计划的实施过程，那么优化完善中长期作战计划，则是其间接影响的另一类计划活动。作战期间的各类评估，特别是着眼于阶段性作战行动的周期评估活动，将帮助指挥官及其指挥机构从纷繁复杂的作战行动中把握作战行动发展的趋势和规律，找出当前作战效果与预期规划实现效果之间的差距，进而调整完善后续中长期的作战计划。

具体而言，评估活动将从以下两方面，帮助指挥官及其指挥机构优化完善其滚动制发的中长期作战计划。通过持续评估，第一，可检验判定计划制定所预设的战略、战役级假定是否仍然有效（作战计划的立案基础是否稳固）；第二，对比观测到的战场态势和战场状态与预期态势和状态条件间的差距（前一阶段作战行动是否达成预期目的和效果）。

检验此前计划中的关键假定前提。美军作战计划制定活动中，首先明确计划中的"假定"（assumption），是其计划活动中的显著特点。假定，是构建以未来为导向的计划的基础，计划中的假定必须具有逻辑性、现实性和必要性的特点，任何假定都应持续不断地被评估以确保其有效性；而作战期间持续展开的评估活动，特别是在展开周期评估形成趋势性结论时，正是检验假定有效性的有益节点。作战计划中的假定，大多属于关于计划内容体系构建全局的战略、战役级假定，它们直接影响着指挥官对计划后续实施，以及是否需要修订、乃至重新制定的判断。这类计划中影响作战实施的关键假定，大致包含以下几类：一是己方战略决策层意志和态度，如对己方战略意图及决策具有连贯性和一致性的预判假定；二是有关对手或参与行动的第三方的状况，如对敌方作战能力或战争潜力的预判假定，对作战涉及的第三方对战争态度及其立场的预判假定等；三是己方作战行动实现预期目的或效果，如对阶段性作战行动目的和效果实现的预判假定等。

在评估活动中定期并持续地检视计划中的关键假定，将有助于指挥官及其指挥机构定期检视其作战计划的基础与支撑是否稳固，是否需要修订或重新制定作战计划。例如，在作战进行过程中，通过对某次行动的实时评估发现，第三方已显露出高强度介入战局的意愿，那么此前制定计划时所设想的第三方仅可能以较低强度介入战局的假定就被证伪，那么就需要设计新的假定并展开后续作战行动的重新规划，或者现有中长期作战计划中涉及针对第三方的计划内容将被修订。至于第三类涉及己方作战行动实现预期目的或效果的假定，则将明确当前行动效果与预期行动效果之间的差距，进而对未来中长期计划造成影响。

确定作战行动进展及效果达成状态。高效的评估，将使指挥官及其指挥机构及时掌握当前作战行动的进展及预期效果的实现程度，理解其此前对作战的筹划活动是否存在着误解或盲点。在较理想的情况下，具有高超指挥艺术和洞察力的指挥官往往能够及时把握住战局发展趋势，通过符合战场客观实际的主观指导活动，引导部队不断向着胜利发展，所谓"算无遗策"描述的正是这种情况；然而在现实中，作战行动往往难以如预期般发展并达成预期效果，指挥官需要不断调适其作战构想与行动计划，尽可能实现主观指导与战场客观实际相符合。在此过程中，实现理解和掌握战场客观实际的关键，就在于作战期间持续的评估活动。

通常，对比衡量现实战场态势和战场状态与预期态势和状态间的差距，可形成四类结论：一是最理想的情况，即作战行动正在取得超出预期的进展，这意味着作战实施过程出乎意料地顺利；二是较理想的情况，即作战行动正按预期发展并取得成效；三是作战行动取得的实际进展与预期存在着差距（如时间、行动目的或效果实现上的滞后等），需要加大投入作战资源、调整战法以推进态势发展；四是最不利的情况，即作战行动已完全偏离预期计划的轨道（如行动遭遇重大挫折，或计划的立案假定被证伪），这时就需要展开战中重新筹划和计划活动。其中，出现第二种情况时，将无需修订现有计划；出现第一和第三种情况时，需修订现有中长期计划，调整作战资源运用方式并重新筹划后续作战，以促进作战行动达成预期效果；出现第四种情况时，意味着需重新展开战中行动筹划，并组织重新拟制作战行动的当前和中长期计划。

作战评估活动，贯穿作战实施全程，其间不仅会生成大量中间处理信息和最终产品，还会积累海量的作战数据与信息。就后一类数据而言，除了武器系统及作战平台运用效能数据、弹药毁伤效能数据、目标毁伤数据、全新战法运用效能等数据外，还包括很多双方社会心理认知层面的认知规律，以及经实战检验的经验与做法等大量非战争状态难以获取的知识及信息。它们不仅直接为战时行动的组织筹划服务，在战后亦可用于作战经验的归纳和总结。

第六章　融入指挥决策的评估活动

美军历次局部战争中的经验表明，现代作战行动的指挥与控制高度复杂，对作战评估具体实施步骤的设计不仅要实现与其他指挥控制业务活动（决策、计划、情报、目标等）的协调与同步，还需要实现评估流程自身的自恰。对此，美军认为，评估活动并非作战筹划与组织过程中的独立阶段，它更需要嵌入整个指挥机构内的主要业务流程中，并与目标情报分析、计划制定与执行、决策指挥与控制等活动融为一体。只有在嵌入指挥控制流程及指挥机构的运营节奏后，评估活动才能发挥其效用。

表 6.1 所示，是从评估流程及活动，以及参与人员、输入和输出角度归纳美军作战评估过程，从中可以看出评估活动的顺畅展开需要与其他日常参谋业务活动协调和同步。在整个作战实施过程中，表 6.1 中所示的具体评估任务都将持续、反复展开，但这些评估活动并不必然随着其他参谋业务活动完全同步地展开。相反，与指挥机构内的组织指挥节奏相比，评估活动更应随着作战过程的展开而持续实施；简言之，评估活动更需要跟随作战行动的节奏有序展开。这也是美军强调在高强度的作战实施期间，作战评估的实效性更甚于其准确性的原因。

表 6.1　融入计划及作战过程的评估活动

步骤	整体作战过程中活动	输入信息	涉及业务部门或人员	参谋活动	输出
制定评估方法	计划制定过程	JIPOE 参谋判断 作战方法制定 JPP 联合目标工作 评估工作组	指挥官 计划团队 主要参谋 特业参谋 AWG 人员	明确界定行动的最终态势、目的和具体任务	信息、情报和数据收集计划

续表

步骤	整体作战过程中活动	输入信息	涉及业务部门或人员	参谋活动	输出
制定评估计划	计划或制定过程	制定相应框架 设计衡量指标（MOE和MOP）明确具体指标 确定评估反馈机制	作战计划人员 情报计划人员 AWG人员	作战方法 JIPOE 预期最终态势 反馈机制参数	评估计划
收集信息和情报	计划或行动实施	联合目标工作 JIPOE 参谋判断 信息需求管理 ISR资源运用规划及优化	情报分析师 当前作战单元人员 AWG人员 评估单元（如组建）	多源情报报知和联合火力资源与位置信息 作战报告	对作战环境状态或条件、敌方位置及己方力量位置的判断分析
分析信息并综合反馈	计划或行动实施	评估工作组 参谋判断	主要参谋 特业参谋 AWG人员 评估单元（如组建）	情报分析评估 参谋分析评估 分析人员运用评估方法	判断联合部队对作战环境的影响
沟通评估结论通报评估建议	计划或行动实施	向合适的决策者及时提供评估建议	指挥官 下属指挥官（周期性）主要参谋 特业参谋 AWG人员 评估单元（如组建）	分析判断联合部队及其行动对作战环境的影响（拟制评估报告）	评估报告、决策和对上级指挥机构的建议
调整计划	计划或行动实施	联合目标工作 JPP	指挥官 计划团队 主要参谋 特业参谋 AWG人员 评估单元（如组建）	指挥官指导和反馈	对当前作战行动进行的调控纠偏 对评估计划的修订

AWG：评估工作组　　IR：信息需求　　ISR：情监侦　　JIPOE：作战环境联合情报准备
JPP：联合计划制定流程　　MOE：效能评估指标　MOP：执行评估指标

一、评估与其他指控活动间的关系

美军的作战评估流程融入作战过程中的复杂指挥活动中，它并非整个作战筹划与实施过程中的独立环节。它虽然主要是作战指挥过程中的一项功能要素，但又与具体作战指挥过程中的情报、决策、计划和控制等活动直接相关并交织。因此在作战组织实施过程中，对作战行动的评估活动还持续地与其他指挥活动发生着复杂的信息与业务联系。

（一）作战评估与决策的关系

作战实施过程中涉及各级指挥官的大量决策活动，各级参谋部门、业务组织的筹划、组织和计划活动直接围绕着保障指挥官决策而展开。科学决策更是正确使用战役力量，灵活运用战役法，积极夺取战役胜利的前提。从美军在作战评估领域的实践看，其作战评估活动都直接服务于指挥官的判断决策过程。

美军认为，指挥的决策主体是各级指挥官，他们是推动作战发展的能动性因素，也是发挥指挥艺术的主体；而且为一改以往重技术、轻谋略的传统印象，美军十多年来在条令中非常强调指挥官在作战指挥过程中发挥积极主观的作用，强调指挥官的指挥决策艺术。随着美军领导的信息化战争不断向深度发展，美军愈加强调指挥官通过局部掌握的战场情况，配合其经验、直觉等主观因素，对战场全局的态势做出准确的判断。同时，美军还强调，全面及时且有效的作战评估，并不能完全消除战场上的不确定性，评估只能强化指挥主体的决策科学性，不能因坐等评估反馈更详尽的分析或信息而贻误战机，战争中以大胆冒险精神为表现形式的指挥艺术无论何时都非常重要。

指挥信息流程，是初始指挥信息（输入）在各类指挥主、客体及指挥手段之间传输、分析和处理后，形成行动指令（输出）的过程。美国退役军官约翰·R.博伊德于 1987 年总结并提出的 OODA 决策模型简洁地描述了指挥主体在决策过程中的信息流转过程。它广泛存在于所有包括军队指挥在内的决策过程中。以往因种种限制制约行动节奏提升的机械化战争时代，通过"观察"过程所能输入的指挥信息较为有限、概略，评估同样存在于此过程中，只不过因缺乏科学方法与组织而隐含于指挥官的主观判断过程中。然而，在决策流程获得评估活动的辅助后，尽管指挥信息的流转仍按上述过程运行，但其流程运行速度和信息来源开放程度大大增强。运用高效的作战评估能力后，实时收集行动情况并有组织地分析形成评估结论，将急剧提升指挥主体决策循环的节奏及质量。例如，以往美军从作战目标选定、信息获取、传输反馈到打击的过程，一般持续约 48 小时，而评估并确认对该目标攻击的结果差不多需要同样的时间；而在伊拉克战争中，大量基于信息化作战平台的武器装备投入使用后，整个过程缩短为 10 秒，目标毁伤评估并确认的时间则缩短至数分钟。

图 6.1 描述了将评估过程融入指挥官的决策周期和作战过程的简图。

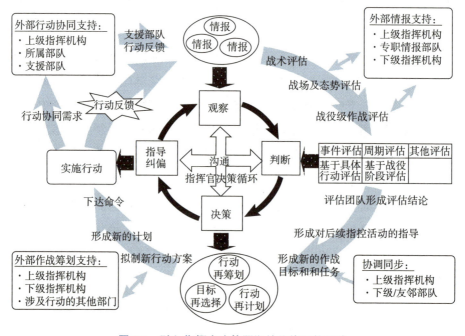

图 6.1　融入指挥官决策周期的作战评估活动

（二）作战评估与情报的关系

无论何种评估都需要及时、准确地获取大量信息，在形势瞬息万变的现代战场上，高效评估的基础和关键在于情报信息。评估信息，属于战场情报的一种，但作战过程中明确提出的评估信息需求，除具有时效性突出、准确度高等要求外，其本质上可被视作一种额外的情报信息需求，可参见图 6.2。

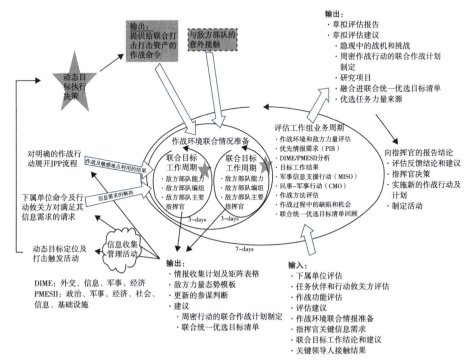

图 6.2　情报准备和目标工作中的作战评估活动

　　美军的作战评估实践表明，信息化战争形态下，作战行动实施的节奏与信息化程度成正比。信息化程度越高，从侦察、决策至付诸行动的周期就可能越短，行动节奏就越快，这必然产生对指挥机构及时、精准掌控战场的需要。与此同时，这又催生了科学的评估机制，以便在作战实施期间持续收集、处理、分发大量评估信息和续集。评估过程需要大量及时准确的信息，表现为相应的情报信息需求，而这又需要相应的侦察资源支撑，可参见图 6.3。美军在近几场局部战争中的实践表明，情报信息收集资源的有限性，评估信息的需求往往会与其他情报信息需求，在情报收集资源的运用上形成竞争关系。例如，即便是美军这样重视侦察情报收集并拥有大量情报资源的军队，在其指挥官评估手册中亦明确指出，评估应该是聚焦的。

163

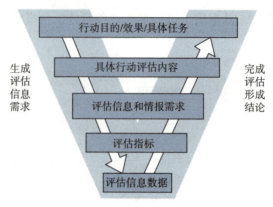

图 6.3 评估活动与情报的关系

（三）作战评估与计划的关系

联合计划制定流程，是美军指挥官在完成作战筹划后，将指挥官的作战构想（CONOPS）转化为可供部队具体实施的具体计划的过程。由于所有计划活动都发生在其预设的行动实施之前，似乎并不会与作战期间的评估活动出现交集。但由于美军在战时采用"短计划周期、每日重复展开计划活动"[①]的计划制发模式，因此其评估与计划活动不仅在战前，而且在战时紧密联系着。

首先，在战前对作战行动筹划时，需要提前考虑期间的评估问题，并将评估活动提前纳入相关行动计划中。导致评估活动在整个作战筹划、组织与实施期间功能或作用提升的原因，在于当前战争形态深刻变化及由此带来的对战争组织实施过程的影响。信息化战争形态下，作战行动节奏日益增快，从情报侦察、判断决策，到具体实施行动的周期愈加缩短，这必然使指挥机构产生对大量复杂作战行动的精确调控的评估需要；与此同时，现代作战手段及行动效果多样性的急剧提升，需要通过实时动态的评估活

---

① 危机行动计划制定和执行期间的短周期循环，是指作战计划展开后按日常的作战筹划组织流程，仅对七步计划流程中的最后一步"制定行动计划"展开短周期循环修订。此类循环，是作战计划在付诸实施过程后，依照既定的构想和方案，根据实时评估掌握当前战局的推进和发展，迭代修订且持续推进的计划活动。

动，实现对行动效果的准确掌握，以便精准地实现作战所需达成的全部或部分战争目的，并避免非预期的行动效果（如过度附带毁伤等）。因此，在作战筹划及作战计划制定期间，有必要事先规划相关评估活动，如明确指挥机构内各功能部门的评估职责、需要评估的重要行动，并为评估倾斜投入的情报侦察资源等，从而在作战实施期间确保各级指挥机构的评估活动有序、协调地与其他参谋业务活动同步展开，而不致造成干扰和失序。例如，美军在近几次战争的筹划和计划阶段，都制定有相关作战评估计划，将评估活动融入作战行动及指挥官的决策过程中，实现评估与其他指挥控制活动的整体协调与同步。

其次，作战全程的评估活动还将促进后续计划周期的计划制定。根据评估活动完成及其遂行效率的情况（准确且及时的话），将影响指挥官后续的决策和行动计划的修订。评估对计划的影响，是由计划本身作为一种面向未来的行动规划的本质所决定的，可参见图6.4。美军认为，计划是指挥机构根据其对即将展开行动的某种预设、预判，进而形成相应应对措施的战役组织筹划活动，其中必然包含着各类大量"假定"，而这类假定也可视作构成计划的基础。假定，是对当前形势或对手的一种估计或对未来局势发展的一种预测，在没有确实证据或事实的前提下，它们是指挥决策和计划制定的过程中的重新前提。例如，对己方任务部队战斗力发挥预期的假定，对敌方部署态势（尽管在良好的情报支撑下这类情况可能会比较明了）、作战能力及其在面临己方采取行动而做出反应的假定等。通过作战评估不仅能得出关于当前行动发展情况的结论，更重要的是，评估将检验此前行动计划中假定的有效性。检验计划中的假定将带来两种结果，其一是评估发现实际情况符合假定预期，这表明计划制定所遵循的一些前提条件是正确的，评估将确认任务完成情况；其二是如发现假定需要修正或完全错误，就需要在评估的基础上重新构建对战场及敌方的认识和理解，而这将成为后续计划制定所依赖的新的事实或假定（因为在后续行动中，这些经修正的认识和理解可能会再次出现变化），进而为后续行动的计划与组织提供重要输入。例如，在朝鲜战争初期的战役中，美军对中国志愿军的进攻计划中就隐含一条经典假定，即认为一支部队战损达到30%就被认为丧失进攻能力，战损达到50%被认为就需要撤出前沿到后方休整，而战损达到70%或以上时整个部队就被认为已经崩溃而无法继续作战。这是西方国家军队在长期的战争实践中总结出的经验性结论，更是被西方军队视为常识的假定。然而在与中国志愿军交战的初期，美军发现中国志愿军阵地的防御韧性使前述假定不再适用，进而影响战争中后期美军对中国志愿军阵地实施进攻时的火力准备模式，著名的"范弗里特弹药量"就是基于其对中国志愿军阵地防御韧性的重新认识而设定的。

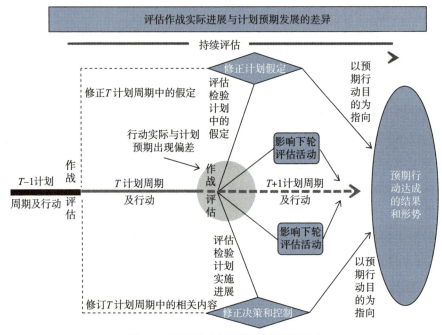

图 6.4　评估活动与决策、计划的关系

　　尤其是两支陌生的军队之间在交战初期，对对方军队能力、情况假定误判的情形比比皆是。冷战后，美军在参与的历次局部战争中面临着不同对手，美军尝试其新作战理论并在历次战争中采用了完全不同的打法，为更快地适应对手建立起有利于自己的作战节奏，美军一条不为人所注意的经验就是通过较为完善的战役级、战术级作战评估活动，迅速掌握对手作战特点，修正战前计划中的假定，更快地适应新的作战环境与作战对象。

二、嵌入 JPP 的作战评估计划制定活动

联合计划制定流程中的评估计划制定活动如图 6.5 所示。

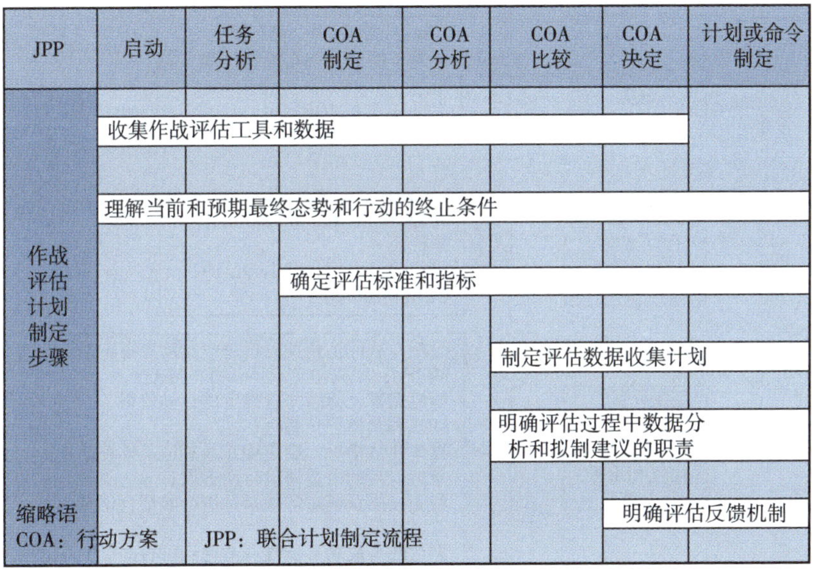

JPP	启动	任务分析	COA制定	COA分析	COA比较	COA决定	计划或命令制定
作战评估计划制定步骤	收集作战评估工具和数据						
	理解当前和预期最终态势和行动的终止条件						
		确定评估标准和指标					
				制定评估数据收集计划			
				明确评估过程中数据分析和拟制建议的职责			
						明确评估反馈机制	
缩略语 COA：行动方案		JPP：联合计划制定流程					

图 6.5　联合计划制定流程中的评估计划制定活动

联合计划制定流程（JPP），是美军在各类作战行动中筹划、组织作战行动的核心流程，它是串起其他各类指控业务活动的主线。因此，要分析美军的作战评估活动如何融入其作战筹划与指挥控制流程，一种重要的方法就是理清全周期联合作战计划制定过程中如何组织作战评估活动（表现为作战评估计划）。

如前文所述，作战评估团队在联合作战计划制定的最初期，就需参与计划团队的业务工作，确保作战评估能够全面支持指挥官在最初的计划制定中明确的意图和行动策略方法。在联合作战计划制定过程中，指挥官的计划制定指导（planning guideline）驱动着参谋团队的计划工作。正如图 6.6 所示，作战评估计划的具体制定步骤，也蕴含于整个联合计划制定流程的全过程中。

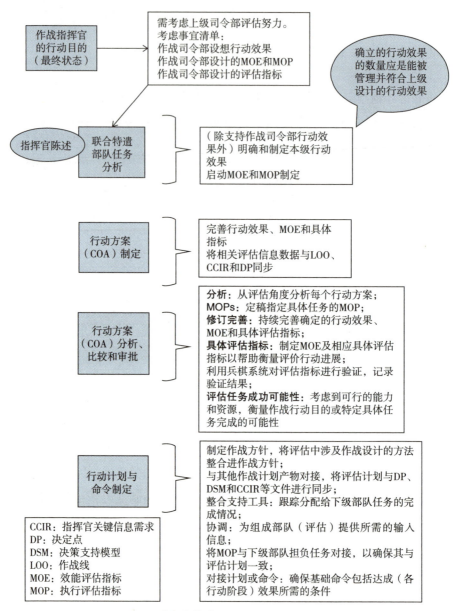

图 6.6　联合作战计划制定过程中的评估活动

对于计划和评估团队而言，应注意：作战评估过程和联合作战计划制定过程之间的联系并没有被严格地界定和明确，这非常重要。当前，军事行动所面临的态势和具体任务呈现出高度的动态性和不确定性的特点；为应对行动的高度流动性，各参谋团队很可能需要在不同时间灵活展开多样化的作战评估活动，而非概念上所描述的那类按部就班的评估模式。因此，作战评估的步骤和过程需要能被定制和裁剪，以应对行动计划制定过程中的变化和战场态势的不断演变。

（一）计划制定启动

指挥官及其参谋团队在发布计划制定指示时，应评估相关时机，以确定到行动实施之前有充分时间完成相关计划的制定；指挥机构各功能部门的准备状况，如相关情报产物和参谋评估的完成状态；以及其他涉及计划制定的相关因素。通常，指挥官基于当前对作战环境的认识、上级的战略指导及当前明确的相关问题，发布初始计划制定指导（CIPG）。此初始计划制定指导通常包括以下几类要素：对当前作战环境的描述，明确的有关计划制定的问题，指挥官的初始行动意图（即指挥官初步明确的行动目的、最终态势和风险），以及初步展开作战行动的作战方法。众所周知，指挥官意图可能也包括具体的行动目的、行动方法和效果指导等因素。就作战评估团队而言，指挥官初始计划制定指导中揭示的重要信息，将用于启动作战评估制定流程的前一个步骤（即"制定评估方法"）。

（二）任务分析

明确了指挥官整体行动目的后，联合部队就可根据此目的分解出一系列具体任务集和这些任务所预实现的目的，所有这些任务将清楚地显示出需要采取哪些作战行动及为什么要设计这些作战行动。任务分析，就在于研究这类具体分解活动，继而指派给特定部队的任务，以及确定为实现指挥官意图所需实施的所有具体任务。任务分析过程的主要产物，包括参谋评估、任务陈述、经修订的作战方法、指挥官意图陈述、更新后的行动计划制定指导及指挥官关键信息需求等文件。在任务分析期间，关于行动的各项实际情况得以确认，制定行动计划所需的前提假定也会被设定。行动计划的前提假定，在整个行动计划和实施的过程中都必须被不断地加以审视，以确保其有效性（如果在计划实施过程中行动态势出现急剧变化，一些前提假定不再成立，这意味着此前制定的计划的基础出现变化，计划必须修订甚至重新制定新行动计划）；当评估参谋团队在制定作战评估计划期间，需要明确相关信息和情报需求时，也必须考虑此计划制定的前提假定。类似的，在任务分析期间得以确定几类任务，包括明确任务（specified task），暗含任务（implied task，由上级任务推绎出的、但并未对本级言明的任务）及本级需完成的基本任务（essential task），在评估参谋团队制定评估标准和指标时也必须加以考虑。此外，由于指挥官关键信息需求（CCIR）属于指挥官需要明确和掌握的信息的一部分，其对于指挥官的及时决策至关重要，因此在拟制指挥官关键信息需求时也需明确评估所需的评估标准和指标。评估团队应建立预期的行动终止条件、必须完成的具体任务及指挥官关键信息需求、与评估计划初始提出的一系列疑问及支持性的信息和情报需求等因素的明确联系。在任务分析期间，评估参谋团队除继续修订此前完成的评估计划制定第 1 步、第 2 步的同时，还应启动作战评估计划制定的第 3 步（即制定评估标准和指标）。

（三）制定行动方案

作战计划团队完成相关行动方案的制定。这些具体的任务行动方案，将以不同的方式完成指定命令和任务，为指挥官决策提供相关选择。每个行动方案都应以实现预期行动最终态势为导向，且应涵盖任务分析期间明确的基本任务（essential task）。各行动方案之间应该易于区分且不应趋同，而它们的区分标志则可根据提议采取的、以实现初始行动目的（在指挥官计划制定中明确）为最终目标的各类联合行动而定。计划制定团队，在评估团队（如已建立）的协助下，应确定行动方案是可实现的和可衡量评估的。计划团队通常采用所谓的"SMART"（即明确性、可衡量性、可实现性、相关性和时限性，这几个英文单词的首字母缩写）方法，作为确定行动、任务目标的指导。在行动计划团队制定各类行动方案时，他们也应同步考虑其制定的行动方案及其所关联的联合行动应该如何评估，特别是将其与实现行动的最终态势、达成行动目的及实现行动效果联系起来。行动方案的制定，还会进一步精练和修订此前在任务分析阶段初步提出的评估标准和指标。在行动方案制定阶段，评估团队必须深入研究和分析各行动方案中为什么会提议采取特定的联合作战行动。多质疑方案中为什么会设计采取某种联合作战行动，将更易于明确作战评估的聚焦方向，而且这也有助于评估参谋团队明确和修正评估所需的评估标准和指标。

任务分析期间制定的评估标准和指标很可能并不完备。正如上文提及的，参谋团队在行动方案制定期间，还会不断地对行动目的、任务和效果进行调整，与之相关的评估标准和指标也应同步修订。因此，这类与预期行动效果联系紧密的评估标准和指标，在完成制定并不断修正的过程中，也应得到跨业务领域的参谋或主题专家团队（如火力、信息作战和后勤方面）的支持。

在行动计划制定流程这一步，具体评估标准和指标的数量并不重要。例如，在制定评估标准和指标之初，可根据各个预期的行动目的分解制定相应的评估标准和指标的清单，此初步清单将作为分配评估资源、明确其职责的起点。一旦完成此初步评估标准和指标清单的制定，评估参谋团队就应开始制定相关评估数据收集计划，并将其纳入整体作战评估计划之中。

（四）分析行动方案

分析行动方案，是密切检视各行动方案，揭示各方案相关细节的具体过程。行动方案分析将使指挥官及其参谋团队明确各方案优缺点。在行动方案分析期间，评估参谋团队应继续研究分析，更新修订相关评估质疑、信息和情报需求，以及评估标准和指标。参谋团队还应研究确定合适的主题专家以支持相关的评估活动。在指挥官选择并审批特定行动方案后，应也反映在相关的作战评估计划中。

（五）比较和审批行动方案

在比较各行动方案期间，评估参谋团队应突出强调那些无法或难以被评估的行动方案。如果无力对某个行动方案的实施过程展开评估，可能表示该方案仍存在着基本的问题（因为无法或难以衡量其实施的效果）。基于这一原则，在选取特定行动方案时充分考虑其可评估性，也可能成为选择方案的重要依据。行动方案经审批后，计划团队将进一步将此方案转化为易于任务部队理解的口头、书面或图表式信息，以便其实施。

（六）制定作战计划或命令

在制定行动计划或行动命令期间，评估参谋团队应确保作战评估成为整个作战行动构想的必要组成部分。在美国武装力量的作战条令体系中，将作战评估计划整合进相关合适的行动计划和 / 或行动命令中，是受到鼓励和推荐的，因为这样既可为各参谋业务团队和下级部队组织提供相关作战评估指导，也可用于引导任务部队请求获得关键外部利益攸关方的协助和支援。作战评估计划可能以多种形式纳入行动计划或命令中，如附件、附录等形式。在行动持续期间随着更多信息被不断获取，或者行动态势的变化，作战评估计划本质上是动态的。当然，作战评估计划应该在行动启动前完成制定，并明确相应的评估反馈机制，以支持本级指挥机构评估、衡量其行动进展和效果。

三、作战节奏中的评估活动

作战节奏（battle rhythm），被美军定义为"经精心安排的指挥机构、参谋团队和部队活动的日常活动循环（重复规律），旨在使当前和未来行动同步"[1]；参谋团队的指挥作业及业务活动节奏将支撑其指挥官及部队的作战节奏，因此它也可被作为指挥机构的运行节奏。此类运行节奏，通过实现指挥机构内部各部门之间及其与行动部队的活动循环协调且同步，并采取必要措施消除内部冲突，从而对指挥官决策、计划制定和部队行动的指挥与

---

[1] 3-32 号海军战争出版物《海上战役级作战行动》（*Maritime Operations at the Operational Level of War*），NWP 3-32，2008 年 10 月版，p.7-22。

控制实现优化。不同指挥与控制业务活动的节奏应该是同步和协调的，以优化各类指令、意图、指示信息在横向和纵向的各类指挥机构之间及时高效传递和执行。作战节奏，可以基于作战行动的速率，在时间周期上适当地调节收放，如作战节奏可以是以周和月为单位的常规周期，也可以以 24 小时的较快节奏为周期（高节奏、高强度的作战行动）。总而言之，作战节奏没有固定的周期模式，应由各组成部队针对特定作战环境和要求进行调整。

本质上看，作战节奏是指挥机构及其参谋团队日常活动的常规作业循环，旨在分别从远期、中期和近期三类计划视界[①]内以积极的作战筹划与组织，支持指挥官对所担负的使命展开规划、计划制定与执行、行动结果和效果的评估，并使对不同计划视界内的行动计划、执行及评估活动协调同步。一旦某次作战行动的节奏成形，指挥机构内部各类活动的时间、频率、会议类型、各业务团队的报告及（作业）产物要求，以及其他指挥机构内部的业务活动就将确定下来；这些活动可能需要每日、每周、每月或每季度展开，它们相互交织共同构成了指挥机构的作战节奏。

而作战评估活动，同样应融入指挥机构的日常运行节奏中。以作战评估融入指挥机构的日常运行节奏为例。评估团队需解决的难题，就是指挥官当前计划视界内调控正付诸实施的当前作战计划时，首先确保评估活动为指挥官形成尽可能准确的结论与建议，并及时嵌入指挥官的决策周期；其次使评估活动与同期指挥机构内其他业务流程与活动协调、同步且一致地展开，避免干扰指挥机构内其他业务活动。以美军的作战指挥实践为例，作战行动一旦全面展开，在任何给定时间内通常均有五套计划或规划文件正被制定、执行或评估：

（1）一套正在进行评估的（昨天的行动计划）；

---

① "计划视界"（plan-horizon），是美军对作战计划制定体系下的特定概念。美军认为，计划具体内容的未来性，决定了随着计划预测时限向未来延伸，计划涉及的"计划变量"（不确定因素）将迅速增多，准确预测未来事件进而主动设计应对措施的难度亦急剧提升。计划越务求精细准确，其可准确预测的覆盖时限越短，无法被预见的计划变量会越早出现，且出现频率会越来越高。因而"计划视界"可被定义为"基于特定计划颗粒度（细节程度）的计划预测时限"，即超出了此预测时限后，计划内容就将无法再保持特定的颗粒度；或者说，超出此预测时限后，计划将丧失指导行动的意义。美军通常将其作战行动计划活动，区分为近、中、远期三类计划视界分别实施。

（2）一套正在执行的（今天的行动计划）；

（3）一套正在制定的（明天的行动计划）；

（4）一套正在最终规划（后天的计划），以便将诸如详细目标处理方法和解决冲突的方法等考虑纳入其中；

（5）一套用于未来中长期的作战规划。

图 6.7、6.8、6.9 摘自美军 2008 年版 3–32 号海军战争出版物《海上战役级作战行动》，它们以概念化的方式描述了美军战役级海上部队在作战实施期间的示例性运行节奏，从其中可看到评估活动在指挥机构的日常运行中发挥着重要作用。

四、评估团队在作战中心的运行案例

下面以美国海军战役级海上作战中心（MOC）中的评估团队为例，阐述其在指挥机构内的运行，包括人员构成、职责、与其他业务团队的交互关系，以及输入和输出产物。

海上作战中心，担负作战评估任务的是"海上评估组"（MAG），该评估组将在作战行动中持续搜集、分析并跟踪己方作战情况，（基于已批准的作战计划）衡量其达成指挥官意图和行动终止条件的情况。海上评估组，由若干计划团队的人员和分析人员组成，致力于协调整合各个业务部门的评估活动，与同级及更高级指挥机构密切协作，并从下级和支援指挥机构协调获得并搜集（评估）信息。编组海上评估组的主要目的，是以其评估产物为指挥官创造了解掌握作战进展及态势发展的背景信息，呈现其担负的明确任务（specified task）的实现情况，它们与已确立的作战（终止或效果的）条件间的关系，确定可能会迟滞指挥官决定的因素，衡量对部队及任务的风险阈值，并就维持作战优势提出建议。海上评估组，通常以一个效果评估工作组（EA WG）来汇集各参谋业务部门代表（的评估意见），并展开对作战行动及计划活动的跨职能评估，联合特遣部队指挥机构运作的作战节奏参见表 6.2，海上评估组的职能参见表 6.3。

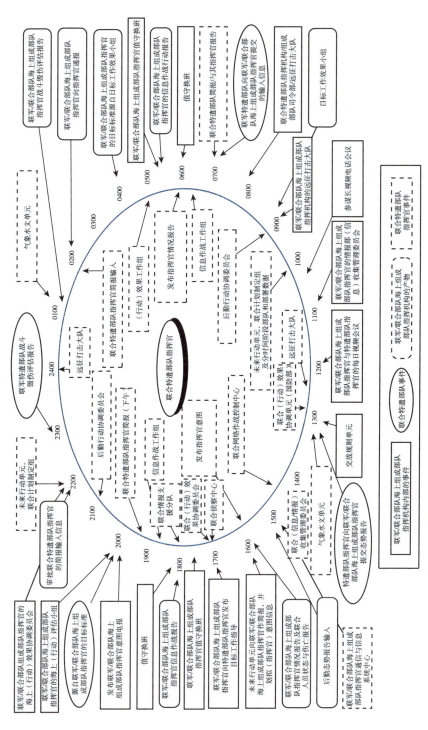

图 6.7 联合特遣部队及其联合部队海上部队指挥部队指挥机构的日常运作的作战节奏示例

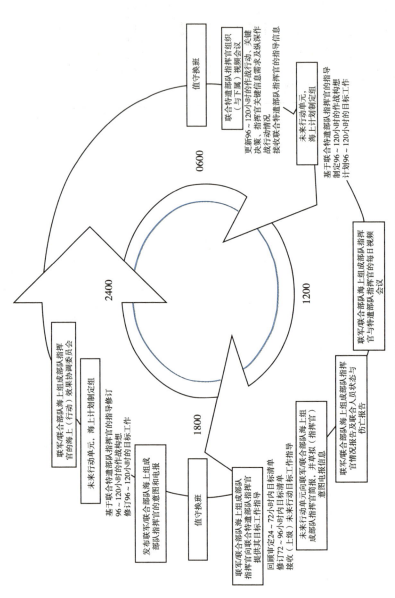

图 6.8 联合部队海上部队指挥机构运作的作战节奏示例

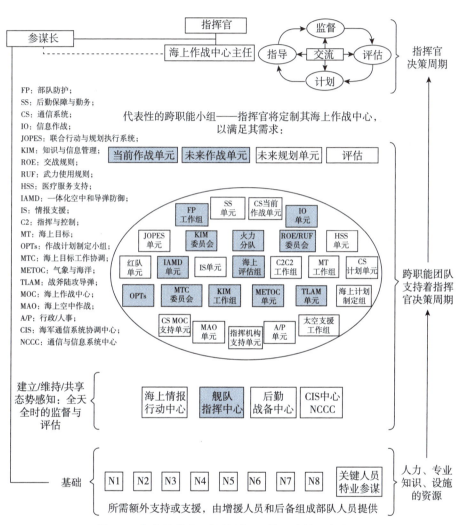

FP：部队防护；
SS：后勤保障与勤务；
CS：通信系统；
IO：信息作战；
JOPES：联合行动与规划执行系统；
KIM：知识与信息管理；
ROE：交战规则；
RUF：武力使用规则；
HSS：医疗服务支持；
IAMD：一体化空中和导弹防御；
IS：情报支援；
C2：指挥与控制；
MT：海上目标；
OPTs：作战计划制定小组；
MTC：海上目标工作协调；
METOC：气象与海洋；
TLAM：战斧陆攻导弹；
MOC：海上作战中心；
MAO：海上空中作战；
A/P：行政/人事；
CIS：海军通信系统协调中心；
NCCC：通信与信息系统中心

图 6.9　海上作战中心与计划和评估活动的业务分组

177

表 6.2　联合特遣部队指挥机构运作的作战节奏

时间	事件	位置	参与人
说明：事件发生时间依情况而定	值守换班	联合作战中心	作战参谋 / 其他所需人员
	目标工作会议	简报室	所需人员
	向 CJTF 的局势更新	简报室	CJTF、DCJT、COS、J–1、J–2、J–3、J–4、J–5、J–6、CJTF 的人员和特业参谋，组成部队联络人、其他所需人员
	向 CJTF 的计划更新	简报室	CJTF、DCJT、COS、J–1、J–2、J–3、J–4、J–5、J–6、CJTF 的人员和特业参谋，组成部队联络人、其他所需人员
	CJTF 召集各组成部队的会议	CJTF 会议室	CJTF、组成部队指挥官
	JPG	简报室	J–1、J–2、J–3、J–4、J–5、J–6 核心规划员、组成部队联络人、其他所需人员
	联合目标工作协调委员会（JTCB）会议	简报室	DCJTF、J–2、J–3、组成部队联络人、其他所需人员
	联合信息管理局	简报室	参谋长、J–3、J–6、参谋部信息管理代表、组成部队联络人、其他所需人员
	信息作战工作组	简报室	战区参谋、CA、PA、DSPD、J–1、J–2、J–3、J–4、J–5、J–6、CJTF 人员和特业参谋，组成部队联络人、其他所需人员
	战役更新评估	简报室	CJTF、DCJT、COS、J–1、J–2、J–3、J–4、J–5、J–6、CJTF 的人员和特业参谋，组成部队联络人、其他所需人员
	防护工作组	JOC	部队防护官、J–1、J–2、J–3、J–4、J–5、J–6、组成部队联络人、其他所需人员
	值守换班	JOC	作战参谋 / 其他所需人员
	ROE/RUF 工作组	简报室	J–1、J–2、J–3、J–4、J–5、J–6、SJA、组成部队联络人、其他所需人员
	战斗评估组	简报室	CJTF、DCJT、COS、J–1、J–2、J–3、J–4、J–5、J–6、CJTF 的人员和特业参谋，组成部队联络人、其他所需人员

CA	民事	J–4	参谋部后勤局
CJTF	联合特遣队指挥官	J–5	参谋部规划处
CONF	会议	J–6	参谋部通信与信息系统处
COS	参谋长	JFACC	联合部队空中组成部队指挥官
DCJTF	联合特遣联队副指挥官	JOC	联合作战中心
FP	部队保护	JPG	联合计划组
IO	信息战	JTCB	联合目标工作委员会
J–1	参谋部人力和人员处	ROE/RUF	交战规则 / 武力使用规则
J–2	参谋部情报处	SJA	军法官
J–3	参谋部作战处		

表 6.3　海上评估组的职能

海上评估组的职能

当海上计划制定组或作战计划制定小组（OPT）选择确定了可衡量的行动预期效果时，行动的效果评估就开始了。计划活动将预测己方行动在发展的作战环境中的潜在影响，并强调己方行动将可能如何影响敌方、盟友、中立方及美军部队自身。海上评估组（MAG）和效果评估工作组（EA WG）将履行以下基本职能。

持续评估当前作战阶段内的具体任务完成情况（MOP）和达成的行动效果（MOE），及其对后续作战阶段的影响。通过监控作战计划的实施，评估每个行动阶段在实现指挥官作战目的及意图（基于效能评估指标／执行评估指标）等方面取得的进展。行动效果评估工作组将就作战行动是否正按计划推进，向指挥官提供建议。

融合来自跨职能部门代表、联络军官、跨机构和利益相关方的代表、上级指挥机构及同级指挥机构的各类评估信息。跨职能部门的输入性信息对此非常关键，这些信息来源包括当前作战单元（COPS）、海上情报行动中心（MIOC）、信息作战（IO）单元、后勤战备中心（LRC）、红队单元及与当前作战阶段紧密相关的功能单元（如主要作战行动中火力分队的代表；人道主义援助行动中跨机构单元的代表）等。

依据当前作战计划，向海上评估组提供相关评估输入性信息，以获得指挥官对相关评估建议的核准。这些信息会进一步整合到指挥官决策考虑中，并为计划团队提供指导

海上评估组的构成

海上评估组由长期展开计划制定活动的人员和分析人员组成，最好在计划部门内编组而成。行动效果评估工作组是一个跨职能工作组，其目的是拓展海上评估组自身对作战行动进行评估的范围和规模，并扩展其与计划活动的关系。海上评估组或行动效果评估工作组还可能包括非军事人员，并根据需要为外交、信息、军事和经济机构提供必要的评估支持及分析文件，这将视具体的政治、军事、经济、社会、基础设施和信息环境而定。对于典型的海军舰队／组成部队指挥官的海上作战中心（MOC）而言，海上评估组应包括训练有素的行动计划人员，除了嵌入作战计划制定小组（OPT）等参谋团队发挥其行动计划制定功能外，还应包含高级分析人员，用以收集和分析具体任务中的作战环境因素以及展开行动效果评估流程。支援性的行动效果评估工作组会经常性地遇到作战环境的变化，在作战行动中有些条件可能每天都变（或每小时都会变化）；而在稳定行动阶段，一些具体条件可能每个月才会出现变化。行动效果评估工作组的成员可能包括：

当前作战单元的代表；

未来行动单元及海上计划制定组（MPG）的规划人员；

海上情报行动中心的计划人员；

后勤战备中心的代表；

火力分队（FE）或者目标工作小组的代表；

军法参谋（SJA）；

公共事务（PA）代表；

信息作战代表；

医疗、民事事务和民事 – 军事行动代表；

政治顾问；

根据需要，来自上级、组成部队及下属指挥机构的联络军官；

其他代表或者必要的联络军官（非政府组织、其他政府部门、东道国等）

179

续表

海上评估组的职能	
协调点	
1. 内部 当前作战单元。 未来行动单元。 海上计划制定组。 信息作战单元。 海上情报行动中心。 后勤战备中心。 指挥官根据需要设立的特别助理。 知识和信息管理工作组。 海上空中作战单元。 火力分队	2. 外部 上级指挥机构评估单元。 组成部队指挥官评估单元。 下级指挥官参谋团队。 需要时，其他机构（其他政府机构、非政府组织、东道国等）
输入信息	
指挥官的指导和意图。 作战计划／作战命令（OPLAN/OPORD）。 重心、作战方法、决定点和作战目的。 经批准的分阶段作战（目的达成）条件。 基本任务（essential task）。 经批准的假定和可接受的风险（对部队、对任务而言）	经批准的效能评估指标和执行评估指标。 交战规则／武力使用规则（ROE/RUF）。 经批准的指挥官关键情报需求／信息需求申请（CCIR/RFI）。 经批准的指挥官决策点（DP）。 当前持续生成的作战态势，包括敌方反应
输出产物	
与计划实施进展、（指挥官的）意图达成相关的作战评估结论。 作战阶段转换和部队调整／重新分配优先性任务的建议。 作战行动的再次计划制定建议（分支和后续计划）。 根据作战条件，对迟滞指挥官决策（因素）最接近的评估	风险评估。 交战规则／武力使用规则／指挥官关键情报需求／信息需求申请（ROE/RUF/CCIR/RFI）的变更建议。 有关部队行动协同，及指挥官与上级指挥机构（担负）职能的评估报告和建议

第七章　美军提升评估能力的举措

　　尽管成形不过近 10 年，战役级作战评估理论已在美军近几场局部战争中经历多次检验与完善。随着战争形态和组织实施模式的持续演化，其理论和实践仍有待优化和更新。回顾近 20 年来美军构建、提升作战评估能力的历程，具有以下突出特点。

一、加强评估理论法规研究

　　在军事领域，战争实践是一切军事理论的先导，而理论又对实战起着不可或缺的指导和引领作用。尤其是在战争形态全面向信息化迁移的背景下，各种全新作战样式层出不穷，情报及指控手段的运用效率空前提升，作战节奏急剧加速，更需要强化对一系列作战实际问题的实践、研究工作。在 21 世纪美军遭遇的一系列重大问题中，作战评估理论正是其近期加强研究和实践的重点领域。

　　如前文所述，美军在作战评估领域的研究起点并不算早，美军也仅在2010 年后才开始重视总结与完善战役层级作战评估理论与规范①，对近期局部战争实战评估经历的归纳与总结活动至 2015 年之后才走上快车道。例如，首先，在联合出版物层面，2011 年版、2017 年版和 2020 年版 JP 5–0

---

① 美、英军的多本战役级作战评估规范（指挥官手册、条令注释出版物），全都在 2010 年以后颁布。

《联合计划纲要》中阐述作战评估章节的篇幅在逐渐增多①，这意味着美军对作战评估问题的重视程度在持续提升；其次，从规范性弱于条令的指挥官手册、多军种手册角度看，2011年9月版颁布《评估计划制定和执行指挥官手册》，2015年1月颁布1–15号条令注释出版物（JDN）《作战评估》，2015年8月颁布TP 5–0.3/MCRP 5–1C/NTTP 5–01.3/AFTTP 3–2.87多军种战术、技术和程序手册（MTTP）《作战评估》，至2020年2月又更新ATP 5–0.3/MCRP 5–10.1/NTTP 5–01.3/AFTTP 3–2.87多军种战术、技术和流程手册《作战评估》。从这些动作可以看出，美军正在从理论和法规层面强化对联合作战评估活动的规范与要求。

当前，美军在评估理论方面的领先地位，源于其持续的战争实践，上述颁布的这些理论文献都是美军2000年以来历次实战经历中评估活动经验的高度凝练与总结，具有鲜明的时代特色和重要理论参考价值。纵观以联合条令、各类手册为代表的美军作战理论文献，其阐述重点已经从2010年后规范初期的作战评估"是什么""怎么做"等途径、方法类的表层问题，转向深入论述"为什么""继而如何"（so what）等思维观念层面的问题。通过提升美军官兵对当前作战评估实践规范及其观念逻辑基础的认知，促进美军深刻理解其本质、内涵与外延。未来如有必要，还可能制定专门以"作战评估"为主题的独立条令出版物。

除了这些正式公开发布的条令、手册外，作为一类实践性非常强的作战业务活动，此类信息还可大量散见于各类研究性著述、报告和资料汇编中。但这类材料大多属于机密资料，获取渠道殊为不易，加剧了对美军实战评估活动与经验进行研究的困难。在对评估领域或主题进行研究时，不仅需要着重分析美军作战评估的流程和具体步骤，还要结合其更新的评估理论，剖析各步骤的具体实施过程，包括其输入信息、输出产物、处理过程及其标准等。只有真正弄清楚了这些问题，才能打开美军作战评估理论研究过程中的一系列流程、思维"黑箱"，进而真正获得美军在作战评估操作层面的具体经验。

---

① 可参阅2011年、2017年和2020年三个版本的JP 5–0《联合计划纲要》相关内容。

二、构建优化作战评估流程

流程，是事物次序和顺序的配置与安排。美军通过构建、持续优化完善评估流程驱动着指挥机构内部评估业务活动在联合作战实施全过程的运行，实现评估活动与其他业务活动的交互与增效。回顾近几版作战评估多军种手册，每次更新都涉及作战评估流程的调整与优化，持续促进评估业务流程与指挥机构内各类繁杂业务运维节奏的协调和同步。

具体而言，美军在构建优化作战评估流程时，对内聚焦了评估流程与情报、决策、计划和控制等指挥控制业务活动的协调与同步，对外理顺并构建与民事部门的协作机制，并持续提高评估流程的自动化处理水平等方面，全面构建和优化既适应当前美军转型现状、又满足未来可能实战需求的联合作战评估流程。

（一）推进评估与其他流程同步与协调

如前文所述，作战评估流程是一类聚焦于作战行动效果，衍生自各类作战设计与计划制定及实施流程的活动。它与其他指挥业务流程存在着广泛且千丝万缕的联系。评估流程不可能单独存在，还需与其他业务流程适应与同步地高效展开。最早意识到作战评估重要意义的美军，近年来其在指挥机构重要业务流程设计和指挥所要素功能编组方面都考虑到了评估的问题。在这方面，美军的实践活动具有以下突出特点。

平时研究阶段实现评估与其他业务流程的配套。目前，美军正处于向大国竞争时代转型调整的加速期，出于与中国、俄罗斯等大国对手高强度对抗的需要，要重新梳理、细化并固化各类指挥业务流程，研发配套的指挥作业流程系统。其中，与评估流程交互较多的业务流程包括指挥控制、作战筹划或计划、情报及目标等具体流程。在此过程中，美军重点研究并解决了如何将评估流程纳入战区指挥机构的联合作战组织、计划和实施流程框架下统筹实施的问题，初步实现与其他业务流程研究的同步和配套。具体而言，美军首先研究各类与评估存在关联的业务流程在运行期间的交互关系，包括评估流程与其他流程在作战筹划与实施阶段各步骤及环节的输入、输出关系；其次，设计评估与相关流程运行时的产品，明确评估及相关流程运行时各类产品相互依存及嵌套关系；最后，从评估及相关流程的逻辑关系角度，建立评估流程与其他业务流程各步骤环节的时序及产品关系，实现涵盖评估流程在内的各类指控业务流程在展开后的逻辑自恰。

平时演练阶段检验评估与其他业务流程的适配。联合作战指挥机制及各类业务流程构建完成后，需要在平时演练阶段展开全功能要素的综合运行，检验各类业务流程的运行情况。但要明确的是，由于评估流程仅能在实战期间真正展开，其实施效果和运行效率很难通过平时的实兵演练活动加以检验。因此，美军重视在平时的联合演习、联军演习活动中检验评估流程能否在作战筹划与组织实施全过程，较好地嵌入其他业务流程中。平时桌面推演的指挥所全要素全流程演练，则主要以检验各业务流程步骤运行为主。这意味着在演练其他业务流程且需评估流程提供产品和结论配合时，评估团队将只能提供预设的评估结论（难以演练评估信息收集、处理和分发全过程的活动），重点演练检验评估流程与其他业务团队及流程的适配程度。最后，应根据演练情况，修改完善评估与其他业务流程的信息及产品交互时机和关系。

战时实践阶段检验优化评估流程具体实施过程。作战评估是一类伴生于作战实践的活动，因此无论平时设计或演习演练时表现得多么完善，不经过实战的磨合与检验，很多平时预想不到的问题都难以暴露，更难以真正实现与其他业务流程的协调及互补运营。为实现评估流程与其他业务流程的同步与协调，美军除了平时精心设计和完善外，还注重评估团队编组、评估流程设计的定制化，使其能够在战时适时调整和优化，适应各种背景下联合作战环境中与其他业务流程的协调与同步，并最终达成与整个指挥机构各类业务流程运行节奏的调和与适配。

（二）构建军民协作的作战评估流程与机制

作战评估活动虽然聚焦于作战期间的行动结果和效果，但其间涉及的信息收集、分析处理等协作性活动并不仅限于本级部队内部，更可能涉及其他部队或军方机构，甚至地方部门、商业机构的评估资源。例如，对敌方特定基础设施或复合型目标的毁伤行动，可能需要地方相关领域专家协助展开打击效果评估。因此美军高度重视构建起高效的军事—民事协作评估流程与机制，如此才能在战时出现需求后，及时将其他部队、民事领域的评估人才和信息资源，引接入本级评估业务流程，减少因临时协调导致的流程迟滞与延误。

与在武装部队内部实现聚焦评估展开协作配合的难易程度相比，与联邦机构、商业机构、联军伙伴进行作战评估协作面临着诸多挑战。美军从以下两方面着手，构建这种军事—民事作战评估协作机制。

第一，及早整合民事作战评估人才和资源，建立军事—民事协作评估流程的对接机制。军事—民事双方在各自业务组织流程方面可能存在差距，需要通过平时加强交流与沟通，提升双方相互适应和了解的水平。只有平时建立定期会商机制，了解对方的毁伤（灾害）评估流程与业务活动特点，建立涵盖各具体领域的地方专业人才库和数据库，到战时才能根据行动所需，迅速抽组民事主题专家（SME），利用民事部门在各领域数据建模、分析评估等方面的积累经验和设备优势，推进聚焦作战行动的军地联合评估。

第二，军事—民事协作评估还需考虑发挥地方商业机构及资源的作用。当前全球经济一体化、区域经济一体化的趋势不可阻挡，围绕交战地区或国家在平时建立起的商业信息大数据中，往往蕴含着可用于战时作战评估的信息"金矿"，如何有效发挥这部分评估资源的作用也应充分考虑。这类商业大数据虽然看似与作战并无关联，但它们从经济角度反映出的目标受众的认知及心理倾向，却可用于评估衡量侧重于影响其心理认知的信息作战行动效果。例如，美国利用其在IT技术及商业领域内的领先地位，2010年后就多次立法要求脸书、谷歌、苹果等科技公司协助国家情报机构，利用这些公司积累的海量用户信息数据监视、分析特定地区民众的心理认知倾向和其他高价值信息。除此之外，商业卫星或地理数据同样也可直接应用于作战评估活动。为了利用这部分资源，军队可通过商业合同的方式外包其分析评估需求，利用商业机构成熟的大数据挖掘技术和分析模型，提升战时评估的效率。

（三）促进战役评估流程的自动化处理

评估流程的自动化处理，是在传统评估活动中应用最新信息技术（如图像、视频模式识别）和全新评估方法，以便迅速拓展评估能力与容量。广泛实现评估的自动化，能够缓解现代高度复杂、多样化且节奏迅捷的作战行动对高效评估的严峻挑战，是优化作战评估流程、简化过程的前提和基础。结合大规模作战各阶段展开的评估活动特点，尽可能高地实现作战评估流程的自动化，美军从以下三个角度分步推进评估工具及系统建设。

第一，实现评估信息的自动化收集与融合。在信息化局部战争背景下，海量作战信息的自动化收集、融合、处理和分发已成为现实。作为评估活动具体展开的起点，实现信息收集和融合的自动化，是优化评估流程、减少信息延迟的基础；而且，评估信息收集活动极为繁杂，涉及大量不同类型数据信息的采集和融合，依赖手工方式完成此类任务既不可行也不现实，更成为制约提升评估能力的瓶颈。因此，实现评估流程的自动化，首先，需要解决评估信息的自动化收集与融合问题。具体而言，首先，需实现各类传感器感知信息的自动中转、存储，使之进入原始信息数据库；继而，从具体任务、时间、作战力量等不同角度，对这些自动收集的信息进行关联；然后，结合作战评估对特定时段信息收集的需求，从上述数据库中提取关于特定作战行动结果及效果的关联信息；最后，将这些信息输入智能化评估模块中完成初步评估，进而评估团队才能以之为基础展开更为复杂的行动效果评估。例如，DARPA研发团队曾经设计过配备于作战平台的自动评估系统，它能将分析信息融合进相应的数据库，在经人工或机器完成评估后，再将评估产品推送给有需求的作战和情报部门。根据美军规划，未来其在实现评估信息的自动收集与融合时，则面临着以下主要挑战，一是传感器信息的标准化中继与传输（更进一步提高各类战场信息、文电的标准化和兼容性）；二是打破各军种、各类信息收集、传输、储存和处理系统之间的信息壁垒。

第二，在现有评估流程中融入智能化手段。智能化评估，是未来作战、特别是具有智能特征的联合作战的评估发展趋势。尤其是大规模作战行动，只有实现评估流程的智能化，才能简化底层基础的战术评估活动。要明确的是，智能化评估手段或能力，将在海量评估信息自动化收集融合的基础上，自动衡量判定具体任务本身的完成情况（或者说行动的初始评估），而较少涉及具体行动实现效果的衡量。通过将各类具体作战行动所涉及的大量目标毁伤、作战任务的完成情况，交由自动化、智能化的信息收集和处理模块完成，使作战评估团队能够聚焦其精力和智力于更为复杂的行动效果评估流程上。通过为评估流程融入智能化手段，提高评估时效性和准确率。提高评估活动的智能化程度也会带来全面的挑战，最突出地反映在对评估中"人"的定位的颠覆。美军在以往多次局部战争中的评估经历，就表明这类观念冲突的现实性。例如，早在海湾战争中，美军少量先进作战平台在作战中自动评估后形成的结论，就曾不被乘组或指挥机构信任。[1]

第三，通过创新评估方法实现评估的智能化和自动化。评估方法，是实现评估目的的具体途径和方式。传统上，评估团队通过其专业人员的分析比较作业，形成评估判断结论；在信息化战争形态下，通过发挥信息系统的作用实现对人的评估功能的替代。除了上述这些具体评估方法外，还可创新更多可行的方法，实现评估自动化，如通过典型弹药毁伤能力外推毁伤评估结论。评估团队可通过某种精导弹药对特定目标系统的毁伤评估结论，再外推并形成运用此类弹药打击同类目标的概略评估结论，以此来精简优化评估处理和分发流程。尤其是在大规模运用精导弹药实施的作战

---

①JOHN T. RAUCH JR., Lieutenant Colonel, Assessing Airpower's EffectsCapabilities and Limitations of Real-TimeBattle Damage Assessment, USAFSchool of Advanced Airpower Studies, 2002, p.53.

行动中，评估人员能够基于对少量目标的毁伤评估情况（即大量被精导弹药攻击的样本）外推形成其整体作战评估结论。以这种方式，评估团队甚至可以在未完成实际评估信息收集和分析研究的前提下，为指挥员提供有关战场态势和毁伤情况的预测性判断；或克服信息收集资源缺乏，运用于非主要作战方向或行动的概略评估活动中。

未来的实战实践及检验，是评估方法创新的重要"土壤"。只有在评估实践中，很多运用各类关联数据和信息系统的新型评估方法才可能涌现。例如，通过监控联合作战"任务规划系统"（MPS）下达的大量具体任务指令中目标的打击优先性，优化分配打击后的评估信息收集资源，从而通过信息收集资源的自动优化配置，证实弹药的特定毁伤效果。如此，评估团队就能进一步优化其评估流程，聚焦作战行动的效果衡量。

三、完善战役评估团队建设

美军对各种类型、规模的联合作战中的作战评估团队的编组，积累了丰富的经验，从当前趋势看，其组织结构上的变化呈现出以下几种趋势：在战略层，向集成且中心化的评估团队配置模式转型；在战役层，则结合担负任务的具体特点，建立灵活且统分结合的组织配置模式；而在战术层，则将评估功能及要素下沉至作战要素、武器平台及系统。通过充分考虑评估活动在战略、战役和战术层的不同特点，结合不同层级所具有的评估资源禀赋，构建涵盖不同层级指挥机构、贯穿整个作战行动全程的评估团队配置模式，并最终通过未来的实战检验，优化完善战役评估团队的建设。

（一）战略层建立配置中心化评估团队

在战略层，与评估相关的情报资源相对集中且全面，因此战略层集成配置中心化的评估团队有利于融合相对稀缺的战略情报资源，提高其利用率。例如，美军以其国家军事联合情报中心（NMJIC）作为集成国家级作战评估团队（及功能）的组织载体，在网络信息系统支撑下由其协助各战区展开评估活动。在顶层配置中心化的评估团队具有如下优势：有利于实现评估流程和情报来源处理的标准化，提高各类战略级情报资源的利用效率；有益于维持全职且专业的评估人才，并使其保持较高的训练及战备水平；同时此类中心化的集中配置还可促进并培育评估团队内部各部门的相互交互与协作，并在评估流程中实现协同增效。

当然，评估资源向战略层集中后，也会导致一些其他问题的出现。例如，扩大战略层与战役级指挥机构在评估能力方面的差距，在某些情况下（多个战区同时提出评估需求时），战略层评估团队可能无法及时满足战区的评估需求。此外，战略层中心化的评估团队在展开其业务时，还必须与各战区交涉协调处理相关数据传输和侦察资源运用等事宜，其间可能出现摩擦和延误。这也是近几次美军局部战争中，被证明是亟须解决的重大问题。

（二）战役层优化统分结合的组织构架

作为负责全球各战略区域的地理性作战司令部（GCC），战区是美军实施大规模联合作战指挥的机构实体，既担负着战区联合作战指挥职责，又面临着持续调整优化机构内功能、要素的挑战。从有利于发挥战区指控功能的角度出发，美军在战区层级的评估组织构架必须结合其针对不同作战任务的指挥职能分工，构建统分结合的评估团队配置模式。

在"统一"方面，战区在战时应像战略级评估团队那样编组相对中心化的评估团队，由其主导并协调下属各分指挥中心和任务部队的同步评估活动。这是由战区内诸分域部队不同的作战特点及其所展开的不同评估活动所决定的。除上述提及在战略层配置中心化评估团队具有的优势外，战区级的中心化评估团队具有以下优点：更高效平滑地管理各分域力量的评估活动，统筹整个战区内的评估信息收集、分析、处理和分发过程，结合作战实际优化战区所属各类部队的评估流程，统一向战略层评估团队提交评估信息的收集和分析需求；此外，近期美军由战区层级实施的行动（如击毙本·拉登的"海王星之矛"特种行动）具有使命性强、政治要求高、战略色彩突出的特征，由战区从国家战略、战区战略的高度出发，统筹组织并展开评估活动，有利于其从政治、经济、舆论和心理等多维层面衡量与评价战役级行动所产生的多样化效果，并克服由具体部队或低级指挥机构仅从其任务完成角度进行评估的局限。

在"分散"的方面，由于战区负责本战略方向内各类军事行动的筹划与组织，具有典型的涵盖范围广、指控组织结构（基于任务特点）定制化程度高等特征，因此，在编组战区中心化评估团队的同时，需结合具体每次担负的作战任务，编组定制化分布式评估团队。例如，美军在爆发以海空冲突为主的作战行动中，可抽组其他各分指挥中心的评估资源适度向海上和空中各分指挥中心倾斜，构建分布式的分域评估团队，是优化战役评估团队配置模式的可行选择。在此配置模式下，战区将根据不同的行动阶段，有区别侧重性地向相关分域中心加强配置并调配评估人员和资源，缩短各分域行动部队与其指挥中心之间信息传输的距离和延迟（提高评估响应能力）。如此，既便于各分指挥中心的评估团队熟悉其所在作战区域及行动模式，使其更好地展开本分域行动的评估活动，又便于不同分域评估人员及资源及时聚焦到其他分域展开的评估活动中。同时，评估团队重心的适度下移还有助于战区情报部门在作战行动中与其他分域部队、指挥机构内各部门建立协调的业务关系，促进评估活动展开。

最后，还要明确的是，根据美军近期的评估组织实践看，在战区战役级指挥机构构建"统分结合"的评估组织构架时，特别要注意平衡战区本级与其直属各分域指挥中心的评估能力配置。因为，评估能力仍属于一种稀缺性的作战资源，过分侧重特定层级指挥机构往往会损害其他指挥机构的评估能力，因而更需根据指挥需要灵活调配、聚焦相关资源，力避僵化的组织构架与配置模式。

（三）战术层实现"打评一体"的组织模式

至于具体遂行任务的战术层级，由于直接感受并身处高度流动、变化的战场态势之中，因此前沿部队在评估打击结果和效果方面具有先天的优势。与战役层和战略层可以选择构建中心化的评估团队模式不同，战术层更易于实现"打—评"一体。通过向作战平台集成评估功能，减少评估信息收集及回传处理过程的时间延迟及对信息网络传输带宽的占用，最大限度地提升作战效率。例如，近年来各国在研制无人作战平台时，都强调的"察打一体"功能，其初衷是缩短"传感器到射手"间的时间延迟，实现"发现即摧毁"，但其本质上也蕴含有"打评一体"的功能。而在战术层实现"打评一体"的组织模式，具体可区分为两种情况。

为作战平台或单元集成初级评估功能。现代作战平台或单元，日益成为整个作战体系及战场网络上的功能节点，它们本身即具有较强战场信息感知和处理能力，发挥其身处战场前端、实时感知最新态势信息及行动效果信息的优势，使基础的评估功能下沉至底层，将极大地减少战役层评估团队的工作量和压力。当然，由于平台或单元侦察评估功能存在着局限，且其身处战场一隅，难以从全局角度感知认识战场，它们的评估功能将很大程度上局限于行动的物理结果评估（即运用直接结果评估指标形成初步评估结论），而难以对行动造成的后续及衍生效果进行评估。将初始评估能力集成至任务部队，使战役级评估团队能够聚焦分析并衡量战役行动的复杂效果，显然为作战平台或单元集成评估能力的优点，首先，战役指控团队无须协调信息收集平台与任务部队之间的行动，减少对情报侦察资源的抽调；其次，减少对指挥中心、评估团队活动或其他部门业务造成干扰，有助于消除不同部门、机构间在设定其业务优先性方面的冲突。但此配置模式的缺陷，主要在于使平台操作人员的工作更为复杂，在紧张的任务途中完成此类评估任务并非易事，如因评估延长空中平台在高威胁环境中的活动时间将可能危及其安全等；有时，后方评估团队还会展开重复性评估活动，如形成与平台现场评估相冲突的结论，也将带来新的困扰。

围绕前沿信息中枢平台集成评估功能。除了发挥主要作战平台或单元的打评一体功能外，还可围绕特定战场前沿的信息中枢节点，如侦察机、预警机这类信息支援平台，构建战术级评估团队。这类平台本身具备高效的信息感知能力，能够在一线直接完成大量战场信息的收集、融合、处理和分发，是各类作战行动的倍增器。从评估角度看，这类信息中枢平台有利于提升战场评估信息的收集和处理效率，减少信息流转的中继和时延，能更迅捷地响应战役级指挥机构对作战直接结果和效果的实时或近实时评估需求。例如，可向空中侦察、预警平台派驻分析评估团队，由其直接在作战过程中展开评估活动，缩短评估信息"收集端—处理端—应用终端"的距离和延迟。因此，这类配置模式有利于提升平台传感器利用效率，确保迅速响应各类评估需求。当然，从缺陷角度看，战术级联合战斗部队评估功能的下移，将削弱战区或各分指挥中心的评估团队对这类战术层评估活动的监控和主导。毕竟，具体作战行动的评估活动和结论，可能为不同层级的决策层所运用，而战略、战役等层级对前沿行动关注重点可能会存在差异，因此对前沿的评估活动会有不同的指导，有时不同层级机构间的竞争性评估需求，会对评估团队的活动造成困扰。

在战术层集成基础的评估能力，提升此类评估的准确性和实时性，将为战役级指挥机构的评估活动提供重要支撑。战役级作战评估，虽然聚焦于分析和衡量较宏观的战役目的或意图的实现情况（主要运用效果评估指标），但其评估过程同样需要衡量大量具体作战行动汇聚产生和衍生的效果，这就需要及时、高效和准确地完成战术层具体任务的评估结论支撑（主要运用直接结果和时效评估指标）。

四、提升改进技术解决方案

技术解决方案，是提升评估能力的重要途径。美军战役级作战评估理论归纳与总结，之所以能在近年来得到加速，本质上在于信息化战争形态下作战节奏日益加快，对行动筹划及组织提出了更高的精准性、时效性要求所致，而同期高速发展的技术手段更为此提供了物质基础。无论是搭载于平台、弹药上的各类传感器，还是日益智能化的评估信息系统，都对提升评估处理容量、能力和速度较有助益。综合近年来美军在评估技术、手段方面的发展，美军主要从扩充评估数据来源，构建综合性评估数据存储与运用机制，加速完善各类作战业务系统中评估模块建设等方面，提升评估手段与能力建设。

（一）实现作战评估数据来源的多样化

高效展开作战期间的评估活动，持续获得并积累作战行动及目标打击数据是一项主要挑战。传统上，较单一的评估信息获取模式（如任务部队战报、反馈，或其他单一来源传感器信息）已难以适应战役期间动态评估的信息需求。随着近年来美军信息化程度及精导武器装备比例日益提升，大量平台或弹载传感器广泛应用，为实现评估数据来源的多样化奠定了坚实物质基础。从技术角度，未来可运用于评估的数据来源包括武器弹载、有/无人机载、星载传感器和无人值守传感器。各类传感器作为直接完成目标探测、跟踪和引导用途的数据源，理解其优点和缺陷，综合发挥其评估效能，是实现未来评估数据来源多样化的必要举措。

武器弹载传感器。精导弹药的普及，为运用弹药传感器于即时毁伤评估提供了广泛的物质基础。就评估而言，此类一次性传感器是保真度、时效性最高的打击毁伤评估数据源。自反恐战争以来，美军就曾大力研发此类弹载传感器，用以实现打击行动的实时"打—评"功能融合。例如，2000 年之后美空军曾为其空射弹药研发过多种弹载传感器，包括为无精导弹药加装 GPS 发信设备（实时回传弹药位置信息）、为弹药安装尾曳照相设备等①；20 世纪前后各国竞相研发的特种炮射侦察弹，以及近年来出现的多种弹载侦察负载等，都是这类实现弹药"打评一体"的实例。

运用弹载传感器将获得一些独特优势，即这类精导弹药所使用的传感器系统都可潜在地用于收集验证弹药命中及目标毁伤数据（当然收集信息的质量和实时程度取决于其弹载传感器类型及配置）；而从打击弹药的角度收集评估数据，将为评估团队节省大量精力，如他们展开具体行动的实

---

①尾曳照相设备的概念，是将照相传感器用 1000 英尺（1 英尺 =0.3048 米）长细绳系在炸弹尾部，确保在炸弹在投下后照相机保持在其尾部方向约 1000 英尺范围，相机将在炸弹爆炸 1 秒后撞毁，并在最后时刻拍到并回传弹药命中爆炸景象。*Munition Deployed Bomb Damage Assessment*，AFRL Monthly Accomplishment Report Executive Summary，n.p.，on-line，Internet，4 January 2002，available from http：//www.afrl.af.mil/accomprpt/feb01/accompfeb01.htm.

时评估时（主要运用直接结果评估指标），将不再需要协调额外的信息收集活动（如打击后侦察活动等）。当然，弹载传感器收集的评估信息也有其局限，包括它仅能显示弹药的命中位置，而难以感知具体打击效果（如爆炸是否摧毁了目标，爆炸激起烟尘也会阻碍对后继毁伤效果的探测）。

未来，美军在研发此类传感器时，可能会重点解决以下两类问题。一是由于所有弹载传感器实际上都只能一次性使用，因此需要考虑其成本因素，以确保能够大规模使用，积极开发低成本新型弹载传感设备，如开发类似GPS弹载信标的低成本传感器组件，利用功能强大的卫星导航系统，为投射弹药提供命中定位服务。二是要大规模发挥弹载传感器的评估功能，还需配套研制用以传输传感器评估信息的中继机制，如以滞空预警机、战机平台或卫星等作为其中继节点。鉴于当前武器系统射程日益延伸，尤其是战役初期针对分布在广阔地理空间内的大量目标集中且大规模地使用各类精导弹药时，更需此类中继系统能够应付"脉冲""浪涌"式的数据回传需求。

有/无人机载传感器。有/无人机是传统的重要信息收集平台，并曾广泛应用于作战评估活动。例如，阿富汗战场上联军运用"捕食者"无人机对战区进行全天候实时监控，该机续航时间达24小时，能以搭载的光电或红外（EO/IR）摄像设备提供对监视区域的实时视频流，这些视频及图片也可传输进空中任务战机座舱。[1] 而"全球鹰"无人机的续航时间更长达35小时，可在战区上空持续徘徊完成各类情报信息的收集。DARPA还曾研制过隐形侦察无人机，赋予传统高性能无人机更强的低可探测性能力，用以在高威胁战场环境中完成信息收集任务。[2] 在有人战机方面，现代作战飞行通常都配备多功能传感器，能够展开评估信息收集活动，是实现实时评估的另一类数据来源，特别是新型机载传感器的运用更强化了其评估效能。例如，2002年DARPA曾开发过合成孔径雷达的全新算法，该算法基于被攻击

---

[1] Cook, 25 and Department of Defense, *Unmanned Aerial Vehicles Roadmap* 2000—2025, (Washington, D.C. : Office of the Secretary of Defense, April 2001), 3.

[2] Department of Defense, *Unmanned Aerial Vehicles Roadmap* 2000—2025, 12.

目标的几何外形变化及目标内坑洞的特征，自动判定弹药毁伤效果[1]；此外，DARPA 还开发过被称为"激光遥感"（laser remote sensing）的评估技术，它运用吸收光谱探测目标遭毁伤后产生残骸烟雾及爆炸物火球的成分，即通过探测武器引爆毁伤目标并导致目标二次爆炸时相关烟雾的化学成分，判定是否毁伤目标[2]，如在打击硬质机堡掩体后判定是否摧毁了其内藏的战机（战机爆炸时将产生特定金属或燃料化学成分）。将传感器及初步的评估能力集成于战机将获得很多优势，尤其是缩短"传感器—射手"间的延迟。

当然，应用于评估领域的有 / 无人机载传感器不可避免地仍存在着其局限。在无人机方面，首先，其传感器录制的视频图片保真度较低，很难用以评估打击行动效果；其次，对无人机视频进行分析处理耗时费力，当前仍难以大量应用，如美军在阿富汗战争中就曾出现过因处理多架"捕食者"无人机的视频，而导致指挥中心情报分析能力过载的情况[3]；再次，无人机在高威胁空域中生存能力有限，因此在战役初期争取综合制权的阶段无法广泛使用；最后，操纵大型多功能无人机需耗用大量带宽资源，限制了其在评估信息收集方面的用途。例如，阿富汗战场上，由于带宽的限制，美国空军一次仅能保障 2 架"捕食者"无人机和 1 架"全球鹰"无人机在同一空域行动，带宽因素甚至还迫使"全球鹰"操作员为传输相关视频不得不降低视频质量，并关闭其他传感器。[4] 在有人战机方面，机组成员在操纵其战机或投射其武器时会运用不同战术及飞行包线，这些都可能影响或遮蔽弹药在命中目标时机载传感器的视界及观测能力。而且，有人战机广泛使用防区外弹药，使其很难在机载传感器视线内完成弹药打击后的评估信

---

[1]*Real-Time Battle Damage Assessment*, DARPA Special Projects Office, n.p., on-line, Internet, 4 January 2002, available fromhttp：//www.darpa.mil/spo/programs/realtimebattledamageassessment.htm.

[2]Carlo Kopp, "Laser Remote Sensing – A New Tool for Air Warfare," Royal Australian Air Force Air Power Studies Centre Working Paper 33, 1995, n.p., on-line, Internet, 25 February 2002, available fromhttp：//www.airpower.maxwell.af.mil/airchronicles/kopp/apjlidar.html.

[3]Maj Jeff Rauscher, Chief of Targets, Combined Air Operation Center opsfloor during Operation Enduring Freedom, interviewed by author, 18 April 2002.

[4]Maj Jeff Rauscher, Chief of Targets, Combined Air Operation Center opsfloor during Operation Enduring Freedom, interviewed by author, 18 April 2002.

息收集；而如果目标在传感器的有效观测范围内，由机组在任务途中展开实时毁伤评估将急剧增加其工作量。

因此，就有 / 无人机在评估信息收集方面的优势和缺陷而言，美军规划在发挥此类平台传感器的评估信息收集能力时，一方面可拓展传统机载传感器的功能，并针对性开发新机理传感系统，充分发挥机载平台机动速度快、信息收集效率较高等特点；另一方面仍应承认其信息收集的局限，在仍未出现颠覆性技术突破前，此类传感器仍仅能作为少数关键性行动的信息收集平台，难以用于大规模打击行动后的广泛收集活动。

无人值守传感器。早在越南战争时期，美军就广泛使用布撒式无人值守传感器，用于战场持续监视和侦察，并发挥其毁伤评估信息收集的功能。当前，技术进步使这类传感器可更广泛地用于作战评估用途。例如，2000年后 DARPA 曾开发被称为"微型空中载具"（MAV）[1]的无人机动式传感器，主要用于对城市战场环境的监视和侦察，它具自六轴飞行能力能够停留或附着在街区的高大建筑物上，侦察周边目标及毁伤情况；在完成一处地点的情报任务后，它还可利用自身动力进行再部署，具有极为灵活的打击后信息收集和目标观察能力，这种集成了无人机和传感器的概念飞行器已于2003年进行了飞行部署及再部署、环境监视及数据回传的系统演示。[2]至于越南战争时期曾广泛应用的被动型声响、震动或电磁监控传感器，主动型震动和电磁成像传感器，以及用于下水道和废水监控的传感器等，则可用于对地下设施，特别是其他评估成像技术难以应对的地下目标的评估信息收集。[3]

当然，在评估期间广泛运用无人值守传感器还需克服一些障碍。例如，大规模布撒部署容易暴露企图，且要真正利用其传感信息还需部署相应的

---

①*Micro Air Vehicles*，DARPA Tactical Technology Office，n.p.，on-line，Internet，8 April 2002，available fromhttp：//www.darpa.gov/tto/programs/mav.html.

②*DARPA Selects Micro Air Vehicle Contractor*，Department of Defense NewsRelease，n.p.，on-line，Internet，8 April 2002，available fromhttp：//www.defenselink.mil/news/Dec1997/b12121997_bt676-97.html and *Micro Air Vehicles*.

③同②。

数据中继系统。鉴于其优势和局限，这类传感器未来正呈现出多功能感知、精确定点应用的发展趋势。

卫星星载传感器。空间时代的天基卫星平台就利用其独特位置优势首先用于侦察用途，但在早期这类星载传感器主要用于战略普查。随着全谱侦察卫星网络的完善及其收集、传输和分析处理数据能力不断提升，可日益用于战役、战术用途。特别是针对具有较高评估优先级的行动或任务，天基侦察系统往往是少数可行的信息来源。搭载光电或红外传感器的卫星平台能够收集高分辨率的多光谱图像信息，而合成孔径雷达卫星（SAR），则可在夜间或云层遮掩的条件下获得地面目标的高精度雷达图像。

然而，运用卫星开展评估数据收集仍面临着很多局限。首先，卫星系统使用成本较高且运维复杂，因此在未来相当长时期内，这类系统可能仍仅由国家级情报部门管理，难以直接服务于战役级指挥机构。其次，卫星只能获取各类图像情报，以目前的技术能力尽管已能自动化地初步处理一些图像，但仍需分析人对其作最终判读，因此导致相关信息在被分发至终端用户前不得不延迟，使其时效性受到影响。最后，由于重访因素的限制，卫星平台很难完全按照作战需求展开实时评估数据收集，因此难以完全配合作战行动的评估侦察需求。考虑其优点和局限，星载传感设备虽然可用于作战评估，尽管仍难以担负起广泛的评估任务，但仍需在提升其侦察能力的同时拓展其评估用途，以此作为其他评估信息收集技术手段的有益补充。

（二）积累评估数据持续更新一库一册

联合作战评估，不仅依赖于战时展开的评估数据收集和分析，更需平时积累大量涉及目标和作战地区的数据资料，以及汇编各类弹药的毁伤数据和模型。因此，美军利用以往为促进联合作战一体化组织与实施的各类专业数据库，为快速构建并运用战役级作战评估能力奠定了坚实的基础。其中，对作战评估支撑效果最为显著的是综合性数据库（如 MIDB）和三军《弹药效力手册》。

　　综合性目标数据库。美军的实战经验表明，战役期间各级指挥机构的诸多业务活动或流程，如果不能在一套公共的数据基础上展开评估，很可能面临矛盾结论的困扰。例如，在"持久自由行动"期间的一次空中行动中，中央战区司令官弗兰克斯将军曾指令联军空中组成部队指挥员继续摧毁阿方残存的战机[①]；空中部队根据当时的情报对所有已发现的敌机实施了攻击，经打击后毁伤评估，空中部队指挥官判定已完成任务（已发现的 25 架战机全部被摧毁），因而通过指挥链上报了此结论。[②] 然而，中央战区指挥机构借助其评估资源展开评估并得出相反的结论，当时弗兰克斯还与空中组成部队指挥官沟通联系，探究为何已发现的 25 架战机中只有 2 架被确认摧毁。[③] 在详细审查形成不同结论的原因后发现，两级指挥机构并未在共同的信息基础上展开评估，中央司令部的评估团队遵循着更严格的评估标准，且未利用下属部队收集的评估信息，而只以本级收集的有限图片信息形成了评估结论。[④]

　　通过此案例可得出结论，作战评估需要获得共同的评估信息基础支撑，而实现此目的最可行的方法，就是建立联结三军、贯通情报与评估等各类业务流程的综合性数据库，如当前由美军国防情报局（DIA）和各战区情报中心运维的"现代化综合数据库"（MIDB）[⑤]，就可被视作整合各级机构评估活动的综合性数据库。通过访问并运用公共目标及评估数据库，并构建一套快速分布式的作战评估流程，战役评估团队将能显著强化、综合不同来源的评估信息数据，展开实时或周期性评估，并协调其他地方机构辅助其展开评估活动。通过将所有涉及特定目标的信息（包括打击后的评估信息）

---

①Lt Col Tom Ehrhard，Strategy Division Chief for the JFACC during Operation Enduring Freedom，interviewed by author，12 March 2002.*Assessing Airpower's Effects Capabilities and Limitations of Real-Time Battle Damage Assessment*，JOHN T. RAUCH JR.，LIEUTENANT COLONEL，USAFSchool of Advanced Airpower Studies，2002，p.22.

②同①。

③同①。

④同①，p.23.

⑤Joint Publication 2-01.1，*Joint Tactics*，*Techniques*，*and Procedures for Intelligence Support to Targeting*，Final Coordination，29 January 1999，A-6，GL-7.

融合于一套易检索的数据库中，情报及评估团队将能访问获得关于行动及目标的最新分析评估数据。

联合《弹药效力手册》。《弹药效力手册》，用于汇编各类武器弹药的性能及其针对各类目标时的毁伤效果和计算模型，其内容主要采编自研究院所、军工集团及部队在弹药研制、试验期间积累并形成的关于弹药毁伤能力的数据、模型及算法。在作战筹划与组织计划过程中，此类弹药效力数据，特别是涵盖三军的联合《弹药效力手册》将发挥重要作用。例如，在选定打击目标、并为其匹配最优打击资源时，或者针对特定目标选择某种弹药进行模拟推演预评估打击效果时，就需要参考此类弹药效力资料。作战期间的评估活动中，同样需以弹药效力资料为支撑，特别是在缺乏打击毁伤情况图片，仅获得了弹药命中点位坐标的情况下，更需要根据具体弹药打击特定类型目标时的毁伤模型和数据，计算出打击毁伤效果。例如，上文提及为弹药加装 GPS 发信装置，在其命中目标前将最后弹着数据回传后，评估团队就能运用该弹药毁伤效力模型，结合其弹着位置计算其毁伤概率和程度。

（三）加速构建各类信息系统评估模块

美军利用现有各类专业作战软件，并嵌入相对独立的评估模块，初步形成了评估信息的自动化采集与汇总，并在可预见的未来逐步实现评估信息的智能化处理与融合、评估结论及时嵌入并辅助决策等功能。

1.评估信息的自动化采集与汇总

评估信息和数据，本质上是一种高时效性的战场情报。信息化战场上，各种与作战行动、目标等相关的文字战报、影像、图片、声音、地图等各类情报信息都会持续涌入各级指挥机构，它们中的很大一部分内容都可直接或间接地运用于行动评估。庞大的评估工作量，根本无法凭人工完成，因而需要将各类指挥信息系统（主要是情报、目标等信息系统）整合至相应评估功能模块中，使其能够在运行过程中从各自功能业务角度进行自动采集、汇总和分拣上级支援、本级获取和下级提供的各类评估信息，为后继整编形成标准化的评估产物奠定基础。因此，在专用于评估功能的信息系统完成开发和应用前，可首先在现有各类指挥信息系统中整合进评估信息提取功能模块，初步实现作战过程行动评估信息的自动采集、汇总，提高评估团队的信息处理效率。

2. 评估信息的智能化处理与融合

自动化的评估信息采集与汇总，只是评估功能信息化的前提，更重要的是充分发挥信息系统的逻辑处理能力，以及应对大量繁杂信息处理流程时的优势，帮助精力有限的评估团队及时展开繁复的评估活动。从当前的人工智能发展现状及趋势看，信息化评估活动应逐步实现以下智能化功能。首先，实现作战中各类行动文书、战报的内容要素标准化，使系统能够自动采集、智能处理这些文电战报中与评估相关信息要素。在实现各类作战信息的标准化后，利用当前已日趋成熟的图片、视频的智能化分析和比较技术，通过系统实现行动中大量图片、视频的自动判读和分析，并自动形成图片视频信息的评估结论。这是最初步的智能化处理能力，应成为尽快实现的目标。继而，借助当前发展迅速的人工智能技术，使信息化评估系统能够对不同类型的评估信息、数据（电子化的文电、图片、视频等）进行智能化的"融合"。这种智能化融合功能非常重要，它实际上部分替代了评估人员的主观判断过程。例如，对同一个机场复合型目标实施的联合火力打击，空中侦察情报、现场特种部队反馈情报及其他机载、弹载侦察设备反馈的信息，会包含很多重复的目标毁伤及打击效果信息，如智能化程度不足、难以分辨战果"重叠"部分的评估信息，就会出现评估结论"超百分比"的情况。最后，未来的智能化评估功能还应充分借鉴当前方兴未艾的大数据应用技术，实现从范围更广泛、更多维的数据信息中撷取特定信息展开专业评估。例如，战时隐蔽对作战对象目标区域内民众的社交软件及聊天、论坛数据展开监控，通过从这些大量零散信息识别、提取有关己方行动的信息，进而"拼图"形成己方作战行动的实施情况和效果，从更多角度印证、修正己方的评估结论。实际上，最后一种智能化功能，亦是第三类功能在更大范围和维度上的拓展，其实现不会一蹴而就，还需进一步研究和情报、数据系统的更多整合。

3. 评估结论及时嵌入并辅助决策

形成评估结论不是目的，最重要的是使评估结论及时嵌入指挥官及指挥机构的当前决策周期，才能有效地发挥动态行动评估的效力。指挥机构内实现作战与计划业务功能的信息系统，需要融入具有辅助决策能力的智能化评估功能模块。对于调控当前行动的作战业务功能来说，评估模块需要即时反馈评估团队最新的评估动态，使其能够借助这些评估信息（以行动的任务评估为主）调控纠偏当前行动；而对于负责制定短、中期作战行动计划的计划业务功能而言，其计划制定系统的评估功能需要阶段性地反馈评估团队的结论信息（以行动的效果评估为主），使其能根据最近的行动任务和效果评估结论，不断制定并修正下一计划周期的作战行动计划。通过在作战方案辅助拟制过程中融入实时评估结论，帮助指挥人员拟制作战方案和作战计划，实现自动化的智能行动效果评估、情况判断及更新，以及作战方案制定与选优，作战计划和命令生成。

附录 A　JPP 流程中的指挥官作战设计

本附录摘自 2020 年美国陆军战争学院军事战略、计划和作战部《战役计划手册 2020》。

作战设计（operational design），是对战役或作战及其后续实施的构架设想和设计。该框架建立在一个迭代过程之上，该过程既有助于实现（指挥官及其设计团队）对作战环境的共享理解，又可辨识并框架化作战环境框架内（待解决的）问题；并根据战略指导和 / 或政策，通过运用战役法（作战艺术）来制定解决这些问题的方法，即"作战方法"（operational approach）。作战方法，是作战设计活动的主要产品，允许指挥官继续展开联合计划制定流程（JPP），将宽泛的战略和作战构想转化为具体的作战使命与任务，从而生成一套可用于执行的行动计划。

作战设计，是帮助联合部队指挥官及其参谋团队理解完成担负的使命的各种解决方案，以及理解复杂作战环境中不确定性的几种工具之一。此外，它还支持就（等解决的）问题的性质进行递归的、持续展开的探讨与沟通，并最终生成一套为实现预期行动目的的作战方法。

在美军的联合作战理论框架下，联合计划活动（joint planning）涵盖两个过程，这两个过程它们致力于贯通艺术或创新与科学或效率的范畴，其包括：作战设计（operational design）和联合计划制定流程。本附录主要阐述以指挥官为中心的作战设计活动，它不应与联合计划制定流程被视为相互独立且孤立的两个过程，二者共生且相互关联。所有的决策活动，都混含了艺术（想象和创新）与科学（将想象变为现实）的过程。每一类决策工具，从作战设计角度看，都致力于激发创造力（艺术）或为效率赋能（科学）。引入作战设计框架，是为了克服其他计划活动工具的明显弱点，即，它们缺乏创造性或适应性，无法应付战略和作战计划活动的复杂性。当然，每一种决策辅助工具都有其优缺点，如果不恰当地应用于当前的状况，任何决策工具都可能被错误地使用。

一、联合或陆军条令中的作战设计

当前，在美国陆军条令 ADRP 5–0 和 ATP 5–0.1 中，对"陆军（作战）设计方法论"的描述，与联合出版物 JP 5–0 中对"作战设计"术语的描述有所不同。虽然大多数差异都是表层的，但这些差异很大程度上可从不同出版物撰写颁发的目的角度加以解释。例如，ADRP 5–0 旨在提供一种非联合作战背景下的作战设计方法；从这个角度来看，陆军的作战设计方法具有更广泛的适用性。相较而言，JP 5–0 是为联合作战参谋团队可能发现他们所遭遇的（联合背景下的）情况而设计的，它更狭义地聚焦于联合作战的行动设计需要。这两套方法框架，尽管存在着或多或少的差异，但都基于同样的底层逻辑和思维观念，并寻求获得类似的结果。

两类条令对"作战设计"的定义突出了这些区别：（陆军条令中的）陆军（作战）设计方法论是，用于运用批判性和创造性思维来理解、构想和描述不熟悉的（作战）问题及解决它们的方法（ADP 5–0）的一种方法论。而在联合作战条令体系中，"作战设计"被定义为：是支撑战役或作战及其后续实施框架的设想和筹划（JP 5）。

运用于作战设计的批判性和创造性思维并非新鲜事物。历史上的伟大将领，从孙子到格兰特将军、隆美尔元帅，都运用过类似的思想。故而，作战设计方法并非一类新发现，而是对当代从事军事和国家安全职业的人士，用来在极为微妙与复杂的全球环境中应对并解决作战问题的方法论的回顾、归纳与提炼。作战设计的目的，在于持续深刻和广泛的理解，而非终止这种理解。联合计划制定流程（JPP）配合作战设计，可提供所需的计划活动的完结，而这种完结将驱动命令的下达和行动的实施。

涵盖这两个过程，并发挥它们相互关联的本质，就是作战艺术（参见附图 1）。

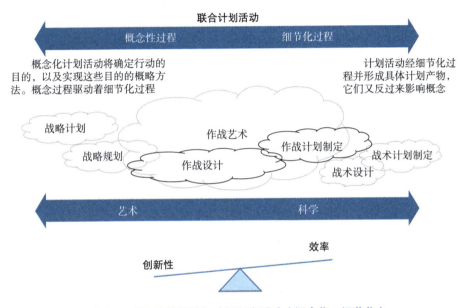

附图 1　联合作战设计与计划制定活动（概念化—细节化）

指挥官熟练地运用其作战艺术，通过在作战行动或战役的计划制定和执行阶段对（与作战相关的）战略与作战环境的理解，提出具体地将战略目的与战术任务关联起来的构想与设计。更具体地说，作战艺术和作战设计的相互关联与作用，为战略与战术之间提供了沟通的"桥梁"，将国家战略目的与为实现这些目的而必须执行的作战行动联系起来，并确定如何评估作战在实现战略目的方面的效果。类似地，作战艺术通过帮助联合部队指挥官及其参谋团队理解如何促进其他机构和跨国合作伙伴的整合，来实现战略和战役的行动目的，从而促进统一的行动。

二、作战设计要素

作战设计要素，为作战设计活动提供了一些框架与设计结构。JP 5-0把它们都列在"作战设计"工具的内容范围内，ATP 5-0.1条令将它们都纳入作战艺术内容中。如果计划参谋团队在正确的时间运用它们来提高效率，同时确保它们不会抑制作战设计所追求实现的创新性，那么两类条令中阐述该主题时的区别就不再重要了。作战设计的要素，包括以下方面。

（1）终止条件（termination）。

（2）军事最终态势（military end state）。

（3）行动目的（objectives）。

（4）行动效果（effects）。

（5）重心（COG）。

（6）决定点（DP）。

（7）作战线（LOO）和效果线（LOE）。

（8）直接和间接方法（direct/indirect approach）。

（9）预期或预测（anticipation）。

（10）作战范围（operational reach）。

（11）顶点（culmination）。

（12）部队和职能（forces and functions）。

注意：有关作战设计要素的更详细探讨，可参见JP 5-0第四章（作战艺术与作战设计）第三节（作战设计要素）。

三、发散与收敛

另一类描述作战设计和联合计划制定流程的起伏展开的方式，是"发散"（divergence）和"收敛"（convergence）过程。如附图 2 所示，即为战略规划和战役计划时进行作战设计的发散和收敛过程。要注意的是，这张图的意涵表明，采取行动（通过收敛的思考，进而形成一致共识，再到发布命令展开行动）可能会对作战环境造成改变，这又递归地需要发散性的思考并引发下一轮对作战环境中需解决问题的理解和再框架化（reframing，即重新构建、明确新环境态势下需通过运用力量实施行动解决的问题）。

在整个计划制定和执行过程中的作战设计

作战设计，通过既保持鼓励不同的思维，又努力聚焦于制定和执行详细的作战计划。它允许指挥机构在整个行动过程中，保持对作战行动环境和问题的清晰认识和理解。

随着战役行动的实施，指挥官及其参谋团队将不断形成对作战行动环境和问题的更深入理解，并基于不断深化的理解持续修订作战方法。

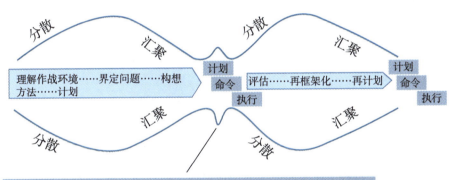

计划团队的活动也会发展和汇聚。在使命任务分析后，他们会发散其思想，创造性地制定行动方案；尔后，其思维又会汇聚到制定并实施特定的作战构想上。

附图 2　计划制定与执行中的发散与汇聚

作战设计使参谋团队发散其思维，在开始创新性地聚焦于构想解决某个问题的概念性作战方法之前，对环境形成更为广泛的理解。然后，运用联合计划制定流程解析这个概念性的作战方法，再从已明确的使命任务出发进行发散思考，形成多个（实现使命任务的）行动方案（COA）；之后，再次收敛思维形成共识并确定一个作战概念（CONOP）。随着态势的发展，指挥官及其参谋团队的思维又会出现分歧和发散，重新去理解和适应新的作战环境与态势。在（进行作战设计的）发散和收敛思维过程中作出决定，是作战计划团队所面临的首要挑战之一。

在运用作战设计方法时，可能通过质疑以下一些问题，来判断确定是否需要耗费时间来形成相关（作战方法的）概念框架。

（1）我们是否已掌握足够的态势信息，以便以一种有意义的方式继续向前推进作战设计？形成的行动方案是否已清晰和明确了？

（2）我们设计采取的行动是否会导致产生非预期和/或出乎意料的效果？

（3）（待解决的）问题是否如此熟悉，（针对该问题的）解决方案是否如此明显或明确，以至于我们已经知道该怎么做了（一种创新探索性的，或标准的行动过程）？

（4）我们知道我们想要达到的最终态势的标准条件是什么？或者我们想要实现的最终态势的标准条件是否仍较模糊？

（5）（针对特定待解决问题的）最初有效的行动和策略，现在是否未能达成预期的效果？

四、框架化

作战设计过程，包含四个主要构成过程（即，四类框架化的过程）。这些构成过程具有彼此间独立存在且不必然连续展开的特征。在设计形成作战方法之前，必须对作战环境和（待解决）问题形成理解（如附图3所示）。

作战设计方法的真正力量来自这四类框架化过程的综合。它们实际上并非独立的活动，而是在同一方法论框架下的四类思考领域。这几个过程是完全迭代的，对某个框架化过程的更好理解将有助于对其他框架化过程的更深理解。在框架化作战环境过程中，不免会意识到（作战环境中）竞争趋势的出现和激化，这将有助于更好地明确（待解决的）问题。当一个潜在的作战方法浮现时，可能会发现新的问题，或者需要修订现有的问题，并对涉及作战环境的更多问题形成质疑。在分析作战方法并寻找避免或降低（方法或行动的）非预期效果的方法时，可能会重新定义问题，并意识到作战环境中那些以往未意识到方面。在运用作战设计方法时，参谋团队将更习惯于迭代地展开上述各框架化过程，所以它们将越来越不像四个独立的框架化过程，而更像是一套单一、综合的认知方法。

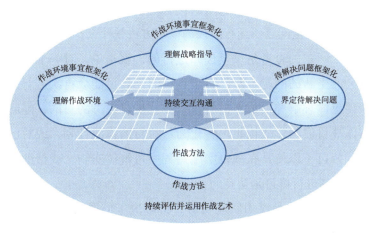

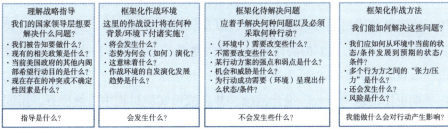

附图 3　作战设计框架

五、进行作战设计

下文描述的方法论及其细节，综合了陆军（作战）设计方法论（如ADRP 5–0 中所述）、（联合）作战设计（如 JP 5–0 中所述）的元素，以及ATP 5–0.1 中用于实施陆军作战设计方法论的一些技巧，使联合部队指挥官（JFC）更宜于运用。

指挥官及其作战计划团队，应运用一套相互关联的认知活动来帮助建立他们对形势的理解和战役（实施过程的）设想。这些迭代的框架化活动为指挥官及其参谋团队提供了一类方法，以探寻以下四个宽泛问题的答案。

（1）国家领导人希望（通过军事行动）解决什么问题？

（2）实施战役所处的背景和环境是什么？

（3）实施的战役行动意图解决何种问题？

（4）为解决特定问题所遂行战役的概略方法是什么？

对这四个问题的思考是反复递归进行的，就是说，对一个问题考虑清楚后，就会产生新的问题，对已有了答案的问题可能会再次进行质疑，从而对其获得更深理解并形成新的答案。如此反复思考的目的，是制定出一套可（将作战目的与作战构想）转化为可执行的作战计划，或对已有计划进行完善和修订（以使其在战役实施过程中可继续实施，或帮助参谋团队判断何时对计划进行修订是适宜的）。

进行作战设计的参谋团队应与对（待解决）问题感兴趣的所有各方，或者具有相应知识有助于启发作战方法设计的机构或人员，进行广泛的协作。这涉及各类机构和联盟、伙伴，以及所有具有独特专长或拓宽设计团队视野的人士，与他们的协作绝对是至关重要的。（与他们的协作）不仅促进作战设计团队的分析更为宽泛、丰富，而且这种协作也可能使其他机构在早期更广泛地"介入"设计活动，并在战役实施过程中持续展开。不同指挥层级之间的沟通对话，对于（就作战环境、待解决问题及形成更优作战方法）获得尽可能最深刻的理解，也是至关重要的。

作战设计方法。JP 5-0列出了进行作战设计的一般方法。这些书面形式呈现的方法往往按一定顺序排列，它们更容易被看作相互关联的。由于对其中某个步骤的展开，可能会导致其他步骤的变化，谨慎的设计团队应将尝试综合和迭代地展开设计各步骤，而不能按部就班地展开。

1. 理解并框架化战略指导

作战设计的框架过程，旨在（由战区及战役指挥官）界定国家领导层寻求明确（其遭遇的）挑战及相关边界，在框架过程中可质疑以下问题："我们试图实现什么目的……在以往战略指导背景下，我们所接受指导的意涵是什么……不同领导者所设想的（行动）目的是什么？"决策层战略指导文件中的指示可能是模糊含混的、不完整的、过时的或相互冲突的，要注意到这些干扰，并及时与决策层展开高效沟通。此外，增加准确理解战略指导复杂性的因素，还包括领导人在公开发言中口头表达的隐含（或特定）观念，其他机构或人士对决策层观念的阐释，以及那些"不可言表"的意图与观念等。一些战略指导可能自相矛盾或含混不清，为了清晰理解决策层真正意图，应该对其提出质疑并展开沟通。作战设计的方法中，一部分内容正是规范上下层级的协作沟通与对话，以便各级对正在发生的事件形成理解与共识，并清晰理解战略指导的意涵。

（1）理解并框架化战略指示与指导。

①指挥官及其参谋团队必须分析所有可用的战略指导信息。其来源包括：各种书面政策文件，如《应急计划制定指导》（CPG）《联合战略性战役计划》（JSCP），书面指示、来自上级总部机构领导人的口头指示、国内法或国际法、与当前局势相关的相关组织的政策、沟通协调指导，以及上级总部的相关命令或判断评估意见。源自战略指导文件中的战略指导或指示，可能较为模糊、不完整、不合时宜，甚至相互矛盾。这是由于它们产生的时间各有不同，人事变动因素导致不同的意见或政策，以及幕僚在撰写编辑这些文件过程时因种种原因而出现的表达误差。（JP 5-0，p. IV-7）

②在计划制定活动中，指挥官及其参谋团队必须详细理解这些指示，并综合地将其内容转化为一套简洁的陈述……在整个计划制定过程中，联合部队指挥官及其参谋团队还应通过日常和持续展开的军—政沟通对话，以获得清晰的战略指示或指导。当无法清晰获得此类指导时，计划团队及指挥官应明确这一问题（将其作为一类风险）。（JP 5-0，p. IV-7）

③在决策层的政策和战略指导为行动计划活动指明（方向与边界）时，计划活动本身也有助于（上级）政策的形成……下级指挥官应该积极地与上级沟通并分享他们的观点，双方都应该尽早解决分歧。（JP 5-0，p. IV-8）

④指挥官应保持与各层级领导者的沟通与协调，以沟通解决对上级作战目的与意图的不同理解，以及实现这些目的的方式和手段。（JP 5-0，

p. IV-8）

⑤总统和国防部长可能会设定一系列行动（预期实现）的目的。然而，在缺乏一致的战略指导或指示的情况下，作战指挥官（CCDR）或联合部队指挥官（JFC）在形成他们本级行动的目的时，将需要与决策层加强协作。（战区层级的）行动目的的实现，应该有助于实现战略层级的目的，即战役或行动结束后（战略态势）应该实现的某些具体条件标准。根据持续展开的军政间沟通与对话，作战指挥官将明确行动在战区层级应达成的军事最终态势和目的，从而确定其本级军事力量在此过程中发挥的作用。这些（战略和战区层级的）行动目的，是展开作战设计的基础。（JP 5-0, p. IV-9）

⑥最终，指挥官及其参谋团队必须就他们（在展开计划活动中）应与哪些机构协作，以及在计划解决当前挑战（展开计划活动）时不涉及哪些机构等事宜，作出决定。此外，还要确定哪些（计划中的策略与措施）适应相关的战略指导框架，而不会出现违背和矛盾的情况。简而言之，需要从时间角度确定（何种预期行动的时限）是适宜的（考虑"作战区域"大小），哪些位于（待解决问题）框架之外但却较重要的事宜［考虑"（行动可能）影响的领域"的大小］，以及哪些位于（待解决问题）框架之外但仍受到关注的事宜［考虑"（行动的）关注区域"问题］。战区还要明确并将本作战司令部（CCMD）"战略指导框架"充分向下级沟通传达，以确保所有相关的行动参与方都清楚本级作战司令部聚焦关注的领域与事宜。

（2）理解战略环境（政策、外交和政治）。

①在此环节，指挥官及其计划团队要构建对战略环境的理解。这将构成（后续拟定的）作战方法所必须适应的边界。在此期间，考虑的相关因素如下。

a. 在当前美国政策及外交、政治环境下，哪些行动或计划活动的假定（assumptions）将是可接受的？

b. 美国的行动将对第三方产生何种影响（聚焦军事领域的影响，但也要明确可能的政治后果）？

c 美国政府当前的国家战略目的是什么？这一目的是长期的还是短期的？它们是否会导致意想不到的后果（例如，如果向某个国家提供武器，是否有足够的时间对这些武器形成强有力的控制措施，使武器不会被用于美国非预期的目的）？（JP 5-0，p. IV-9）

②涉及作战环境的战略层级考虑事宜，需要分析的因素包括地缘政治区域、国别和大范围内的气候，而非当地的地理与气象状况。考虑作战环境时，战略层面上非军事领域的方面的重要性更高。（JP 5-0，p.IV-9）

③作战环境联合情报准备（JIPOE）流程，对此步骤有所助益。

2. 理解并框架化作战环境

环境框架描述了危机态势及行动的背景，表明了（当前的）态势环境是如何演变成为当前状态，以及未来它可能如何演化发展。指挥官及其计划团队将分析当前的环境条件，并确定预期作战环境未来应演化的状况。环境框架（environmental frame），还应描述态势及环境未来演化的其他可能，以及其他相关行动方可能预期的演化状况（或者说，如果完全不对态势采取某种行动施加影响，态势或环境将演化的状况）；计划团队在形成作战方法时，不仅应考虑实现本级预期的最终态势，还要杜绝环境向非预期方向甚至完全相反的方向发展。计划团队要将当前环境态势与己方预期的最终态势相比较，进而明确需要确定的差距条件（为使最终态势及环境的发展达成预期状态），在确定差距条件时还要考虑在己方不采取应对行动时，态势与环境自然演化发展后的状况。这类自然演化的趋势仍较为重要，因为它们是计划团队设计相应行动使态势向预期条件、状态演化的基础。

在框架化作战环境时，指挥官可通过质疑以下问题，强化对作战环境的理解。

①到底发生了什么？

②态势会如何发展？

③引起相关行为方冲突的是什么？

④相关行为方的优势和缺陷是什么？

⑤这意味着什么？

⑥为什么情况（或预计未来的情况）是非预期的？

⑦真实的情况是什么？

⑧要使己方成功达成预期目的，（环境或态势）需要满足哪些条件？

⑨在形势向己方预期的成功发展过程中，有哪些指标？

⑩形势向错误方向发展时，会有哪些指标？

与战略指导一样，计划团队在理解作战环境时肯定有更多信息难以及时及时处理。指挥官及其参谋团队必须充分了解作战环境，以决定他们需要聚焦作战环境中的哪些部分并进行分析，以及为应对当前挑战无须考虑作战环境中的哪些部分。决定在应对解决威胁，考虑相关行为方等事宜时，当前"环境框架"范围内哪些环境要素需要考虑。这并不会否定作战指挥官所需关注的其他类型的环境要素。更好地理解作战环境有助于确定哪些时限节点是适宜的（考虑"作战区域"的大小），哪些位于（作战环境）框架之外但却较重要的事宜［考虑"（行动可能）影响的领域"的大小］，以及哪些位于（作战环境）框架之外但仍受到关注的事宜［考虑"（行动的）关注区域"问题］。战区指挥官还要明确并将本作战司令部"环境框架"并向下级充分传达沟通，以确保所有相关的行动参与方都清楚本级作战司令部聚焦关注的环境要素领域与事宜。例如，某作战指挥官决定本级计划团队分析框架化中东阿拉伯半岛作战环境，但这并不妨碍计划团队在考虑在阿拉伯海作战环境时，同时兼顾考虑也门和红海的相关挑战，以及这些域外环境和挑战会如何影响在波斯湾的行动，但这些（也门也红海的安全威胁）确实在计划团队的工作重点之外。

（1）理解作战环境。

①作战环境（OE），是一系列影响作战能力运用和指挥官决策的条件、环境和影响因素的组合。作战环境，涵盖空中、陆地、海洋和空间领域的物理域因素，以及电磁波谱、信息环境（包括网络空间）等非实体域因素；以及在这些区域内与特定联合作战行动相关的敌方、己方和中立行为方等。（JP 5-0，p. IV-10）

对于大多数军事行动而言，观察这些相互关联的挑战的一种方式，是从体系或系统的维度进行审视。在从系统角度观察的过程中，为了理解（相关因素间的）因果关系，考虑系统中关键要素之间的关系至关重要。就是说，理解是什么导致（作战）环境向（对己方）不利趋势发展，以及需要做什么才能使此类环境向对己方更有利的方向发展。理解因果关系，需要理解敌对的、（自然）环境的和己方的体系（这三者共同构成作战环境）。（理解作战环境）最初的任务，是通过收集和分析大量的数据，来建立关于对手、己方、相关中立方或其他攸关方的"信息基线"（baseline of information，即明确可认知的信息基础）。

②作战环境联合情报准备（JIPOE）过程，是用于描述与作战或战役相关的作战环境的各个方面的全面分析工具或过程。（JP 5−0，p. IV−10）

③指挥官必须能描述作战环境的当前状态，以及在行动结束时对作战环境的期望状态（期望的军事最终态势），并构想（visualize）解决问题的方法。计划团队可以将作战环境的当前状态与预期状态（条件）进行比较。在计划活动早期，明确（行动达成时）必要实现的客观条件状态和终止标准，将有助于指挥官及其参谋团队运用效果线（LOE）或作战线（LOO）等作战设计工具，设计一整套作战方法，将作战环境的各个当前状态或条件与期望最终态势的各个具体状态或条件关联起来。（JP 5−0，p. IV−10）

④在分析当前和未来的作战环境时，参谋团队可运用"政治、军事、经济、社会、信息、基础设施"（PMESII）分析框架，来确定作战环境各类要素与特定作战或战役活动的关联关系及其相互依赖。（JP 5−0，p. IV−10）

对作战环境的分析过程，必须确保创建的 PMESII 分析框架中列出的分析项列表，不仅仅是对（各类环境）信息的简单分类，更要（有助于）确定各种行为方及环境要素之间的相关性及关键联系，从而更好理解（环境中相关要素的）因果关系。当然，在此分析过程中 PMESII 分析框架很有用处，但计划团队必须要注意的是，不要对各分类进行"烟囱式"的分析（stovepipe the analysis），更重要的是分析并理解 PMESII 各分类项目中的要素之间的动态关系。这一分析过程，将形成对相关敌方、对手、中立方和己方各系统的整体观点，而且上述几类系统作为一个复杂的整体，处在一个更大的包含许多外部影响的体系之中。虽然认知整个系统中的节点和链接，可能有助于理解并描述作战环境中的重要项目或要素；但更重要的是，描述那些（作战环境 PMESII 中）能够直接或间接地影响解决当前问题的子系统或要素之间的相互关系。指挥官及其参谋团队必须理解，（作战环境中）相关要素的关系，尤其是涉及人际间关系，是非常动态的。这些动态关系常常使我们很难确定明确的（相关子系统或要素间的）因果关系，也使得计划团队难以认知到他们所设计的作战方法中的那些具体行动，在实施后是否会产生预期效果。这一困境，又反过了强化了计划团队作战设计时反复迭代本质的重要性，即"随着行动展开跟进认知理解"（再反馈回作战设计及作战方法）。

⑤（分析理解作战环境时的）关键输入：战略指导；对冲突本质的认知；相关历史；实体性和信息要素［空、陆、海、外空实体域，电磁和信息虚拟域（含网络空间）］。

输入信息的类别，参见附图 4。具体又可分为：

a.（作战环境中的）地理性特征和大气水文特征；

b. 人口统计因素（民族类别、意识形态派别、宗教团体和教派，语言或方言群体分布、年龄分布、不同收入群体分布、公共卫生事宜等）；

c. 作战环境中的对手、中立方及盟友的社会和文化因素（信仰，他们如何及从何处获取信息，媒体渠道的类型和位置）；

d. 政治和社会经济因素（经济体系、政治因素、部落派别等）；

e. 基础设施，如运输、能源和信息系统等；

f. 作战限制，如交战规则（ROE）、武力使用规则（RUF）或在美国法律、国际法律及驻在国协议中明确的对军事行动的法律限制；

g. 所有友方、对手和敌人的常规、非常规和准军事力量，及其总体能力和各自的战略目的（包括所有已知或被怀疑拥有的化、生、放及核威胁能力）；

h.（自然）环境状况或条件（地震、火山活动，污染、自然疾病）；

i. 关注区域（AOI）内存在的毒害工业或材料设施的位置，这些点位被攻击可能导致化、生、放或核灾害；

j. 敌方决策活动的心理特征；

k.（作战区域内）所有外方使领馆、国际组织和非政府组织（NGO）点位位置；

l. 所有友方和敌方源自其外空资源所获取的军事、商业能力，它们的当前及潜在运用价值，及其关键脆弱点；

m. 认知（对手的）在网络空间内展开行动能力和意图，其网络空间内（各层级）重心（COG），及其（网空）力量、人员个体和组织的关键弱点；

n. 可能影响对手维持（与己方）敌对行动的金融网络。

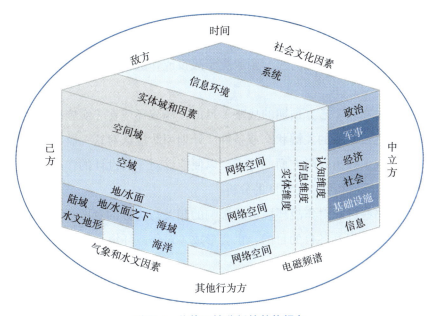

附图 4   作战环境分析的整体视角

（作战环境）分析（敌对方、中立方和友方）要点如下。

倾向和潜在趋势（tendencies and potentials）：倾向反映了（各行为方）以某种方式思考或行为的模式。（思维或行为）倾向，不能被认为是确定的（一成不变的），而是相关行动方思维或行为的（惯常）模式。认知（思维或行为）倾向，有助于确定有关行动方在（有或无）外部影响的情况，

（进行思维或展开行为的）可能性的范围。一旦明确（这类思维或行为倾向及其潜在趋势），指挥官及其参谋团队将评估这类倾向，在作战环境中呈现出来的潜在可能性及形式。要谨记的是，复杂的作战环境会持续演化发展，因此计划团队需要预测并设计当前的作战环境（如何）演化发展到未来（的期望状态），从而能够更主动地影响此演化过程。如果没有某些影响作战环境演化的外部因素，作战环境仍会因其体系内在的演化趋势而发展变化。因而，重要的是，认知理解环境体系的自然演化倾向，并预测系统（内生演化）惯性会导致环境呈现何种状态或条件。考虑到作战环境的这种自然演化倾向，我们可能能够更好地明确（达成战略或作战意图与目的）所预期的最终态势。计划团队也可以运用（他们对作战环境自然演化的）理解和洞察，来促进他们设计合适的作战方法。至于对（作战环境演化的）未来进行预测的时段或时点，则取决于战役或作战行动（预期持续的）时段长短。

描述为实现（己方预期的战略）目的，作战环境在（实施行动的）未来必须呈现或具备的关键状态或条件。计划团队应该对这一整套状态或条件（的实现）提出时限方面的考虑，以便能够对（其设计的作战方法或方案）进行可行性和可接受程度的分析。

确定那些可能对作战环境造成影响的相关行为方的意图与目的。这些行为方对于实现其各自的目的，也会形成（对作战环境预期演化的）不同的状态、条件集。

⑥（分析理解作战环境时的）关键输出包括以下几方面。

a. 对当前作战环境的描述：作战环境的体系维度；影响作战环境的实体和信息（虚拟域）因素；己方/敌方各层级重心（COG）。

b. 对预期作战环境的描述如下。

军事维度的最终态势——所需的状态、条件集，这些条件集界定了（行动）实现所有军事意图与目的后达成的具体标准。这通常代表着某个时间点和/或（作战环境）状态，超出此时点或状态后，总统将不再需要运用国家实力要素中的军事能力作为其实现后续国家目的（战略意图）的主要

手段。（JP 5-0，p. IV-20）

有关国家战略最终态势的案例：（通过行动实现）经济上可自足、稳定，且没有能力胁迫其邻国的 X 国。

（与上述国家战略最终态势相关的）军事最终态势的案例：X 国无法对其邻国投射并运用其军事力量。

（与军事最终态势相关的）终止态势标准（termination criteria）：由总统和 / 或国防部长审批的特定状态或标准，在军事行动正式结束着，这些标准或条件必须实现或满足。终止态势标准，是确立军事最终态势的关键要素。终止态势标准，描述了在军事行动停止时作战环境必须满足或呈现的状态条件及标准。这些条件或标准，必须是可实现且或衡量的……（JP 5-0，p. IV-19）

有关终止态势标准的案例，包括：Y 国边境实现安全状态，Y 国的国防军足以应对其内部叛乱，X 国不再拥有足以击败区域内其他国家的进攻性军事能力。

c. 描述敌对方的最终态势。（JP 5-0，p.IV-11）

3. 理解并框架化（待解决）问题

联合部队指挥官（JFC）对作战环境的理解越成熟、深入，就越能够聚焦（当前环境中要解决的）"张力"与"问题"。指挥官试图通过构架化（结构化）当前环境中要解决的问题，来探究对环境中冲突的解释。虽然这些问题的根本原因可能是可认知的，但它们可能是无法被解决的。在框架化问题时，计划团队应试图找到（这些无法解决的）问题的缓解或管控途径，进而最终有助于实现预期的最终态势。这包括寻求一种对必须加以解决或应对的"张力或问题"（以达成预期最终态势）的清晰理解，以及通过"收敛"相关行为方预期状态或条件（即找到各方具有共识的状态或条件）找到哪些领域或时机，有（与其他行动方）联合行动的机会。再一次强调，对此适宜的类比如：作战司令部（CCMD）要解决的问题逻辑上是其责任区（AO）内的问题，而影响这类问题解决的、但位于其责任区外的因素或事宜，逻辑上则应作为该作战司令部的逻辑影响区域（logical area of influence）

内的问题；需要对这些（本司令部责任区以外的）影响因素或事宜进行监控，但不能对其采取行动（施加影响）的因素或事宜，则是该司令部逻辑上的关注区域（logical area of interest）内的问题。

在理解并框架化待解决问题时，指挥官可作如下质疑：

①哪些（状态或情况或条件）需要改变？

②哪些（状态或情况或条件）不需要改变？

③会有哪些机会与威胁？

④我们如何从（环境的）当前状态或条件，达成预期的状态或条件？

⑤（作战环境的）当前与预期状态或条件之间，存在着什么样的"张力或差距"？

⑥在己方（对作战环境演化的）预期状态或条件与敌方对环境的预期状态或条件之间，存在着什么样的"张力或差距"？

⑦在实现（作战环境演化的）预期状态或条件中，存在什么样的风险？

（1）界定问题（defining problems）

①界定（或者更准确的是"框架化"）问题，是解决问题所必需的前置环节。它涉及在复杂、缺乏结构化的环境中找到问题的本质，进而理解并分离出导致问题的根本原因。（JP 5-0，p. IV-14）

②界定问题，始于对相关行为方（思维或行动）倾向及其潜在趋势的回顾，进而辨识出这些行为方各自（对作战环境演化的）预期状态或条件及其目的之间的相互关系与相互作用情况。（JP 5-0，p. IV-14）

③问题陈述（problem statement），要阐明相关作战变量（operational variables）将如何被预期抗拒或促进（作战环境的）演化，以及作战环境（内生演化的）惯性将如何被利用以确保（己方的）预期最终态势条件得以实现……问题陈述，还应明确那些将现有（战场环境）状态或条件转换为期望的终态的行动领域……明确（对抗双方）存在着"张力"和竞争的领域，以及机会和挑战，这些都是指挥官必须加以应对的，以实现（作战环境）从当前状态或条件向预期终态演化。（JP 5-0 IV-14）

④对于界定问题，至关重要的是判断明确需要采取哪些行动（如何），来"调和"当前（作战环境）状态或条件与预期条件之间的差距。（JP 5-0，p. IV–14）

⑤在界定问题时，要明确并阐明：

a.（作战环境的）当前状态或条件与预期终态时的状态或条件之间的"张力或差距"。

b. 在实现预期最终态势时，作战环境中的哪些子系统或要素必须出现变化或维持不变？

问题框架化的一个重要部分，是确定作战环境中的哪些因素和关系，需要采取行动对其施加影响，进而使其演化发展与预期的状态或条件集相调和。（环境中的）有些状态或条件，对成功达成预期目的至关重要，而另一些条件则不然。在确定问题时，作战计划团队要重申己方期望的未来（环境）状态或条件，与可能出现的状态或条件之间存在的"张力"及可能的机会，并明确那些存在着"张力或压力"与机会的领域，这值得作为备选域或机会以进一步展开可能的干预。（参见附图 5）

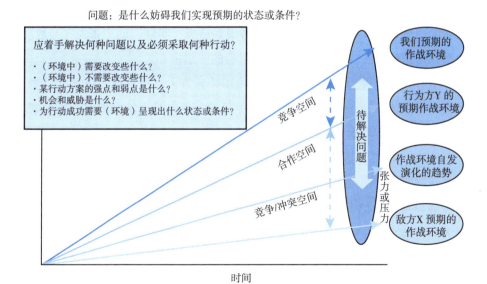

附图 5　描述待解决问题的"张力或压力"

c.可资运用的机会和威胁，或者妨碍联合部队指挥官（JFC）实现预期的最终状态。

d.作战限制。（JP 5-0，p. IV-14）

⑥尽管理解作战环境当前与期望最终状态或条件之间存在差异的根本原因非常重要，但计划团队为实现（作战环境演化）向预期状态或条件转化，可能无法甚至无须去解决（相关问题存在的）根本原因。相反，他们应该感兴趣的是，明确问题，以及还要做些什么才能（促使作战环境演化）达成己方预期的状态或条件。例如，如果是作战司令部（CCMD）的计划团队，其设计的作战方法将协调运用军事力量与其他国家实力要素工具，以达到理想预期军事终态状态或条件。作战设计，可能会暴露出一些超出联合部队指挥官职权范围的问题。在这些情况下，多国伙伴、相关政府机构或非政府机构，应牵头解决或管控这些问题。

⑦重心（COG）分析。在理解（待解决）问题时，探究并明确相关的"张力"，正在于理解己方所面临的本方、敌方或问题的重心。虽然JP 5-0将重心分析置于作战环境分析框架之内，但USAWC认为它更适合置于问题框架化的范畴内，因为存在于敌对环境中的重心，涉及道德意志和/或实体领域的冲突（JP 5-0，p. IV-23）。应考虑到造成"问题"的"张力"与敌对关系，否则就无法找到（敌或己）方对应的一组重心。

重心，是某种力量的源泉，它提供了（各方）在精神或实体域的力量、行动的自由或意愿……每个（行动的）目的，总与某个特定的重心相关联。在战争的不同层级，存在着不同的重心，且这些（各层级的）重心也（由低层次至高层级）嵌套着。在战略层面，一个重心可以是一支军事力量、国家间联盟、政治或军事领导人、一系列关键的能力或职能，或国家意志。而在战役或作战层面，一个重心通常与对手的军事能力相关联——如一支强大的武装力量——但也可能包括作战环境中的其他能力。重心结构分析，是一套有用的分析工具，可以帮助联合部队指挥官及其参谋团队分析己方和对手的力量来源及其弱点和易损点。重心，形成自对抗双方的竞争关系，它们不会存在于纯粹的（不论及对抗双方的）战略或战役之中。（JP 5-0，

p. IV–23）

计划团队，应在以下三类关键因素的框架内，展开重心分析。

a. 关键能力（CC）：（敌或己）为达成各自行动目的，所必需的主要能力。

b. 关键需求（CR）：双方重心为实现或履行其关键能力（CC）所必需的状态或条件、资源和手段等。

c. 关键弱点（CV）：在重心的关键需求中，那些存在着缺陷或易受直接或间接攻击，致取得决定性或重大结果的要素或部分。

⑧简明的问题陈述（problem statemen），用于清晰地界定问题或要解决的问题集。在敌方开始采取行动促进作战环境向对其有利的趋势发展之前，（计划团队的问题陈述还要）辨识确认如何将作战环境的当前状态或条件向预期终态演化，考虑当前（敌对双方的）的"张力"与对抗会如何影响作战环境。此类问题陈述，还要概略地阐述（将作战环境向己方预期终态）转换的相关需求，预测作战环境中的相关演化，同时识别确认上述演化转换中的关键转折（点或状态或条件）。（JP 5–0，p. IV–15）

"问题陈述"的样例如下：

某国国家安全部队尽管可以获得外部资金和资源，但仍无力击败该国境内的叛乱分子和恐怖主义分子，这对美国在未来两年内撤出其作战部队的国家目的构成了威胁。

类似地，也可运用以下的问题陈述：

➤ 叛乱分子和恐怖主义分子仍然使该国的安全处于危险之中。该国国家安全部队未准备好承担国际安全援助部队（ISAF）撤离后的全部安全责任。而且，即便有来自外部充分的财政和资源支持，仍不清楚他们能不能在过渡期后维持该国安全。在接下来的两年内，该国国家安全部队必须完成与国际安全援助部队在安全责任方面的交接过渡，并在该国境内提供安全保障。为达成这些状态条件，该国国家安全部队将需要持续的援助。

（2）明确计划活动持续展开所需的战略或战役级"假定"（assumption）

①在（计划所需的）信息或战略指导不充分的情况下，指挥官及其参谋团队应明确相关假设，以促进针对构架化的问题形成解决方案。为使计

划活动得以持续展开，应（为计划活动）设定具体的条件或边界（即"假定"），这类假定陈述应以"将会"（will）或"不会"（will not）来表达，而不应使用"应该"（should）或"可能"（may）这样的表述。（JP 5–0，pp. IV–15 and 16）

②（战略层级的）计划团队，应经常与国防部长办公室（OSD）和国防中的领导层探讨其计划活动的假定，以检视决策层是否在（计划涉及的）政策和指导方面会出现影响计划假定的变动情况。例如，（武装部队）获取进驻或进入（第三国）的许可，（行动）将获得盟国或多国伙伴的支持与贡献，或者预测的某种威胁行动及应激行动。（JP 5–0，p. IV–16）

4. 形成作战方法（operational approach）

作战方法的概念形成和提出，源自不断深化对作战环境及问题框架的理解，进而进行综合分析而产生的。制定作战方法的目的有三。第一，它为多个行动方案（COA）的制定提供了聚焦和边界。第二，它明确了（针对待解决问题的）解决方案的假设（solution hypothesis，即预测能解决问题的解决方案），解决方案在整个作战过程中，将成为计划实施和评估行动效果的基础。第三，通过作战方法来检视战略指导、作战环境及（待解决问题的）框架化，使计划团队能够持续综合考虑各方面因素与信息（以便在行动实施过程中持续修订完善计划活动）。

（1）拟制作战方法

①作战方法，将支撑后续的作战行动及计划细化的活动。（JP 5–0，p. IV–17）

②作战方法，是指挥官为实现其军事目的（进而支持实现国家意图或军事最终态势）对其部队采取宽泛行动的概略描述。作战方法，是指挥官对作战行动如何将当前（作战环境的）状态或条件演化转变至预期状态或条件的总体设想与构思；换言之，作战方法，是指挥官设想的某种方法（way），它使作战行动结束时作战环境终态的状态或条件，能够支持国家（预期实现的）目的与意图。（JP 5–0，p. IV–16）

③虽然在整个过程中都要考虑作战设计的相关要素，但正是在作战设计

224

方法论（op design methodology）的这一阶段，这些要素的运用最为突出。它们可以帮助计划团队后续继续使用联合计划制定流程来构建设计作战方法。

④行动终止标准（termination criteria），是由美国总统和 / 或国防部审批的特定标准，在军事行动结束之前这些标准必须得以满足或实现。终止标准，是确立军事最终态势的关键要素，它准确描述了军事行动结束时作战环境（OE）必须得以存在或满足的状态或条件。这些状态或条件必须是可实现且可衡量评估的……（JP 5-0，p. IV-19）

⑤军事最终态势（military end state），是定义实现所有军事目的（objectives）所需的一组条件。它通常代表一个时间点和 / 或状态，超过这个时间点或状态，总统就不需要国家力量的军事工具作为实现其余国家目的的主要手段。因此，军事最终态势往往与行动终止紧密相连。虽然它可能反映了国家战略最终态势的很多具体状态或条件，但军事最终态势通常会更为具体，并包含其他支撑性条件。（JP 5-0，p. IV-20）（参见附图 6）

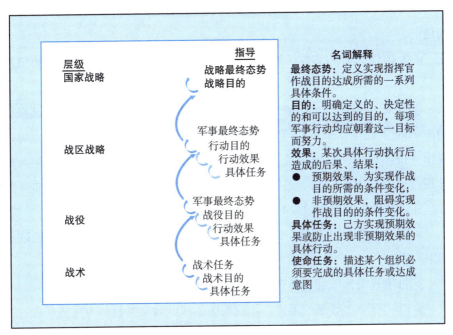

附图 6　最终态势—行动目的—效果—具体任务

⑥目的，一旦军事上的最终态势被理解、（行动的）终止标准被确立，作战设计将随着战略或战役的军事目的（military objectives）的制定而持续展开。一个（行动的）目的，应是被清晰界定的、决定性的且可实现的。在形成一项行动的目的时，有四个主要的考虑因素：

a. 一个目的，确立了（行动实施后）预期实现的单一结果（a goal）；

b. 一个目的，应直接或间接地将上级的行动目的与（行动的）最终态势关联起来；

c. 一个目的，是明确且不含糊的；

d. 一个目的，不应暗示（行动的）具体方法（ways）和 / 或手段（means），它不应被当作某个具体任务（task）加以描述。

有关军事行动目的的案例如下：

a. X 国和 Y 国此前敌对的边境形势恢复正常；

b. X 国的进攻性军事能力被削弱至无法攻击其邻国的水平；

c. X 国不再支援区域性叛乱组织和 / 或恐怖团体，这些因素威胁其邻国的稳定；

d. X 国仅拥有防御性（军事）能力，并被整合入区域合作防务协议框架下。

⑦效果（effects），是指一个系统的物理和 / 或行为状态，它源自某次行动（action）动作、一系列行动或其他效果。预期的（行动）效果，也可以视作支持实现相关目的的某个状态 / 条件（condition）；而非期望效果，则可视作一类抑制（行动）进展朝着预期（行动）目的演化发展的状态 / 条件。在表述预期的行动效果时，有四个主要考虑因素。

➤ 每项预期的（行动）效果，应直接与一项或多项（行动）目的联系起来；

➤ 每项效果，就都是可观测、可衡量的；

➤ 对（行动）效果的阐述，不应明确达成此效果的具体方法或手段；

➤ 某项（行动）效果，应与行动的目的（objective）有所区别，行动的效果应视作支持目的（实现的）某个具体状态 / 条件，而非另一项目的或具体任务。

⑧力量和职能（forces and functions），指挥官及其计划参谋团队可制定聚焦于击败敌方力量、职能（或两者兼而有之）的战役和作战计划。

⑨决定点（DP），某个地理位置、特定的关键事件，某项关键因素或功能，当上述对象发挥作用或起效时，指挥官可以获得明显的优势，或对取得行动成功做出重大贡献（例如，创造某个预期行动效果，实现某个行动目的）。决定点，可极大地影响行动的结果。尽管决定点通常不是重心（COG），但往往是攻击或保护重心的关键。

决定点，可能本质上是实体性的（physical），如某个受限的海道、某个城镇、WMD 能力，或者摧毁或瓦解某个关键的叛乱组织。某些关键事件，如一次选举、某个受损关键基础设施的修复、某个人口中心遭到控制，或组建一支有能力的当地警察部队，可能都是"决定点"。在其他情况下，决定点，也可能是系统性的，如政权关键领导人之间的政治联系，特定的有影响力的社会群体之间的信任，或败坏对手领袖的名声。

有时，计划团队可能无法发现某个与（对手）关键能力相关的易损点或易损性；因而，可能不得不攻击（对手的）某些强点，以发现或创造更多易损点。在某个领域利用对手的易损点或弱点（vulnerability），可能使其在更大领域暴露出弱点。例如，扰乱对手的蜂窝电话网络，可能导致敌方使用信使（来传输信息），这又会进一步暴露出其力量和补给的关键输送路线，进而可监控这些路线并在合适时节实施攻击。

计划团队必须判断、确定并排序那些可在作战环境中，为达成预期行动效果提供更优机会的易损点（弱点）、能力或关键事件，从而达成行动的目的。一些潜在的决定点案例，可能包括：

a. 部署部队及作战力量机动所需的战区内港口、机场、铁路线或公路；

b. 海上或陆上"瓶颈"点，如运河、海峡或山地隘口；

c. 为驻在国或东道国安全部队提供训练基础设施；

d. Z 国开始实施有效的平叛作战；

e. 可信的全国性和地区性选举。

决定点，通常能够且也应该被转化为作战线（LOO）或效果线（LOE）上的过渡性行动目的。以上述第一个决定点的案例为例，设定的一个过渡性目的可能是，确保"战区内港口、机场、铁路线和公路的安全"。决定点，或源自它设定的过渡性或中间（行动）目的，可用作战线或效果线组织进来，以便为指挥官描述、构想战役行动提供一套框架。它们使指挥机构得以组织、协调并同步联合的、联军的及机构间的各类行动。

⑩作战线和效果线，指挥官可利用作战线、效果线，将各类行动目的与某个聚焦的、统一的行动意图（purpose）关联起来。

作战线，明确了与敌方相关的己方部队的"内线"（interior）或"外线"（exterior）朝向，或将各类节点上的具体行动（actions）与某个行动目的相关的时间、空间上的决定点关联起来。作战线，表述并连接着一系列决定性行动，这些行动将导致对某个地理性或与部队相关的行动目的的实现。

效果线，运用"（行动）意图"（实现的）逻辑——即意图达成的"因果关系"，将多个具体任务（task）和使命（mission）关联起来，以便将行动力量的努力聚焦于实现确立的战役和战略（效果达成的）状态或条件。

作战设计时，当设计活动与敌方或对手的（地理）位置缺乏相关性时，运用效果线就必不可少。效果线，还可将目的、决定点和重心（COG）关联起来。（JP 5-0，p. III-6）（参见附图7、附图8）

⑪直接或间接方法（direct/indirect approach），是指指挥官对付某个重心的方式。直接方法（direct approach），是通过运用作战手段或方式，直接对敌方重心或其主要强点（principal strength）施加影响。间接方法（indirect approach），则是通过利用作战力量针对（敌方重心中的）关键弱点（CV）施以攻击，进而规避敌方强点并导致敌方重心崩溃。

⑫预测（anticipation），作战行动的设计或计划团队，必须考虑（行动中）可能发生的事情，并找到这些可能事件出现的征兆。在行动实施期间，联合部队指挥官应保持警觉，以应对非预期的意外情况及潜在的利用这些事件的战机。

作战设计，是迭代展开的。作战计划团队应该（随时）重访每个框架

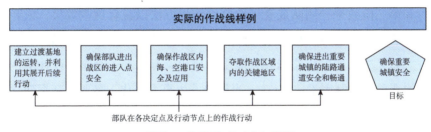

附图 7　作战线（LOO）样例

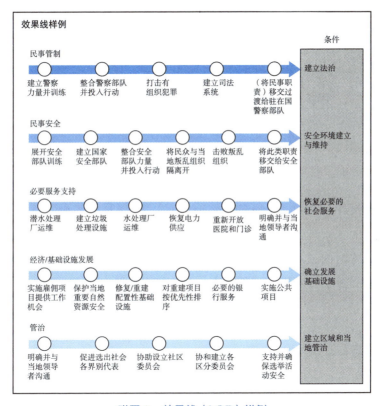

附图 8　效果线（LOE）样例

中的各个环节。（在作战环境出现新变化时）返回环境分析框架，分析（设计的）作战方法对环境的潜在影响。对于作战行动，尽管行动的第一阶效果（直接效果）应该如预期那样实现（毕竟相关的作战方法就是为达成此效果而设计的），但团队必须仔细考虑行动造成的潜在非预期效果（衍生、级联至高阶的间接效果）。要注意的是，对于行动可能导致的任何非预期第二阶和第三阶效果，团队或者采取修订作战方法以减轻这些效果，或者将作战方法中蕴含的可能风险报知给相关参谋团队或共同行动并感兴趣的参与方。如果决策层的战略指导可能出现变化，意味着（给作战设计）带来了新的选项或限制因素。或许，（当形势发生重大变化）需要重新框架化需要解决的问题（如一场叛乱已经演变成内战）。因此（作战设计）迭代地检视相关因素（设计所需的前置条件和假定等），将可能形成截然不同的作战方法。

⑬作战范围（operational reach），联合部队能够成功运用其军事能力的距离和持续时间。"作战范围"的概念与作战线的概念密不可分。从最广泛的意义上看，（设计武装部队的）"驻扎或部署（位置）"（basing）是作战艺术或战役法中不可或缺的部分，因为它与作战线相关，并直接影响作战范围。

⑭顶点（culmination），作战行动在时间和／或空间上无法再保持其锐势动能的点。

⑮安排作战行动（arranging operations），指挥官必须确定联合部队及其行动的配置安排，以实施完成指派的具体任务的使命。考虑最优化的行动（逻辑或时间或空间）顺序（即安排行动），有助于确定各类活动在时间、空间和效果目的维度上的节奏。计划团队在安排作战行动时，应考虑的因素包括（行动的）同时或同步性（simultaneity）、纵深（depth）、时序（timing）和节奏等。

（2）确定决策和决策点（decision points）（外部上级机构）。

在行动计划期间，指挥官还需要将（作战中）上级需要作出的重大决策（项目）、何时作出这些决策，以及在作出这些决策或延误决策所蕴含的不确定性和风险，知会给上级决策方。这将为上级的军政领导层，提供提前进行决策的模板和示警，并为他们提供跨部门、协作伙伴和盟友之间寻求替代方案的机会（需要上级投入额外的行动资源，提前展开协调并获取），以及避免（局势）升级。（指挥官的）相关决策矩阵表格（decision matrix），还要为支持情报收集计划（intelligence collection plan）实施，确定所需的预期指标或征兆（expected indicators）（即战场环境中出现某些征兆或迹象后，作出实施某类情报收集计划的决策）。（JP 5-0，p. IV-17）

（3）更新作战方法。

理解态势并设想（针对危机或问题的）解决方案，只是应对作战方法设计挑战的一部分。这种（指挥官的）理解和设想，必须向其他指挥官、领导层和计划团队描述，以便他们能够帮助具体细化解决方案（形成行动方案或计划）。这两类活动（理解态势、设想解决方案）的综合，可通过指挥官的作战方法来呈现。作战方法，描述了指挥官对战役影响因素的理解，及由此形成的对解决方案的设想。他必须清楚地将他的综合性（作战方法），传达给他的参谋团队和其他将参与计划与实施活动的各相关方，通常可通过指挥官的初始或更新计划制定指导来传达这些信息。

①在整个计划过程中，（行动涉及的）指挥链上的各级指挥官及其参谋团队（应对各级的作战方法）进行正式和非正式的讨论。这些讨论有助于细化、修正可能影响作战方法的假定、限制和决策点，并确保计划仍然是可行的、可接受的和充分的。

②指挥官基于（指挥链上）各层级指挥机构（对作战方法）各类正式或非正式讨论的反馈，以及其他相关信息，进而调整修正自己的作战方法。（JP 5-0，p. IV-17）

作战方法，不仅可以帮助向计划团队和作战（指控）团队传达指挥官的计划制定指导，而且还可向后者传递指挥官计划指导的逻辑。作战方法，是将战略指导、作战环境理解，（待解决）问题框架化及（解决方案的）概念构想的综合性呈现。作战方法，应包括每个框架化步骤或环节背后的逻辑（可用图形化或叙述呈现）。综合化的作战方法的产物，包括：

a. 指挥官对上级指导的理解；

b. 描述作战环境的系统关系图表；

c. 关键行为方关系图表；

d. 对哪些因素可能导致（环境中）关键状态或条件转变的描述；

e. 描述（行动的）预期最终态势；

f. 对替代最终态势关键方面的描述（预期态势无法达成、可接受的其他最终态势）。

（4）制定计划制定指导。

①最低限度上，应在任务分析阶段结束时，指挥官发布其计划制定初始或更新指导（planning guidance），并随着对作战环境、待解决问题理解的深入及对作战方法构想的成熟，（向计划团队）提供修订后的计划制定指导。（JP 5-0 IV-17）

②指挥官应通过其计划制定指导，向其参谋团队、其他（计划活动涉及的）伙伴方，提供对作战环境和待解决问题的概要，以及（他本人）对作战方法的概略设想。（此计划制定指导）应概述并阐明，军事力量和联合作战行动，连同其他适用国家实力要素工具（外交、情报等），将如何实现战略成功；以及本级指挥机构将如何衡量评估（计划或行动的）实施进展和军事行动的成功。（JP 5-0，p. IV-17）

③基于指挥官个人习惯及其所处指挥层级，计划制定指导的格式各有不同，但该指导文件应充分描述指挥官对作战环境理解的逻辑、方法，并连贯清晰地描述（指挥官主导完成的）作战方法。它可能包括以下内容要素。

a. 描述作战环境。综合运用文字、图表呈现作战环境中（关键）要素或节点间的关系，以及形势呈现的张力与冲突，这将有助于将指挥官对作战环境的理解传达给参谋团队及其他伙伴方。

b. 界定待解决的问题。阐述性的问题陈述，包括解决问题的时限框架，将更好地将指挥官对（待解决）问题的理解传达给参谋团队。

c. 描述作战方法。综合性的作战方法表述文字，将描述行动的目的、决定点和潜在的效果线或作战线，以及行动的限制因素摘要（禁止性和约束性限制）和风险（那些可接受的或不可接受的风险因素），这将有助于清晰阐述作战方法。

d. 提出指挥官的初始意图。指挥官的初始意图（initial intent），描述了行动的企图目的、预期的（行动）战略最终态势、军事上的最终态势及与战役或作战行动相关的作战风险。此部分内容还包括，在作战行动中指挥官如何看待行动的风险问题（接受哪些风险、接受到何种程度）。它还要组织预期（行动实现的）状态或条件（即这些条件的优先级排序），并从时间、空间和意图维度对（设计的）各类潜在具体行动的组合与安排……它可能还包括作战的目的、方法和效果方面的指导。（JP 5-0，p. IV-18）

六、作战设计活动组织

　　成功运用作战设计方法的关键，在于形成鼓励开放的对话和思想交流的氛围。这种交流不仅是组织内部的交流，而且纵向上是上下级、横向上是本级与其他相关合作方的交流。正是通过这种交流，所有行动参与方才能达成共同的理解和共同的愿景。尽管高层级的决策层及其参谋团队可能会对待解决问题，有着清晰的战略理解，但那些在较低层级的指挥官及其参谋团队可能会更深刻地理解当地的具体环境。合并这些战略、战术维度，对于实现（指挥链两端）形成共同的愿意或综合各方面认知是至关重要的，这有助于实现上下各级努力的统一。因而，作战设计在多机构及联军行动的背景下，尤其具有吸引力。

　　有很多种方式可用于组织作战设计活动。具体采取的某种有效组织方式，取决于几个方面的因素：组织氛围，指挥官参与作战设计活动的程度，参谋团队的的规模、经验和接受相关培训的情况，可用的时间，以及（待解决）问题的复杂程度。设计团队的配备应保持足够的规模，以便能够在设计时提供各种不同的视角，以推动设计活动向前发展，但其人员规模又不能过大导致妨碍就设计中的相关问题达成共识。设计团队应在设计中努力寻求视角与观点的多样化，并根据需要就特定的专业问题咨询专业人士的建议，以便向相关人员通报设计情况并扩展设计中的分析过程。通常而言，高层级的司令部配置有更多的参谋人员及设计时的可用时间，将比低层级指挥机构处理更为复杂性的作战设计问题，这意味着高层级指挥机构的设计团队，其规模更多，总部也将有更多的工作人员和更多的可用时间，并将处理比低级别总部更复杂的问题，设计团队更大，设计过程中的视角更具多样化。

尽管"作战设计"和"作战计划"团队可能密切相关（甚至可能就是同一群人），但他们的角色却截然不同。"作战设计"团队专注于拓宽解决问题的视角，更好地理解情境，建立因果联系，并在必要时寻找新的范式。他们专注于探索和决策的艺术性。"作战计划"团队则专注于制定计划和决策的科学性。这两类功能角色都是必要的，但如果设计过程出现问题，计划团队可能聚焦于解决错误的问题；而如果计划团队出现失误，再好的解决方案也难以得到实施。

1. 设计团队的任务

为在发散、宽泛的分析与推进设计、计划活动进展之间取得合适的平衡（毕竟，设计活动旨在形成一个可实施的作战构想），计划团队负责人可以对其成员分配以下相应的任务。

（1）一些人专职记录分析研讨及其关键结果。

（2）一些人专门负责用图形化形式捕捉并反映（讨论中形成的）设想与主意（可用笔和白板作图，尤其是在框架化环境时）。

（3）一些人考虑并设计用于测试讨论中相关见解的标准与指标。

（4）一些人专门促进团队间的研讨。

（5）一些人负责对设计过程中的假定（assumptions）进行质疑（尽管所有成员都必须记住这一点）。

（6）一些人反复检视研讨设计的作战构想，确保其可行性（再次强调，这也是所有计划团队成员的责任）。

2. 挑战

一支作战计划团队，在计划活动中将面临此类活动固有的挑战，但团队的密切协调将克服其中如下的一些挑战。

（1）让设计中的分析探讨朝着有意义的方向进行。

（2）设定有效的开放性问题，激发作战设计中的相关思考。

（3）确保计划团队中的所有人员都能贡献其观点与想法，而无论其等级。

（4）帮助人们摆脱他们的思维定式和先入为主的观念。

（5）引导沟通与探讨而不加以限制，又要避免研讨过程过于发散，同时还要保持对新观点的开放态度。

（6）意识到（设计及计划活动）团队何时不必要再过于纠结于"细节"，并摆脱这些细节因素对计划活动的干扰。

（7）在团队成员之间发生争执、破坏团队氛围时，进行调节与管理。

（8）在整个团队活动过程中，平衡信息的输入。

（9）促进团队成员发散的分析与研讨最终汇聚，进而形成结论与决策。

3. 对作战设计团队负责人的有益提示

（1）指挥官应该直接参与设计活动。

（2）促进设计活动专注聚焦，限制干扰因素。

（3）避免在没有完成作战环境与待解决问题框架化的情况下，直接跳到探讨解决方案的环节。

（4）在写下任何内容之前，先进行探讨分析与对话。

（5）谨慎管控你自己的信息或观点，鼓励其他人员的参与。

（6）如果你是团队负责人，不要（过早地）倡导或赞同某个观点。

（7）问一些开放式和探索性的问题，来引发团队的分析与推理。

（8）领导者可以在一开始扮演引导者、倡导者的角色，营造一种富有成效、相互尊重且开放的工作氛围。

4. 工具和技巧

以下是来自 2015 年 7 月 1 日颁行的 ATP 5-0.1 条令《陆军（作战）设计方法论》中的工具和技巧，呈现了指挥官、计划团队和其他领导者在作战设计中的运用。

（1）头脑风暴和思维导图（参见附图 9）。头脑风暴，是一类激发团队创造性的思维技巧，利用团队中每个个体的不同观点来形成和建立特定观点与想法。如果有效地运用，它将产生大量想法，同时避免即刻对每个想法的相对价值做出判断。展开头脑风暴的技巧，包括先进行发散思维的阶段，让计划团队所有个体试图对有关作战环境或待解决问题中的"焦点或关键"进行回答或解决；然后是汇聚阶段，团队将不同的答案或观点进行分类，然后产生进一步经梳理或凝练的对话和 / 或思维导图。（这些观点中的）"异常值"（显著不同的观点）会被团队成员仔细考虑并进行更深入的调查，它们可能与要解决的问题并不相关，进而被丢弃。在此过程中，运用便利贴和白板等作为头脑风暴的工具较为合适。

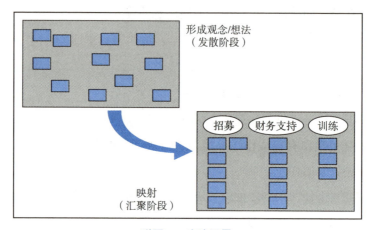

附图 9　头脑风暴

　　思维导图（mind mapping），是一类在作战环境或复杂待解决问题中，辨识并描述相关现象、变量和参与者之间关系的技巧。运用思维导图的一类技巧，是首先从白板或纸的中心记录下某个单一的观点或主题或行为方（如招募叛乱分子）。然后，计划团队用线条、符号、图片和颜色将与主题（叛乱分子招募）相关的次级和关联的观点、现象、行为方或单词记录在中心观点或主题或行为方的周边，并标示它们之间的关系。当计划团队在白板上建立并扩展思维导图时，此过程就会继续促进（计划团队内成员间）对话，以拓展并深化成员对不断增长的思维导图的理解。在思维关联并拓展达到某种程度后，团队应该细化或修订该思维导图，并形成一套与导图匹配的文字叙述，促进团队成员对作战环境和 / 或（待解决）问题的综合性理解。这种综合理解，将有助于在作战设计过程中塑造形成合适的作战方法。参见附图 10。

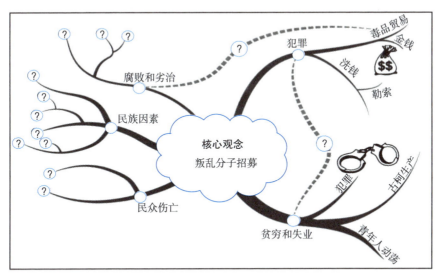

附图 10　思维导图

（2）元问题质疑（meta-questioning）和 4 种探寻的方法。这些方法是个体和群体的思维技巧，计划团队在进行思维导图绘制或其他作战设计活动时可运用这些思维技巧。元问题质疑，是一类批判性思维技巧，通过（针对待解决问题或主题）提出更高层次的问题，可以更全面地理解特定主题或问题。理解"元问题质疑"概念的一种方法，是想象个体从一部梯子的不同梯阶（不同层次、不同视角）观察特定事物。当仅从某个梯队（视角）观察质疑时，个体的视角多少会受到限制。当然，当个体沿梯子向上爬了几阶后，视角就会更开阔。这是真正的元问题。当个体或群体连续地提问和回答更高阶的问题时，他们的理解应该变得更宽泛、更全面。

一些元问题的例子包括：

①它（事件或状态）为什么会发生？

②它（事件或状态）为什么是真的？

③ X 如何与 Y 相关联？

④所有的推理都基于 X 是冲突根源这一观点，为什么推理是基于 X 而

不是 Y？

⑤还有其他可能性吗？

在 4 类探寻元问题的技巧中，计划团队可通过对手或其他行为方的视角，来拓宽和加深对作战环境或待解决问题的理解。例如，计划团队可以尝试回答以下关于行为方 X 国和 Y 国的问题：

① X 国如何看待本国？

② Y 国如何看待本国？

③ X 国如何看待 Y 国？

④ Y 国如何看待 X 国？

当然，还有更多关于上文 X、Y 国如何与作战环境和 / 或待解决问题相关联的问题，计划团队在进行作战设计时应该质疑并解答这些问题。（进行元问题质疑时）这 4 类技巧只是个开始。最后，上述 4 类技巧并不必然只能独立运用（即，可以组合选择并运用）。实际上，计划团队应该同步或近乎同步地（从不同视角）综合运用上述质疑技巧。最终应由计划团队及其领导者决定使用哪些质疑技巧，以及在作战设计中的哪些部分及多长时间内运用这些技巧。最终，当以迭代的方式使用这些技巧时，它们将有助于计划团队更深入和更广泛地理解作战环境，并帮助形成一个健全可靠的作战方法。

七、作战设计、计划制定、实施和作战评估之间的关联

（1）作战设计（operational design），将在计划制定（planning）之前、过程中，以及行动准备和整个计划实施过程中，始终持续进行着——作战设计活动在动态变化的作战环境中永不停歇。指挥官及其参谋团队可以基于其对态势和环境的理解，在向本级参谋团队、下级部队机构和其他相关合作伙伴方提供一些初始计划制定指导（initial planning guidance）之前，就开始着手展开作战设计。在和平时期的周密计划活动中，这（针对特定潜在危机的作战或行动设计活动）可能是负责某个责任区（AOR）的作战司

令部，日常在针对这些危机的战区战役计划（theater campaign plan）进行相应环境分析的结果。

（2）重要的是，要注意作战设计和计划制定活动间的互补性。必然的是，计划制定流程必须是汇聚或收敛性的（而非发散性），进而形成可供实施的计划和命令。为了更好地理解作战环境，更好地定义不熟悉的或缺乏结构化的问题，作战设计能够在需要的收敛和需要的发散之间实现平衡。通过整合这两种方法，友军可以保持最大可能的灵活性，并以一种主动的（而不是被动的）方式这样做。为了更好地理解作战环境、更好地界定不熟悉或非结构化的待解决问题，作战设计活动（使计划团队）能够在所需收敛性和发散性之间取得平衡。作战设计过程中团队成员之间持续的对话与沟通，将使指挥机构保持其"思维孔径"（thinking aperture）尽可能地足够宽泛，进而促进团队总能持续地聚焦其担负使命任务中相关、适宜的待解决问题；最终，通过团队展开的结构化的 JPP 快速制定一套作战计划，使整体部队能够将指挥官对当前的行动构想付诸实施。通过综合运用这两套流程（作战设计和计划制定），已方将可以最大程度地保持灵活性，并以一种主动的（而非被动）方式保持这种灵活性。

（3）作战设计，为即将实施的战役或作战行动提供了其实施并展开的构想和逻辑，其产品进而将作战构想转化为适应性的灵活行动方案（COA）。通过细节性分析和计划制定过程，这些行动方案将进一步被细化为作战计划，用以未来同步化的付诸实施。

（4）指挥官的作战方法，是其对即将展开一系列行动的设想。在复杂的态势背景下，要预先理解作战环境中特定因素，对某些行动的应激性反应较为困难，但是，计划团队在深刻理解并持续跟进作战环境中各类因素后，评估某项行动实施后的环境应激性反应，仍是有可能的。因此，持续地学习和理解，成为获取作战或行动主动性的主要驱动因素。在实施作战计划中，实施计划的人可能会看到（其行动引发的）某种反应，而计划之外的人（某层级部队本级计划未涉及的力量）可能会看到完全不同的应激反应，（这个差异）可能会导致指挥官重新框架化（待解决的）问题。指挥官必须清楚的是，当他对待解决问题的理解和对战役的潜在构想发生变化时，且这种变化达到某种程度时，他必须调整其所属部队的作战方法。因此，在作战计划付诸实施全过程，（初始形成的）作战设计必须不断地受到检视与质疑，以确保（当前）作战设计（及衍生自设计的方案计划实施后）将实现预期的行动目的和最终状态；最关键的是，驱动战役或作战行动持续展开的行动目的和最终状态，是正确的。这并不是说计划在实施过程中，参谋团队不应及时掌握作战环境、待解决问题或作战方法的变化（相反更应实时跟进这些因素的演化及状态）。而是表明，随着计划实施及作战环境的演化，指挥官可能处于一个更好的位置，更易于"觉察"并"综合（考虑）"作战设计的相关部分或内容（是否需要修订）。

（5）（作战）评估（assessment），是战役或作战行动实施所遵循的作战设计或方法中的关键部分。在战役或战略层级进行的作战评估，通常比战术层级的作战评估需要考虑更宽泛的因素，并聚焦于具体任务、（行动）效果、（行动）目的（即当前行动的细节状况或整体效果），朝着（预期）最终态势进展演化的情况。在战役实施中，持续展开的作战评估，通常主要运用效能评估指标（MOE）帮助联合部队指挥官及其组成部队指挥官判断联合部队是否在"执行正确的任务"（doing the right things），以实现其预期的行动目的或意图；而战术层级的作战评估，通常运用执行评估指标（MOP）衡量具体任务的完成情况，这类评估指标将使指挥官判断是否其部队正在"正确地执行了任务"（doing things right）。

八、再框架化

再框架化（reframing）是指在指挥官对作战环境或待解决问题的理解发生变化且达到特定程度后，需要采取不同的作战方法时（原有作战设计已不适用），反复迭代展开作战设计的过程。本质上，在当前的待解决问题和／或设计当前作战方法所依赖的假定失效时，就需要重新再框架化。随着指挥官持续更新其对作战环境及其态势的理解和构想，他可能判断是否需要对当前的作战方法进行修正（涵盖从对具体内容的微调，到形成全新的战役计划等）。再框架化，可能导致指挥官指令其指挥机构变换战役的作战方法。

在（作战方法）成功实施后或实施中明显失效的两种情况下，都需要进行再框架化（同等重要）。行动成功，将有效促进作战环境（向预期最终态势）的演化，进而有效影响其发展趋势和（各行为方之间的）张力或态势。而发生在作战环境中的任何具体行动，都可能导致环境变化，进而形成新的待解决问题。任何一级作战部队或组织在当前作战设计失效后，都会有强烈的动机进行反思和再框架化；反之，当行动顺利时，他们往往会忽视相应的反思和再框架化（实际上同样重要，因为行动成功后意味着下一阶段行动、下一轮再框架化将展开）。

附录 B 评估具体指标设计模型

一、简介

本模型并非一种严格的确定、设计评估指标的方法。本质上，模型是对指挥官及其参谋团队组织、设计、计划作战行动整体思维过程的解析，进而帮助指挥官及评估团队着手设计评估指标的思维方法。当评估团队掌握了这些技巧后，他们就会意识到这一模型及思维过程，是一种非线性的、极富弹性且极具适应性的方法，可以满足解决各种待解决问题、多变动态的作战环境及指挥机构指控作战行动的相关要求。运用此模型的关键，在于松散把握其思路，而非严格地遵循其流程。

提炼归纳该模型的目的，是设想某次作战行动的结果（outcome），以及用来衡量此结果的指标之间，蕴含并存在着特定逻辑关联，进而由行动结果反推设计相应的指标。评估团队运用此模型的目的，是构建相应指标，使作战行动更具效率。在作战设计（operational design）中，此模型同样有用，因为它可以启发参谋团队设计更具体的作战行动结果，促进将总体的使命任务（某个大的待解决问题）分解成更为具体的小的问题，进而构想设计更易实施、更可能成功的解决方案。

要运用该模型，评估团队总是从阐明期望的行动结果开始。这里所称的行动"结果"，包括：行动的最终态势（end state）、行动目的（objective）、行动效果（effect）、相关具体任务（task）及其意图（purpose），以及行动要达成的状态或条件（condition）和行动成功的终止标准（termination criterion），或者任何其他指定在操作环境中实现的状态变化。为了使这样的某个行动的结果可执行、可实现和可评估，它必须是具体的、有边界的。阐明行动结果的边界，常用的方法是附加某种单位尺寸（unit size）、地理位置（geography）或时间（time）维度的约束；另一类方法是阐述结果时使用更具体化（S）、可衡量（M）、可实现（A）、具有相关性（R）和时限性（T）的限定性表述（即 SMART）。当然，评估团队或计划团队不应该仅仅为了遵守上述 SMART 标准，而附加无意义的约束或期限。（例如，许多战区战役计划的目的，会规定其所有行动目的应在同一时限内实现，这一时限是相关计划过期的时点，即过此时点后计划本身将不再有效，并且与现实世界中通过行动实现的各个目的没有关系。）

二、如何运用模型

附图 11 所示，即为此完整模型的结构框图。为了运用该模型，评估团队可用问题 1（Q1）来衡量或评价对行动的结果陈述（outcome statement）。如果相关陈述是具体的，那么评估团队可通过运用该模型来构建并记录可能的评估指标。如果此结果陈述较为概略模糊，无法指导下属组织的有效运维，他们就会把它进一步细化分解成一些更具体的结果。这些更具体的结果陈述可以用问题质疑或陈述的形式来表达，这些问题或陈述将最初的预期行动结果（较概略或模糊）分解为可管理的（更具体或明确的）结果陈述，以便找到解决方案。从某个行动的最终态势开始，这些陈述可能采取作战线（LOO）或效果线（LOE）、行动成功或终止标准、战略问题、评估问题或以上列出的任何行动结果陈述等形式，加以表达；抑或反向操作通过陈述形成上述这些项目。

随着每个具体的行动结果被阐明，评估团队将用问题 1（Q1）对这些行动结果进行评价衡量，并反复进行上述流程（将行动结果具体化、细节化）。在各个结果都足够具体和细节后，评估团队就可继续运用此模型了。

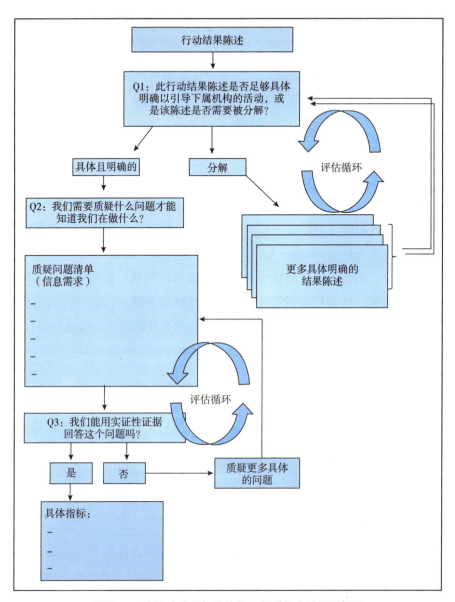

附图 11   将行动结果与具体指标关联起来的模型框图

举例而言，如果开始的"结果陈述"是某个最终态势，那么运用模型框图右上角的"设计循环"（design loop）的首次迭代，将产生一组行动目的或多个行动成功终止标准（success criteria）。通过此设计循环的第二次迭代，则进一步生成行动的效果描述。当这些阐述都足够具体时，评估团队将继续执行模型的其余部分。

对于每个具体的行动结果陈述，评估团队继而应质疑问题 2（Q2），并拟制一个问题清单，其中的问题是需要回答的，任务部队通过回答这些质疑了解其正在实现这些具体结果的状态或进展。这些问题为后续形成具体的评估指标清单提供了背景与聚焦。

接下来，评估团队将用问题 3（Q3）来衡量评价问题清单中的各个问题，以判断确定是否可用（战场上获取的）实证性信息来回答这些问题。如果答案是肯定的，他们就会记录回答这个问题所需的信息，以此作为潜在的评估具体指标（indicator）。如果用问题 3 质疑问题清单中某个问题答案是否定的，那么他们会质疑更具体、更细节的问题，直到每个更具体的问题都能用实证性证据来回答。形式上，这些最具体的问题被称为信息需求（IR），而回答这些问题的（实证性）证据就是具体指标所指向的信息。

三、模型运用提示

评估团队应该使用一种松散的问题提纲的格式，来记录最终态势与具体指标的关联，质疑时可先用不那么具体或聚焦的问题或陈述，再分层级逐渐具体化提出特定的问题，进而实现最终态势（结果）与指标之间的关联。这些层级渐进的质疑，由上至下（由松散到具体）分别代表效果线、行动目的、行动效果、信息需求和具体指标。

评估团队不应跳过信息需求列表里的内容，而直接形成评估具体指标列表（list of indicators）。当他们这样做时，他们会形成一套所有可能的评估具体指标，这些指标与期望的行动结果有关。这就产生了一些问题：具体指标清单过长、缺乏聚焦，且难以排序；评估团队不理解这些具体指标间的相互关联。

列出信息需求，即涉及指标的具体问题后，就可明确用于回答这些问题的评估指标，这一正式的步骤有助于评估团队理解可用于回答相关问题的各个相关具体指标之间的关系。此外，大多数人发现问题列表，比详尽的潜在评估具体指标列表，更容易进行优选层级排序。本质上，提出问题的形式，将聚焦于确定相关具体评估指标。

信息需求（即涉及指标的具体问题），与其答案（即评估具体指标）之间不必一一对应。一个指标可能回答多个问题，一个问题可能需要几个指标，或者几个相关的问题可能由几个相关指标来回答。

作战评估，在很大程度上就是及时收集战场信息，回答有关作战环境的诸多问题，包括己方活动，作战环境中己方、敌方和第三方相互间、它们与环境间的相互影响与表征。一旦评估团队解答了这些问题，他们就能更好地理解作战环境中的各种变化，形成明知的建议，提升任务部队的作战效率。而本节所述设计评估指标的模型，正在于提升此过程的效率。

四、模型运用案例

附图 12 所示，即为如何运用此设计模型的案例。随着模型的运用展开，各种相关细节将被添加到页面上的空白纸面上。正如附图 12 所示，评估团队将从一张白纸开始，首先将行动的最终态势写在纸面最上端位置。

最终态势（end state）：为驻在国组建专业且能自持的安全机构 / 机制

附图 12　具体指标设计模型的开始

评估团队，尤其是低层级指挥机构的团队，（在设计评估指标时）可能也会从某个结果陈述（非最终态势，而是与其本级部队相关的行动结果层级）开始着手。这里所称的"（行动）结果陈述"，可以是针对某个最终态势、某个行动目的、（本级目的的）下级行动目的、行动效果、某项具体任务及其意图、某个状态或条件，或行动成功或终止标准，抑或那些作战环境中寻求实现的特定状态或条件变化的表述。

附图 13 所示，是此指标设计模型开始的部分内容，即设计循环（design loop），它始于某个明确的最终态势（或其他的行动结果陈述）。在此例中，某个驻海外的安全合作司令部希望援助伙伴国，帮助其创建专业的、能够自持的安全机制或机构，这也是最初所述的最终态势。

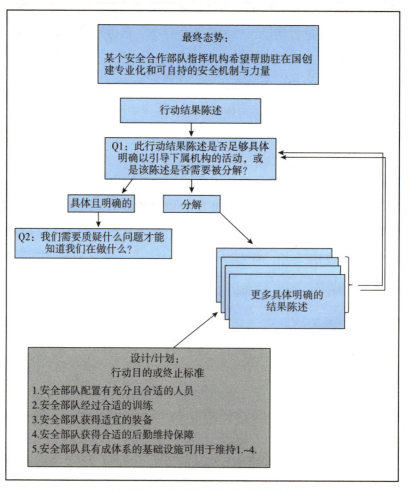

附图 13　更新调整行动结果陈述

（1）模型的第一步是评估最顶层的行动结果陈述，在此例中可运用问题 1（Q1）对所示的行动最终态势进行质疑和提问：此结果陈述对于引导下属机构是否足够具体、明确？或该陈述是否需要被分解？如果此陈述已较为具体明确、评估团队将通过模型继续展开后续步骤。如果不是，则需要将此陈述分解为更为具体、明确和特定的表述。

（2）在此例中，将例中最终态势解析分解为更具体的表述或陈述是有益的。更具体的行动结果，是指能够增强对预期行动结果的特异性或特征性的表述（specificity of the outcome desired）。只有如此，才有助于评估团队着手设计指标并展开评估计划。

在此例中，评估团队将得出结论，为实现此行动最终态势需要达成 5 项行动目的（如附图 13 所示）。他们将此 5 项行动目的更新到上文所述的页面空白处，如附图 14 所示。

案例

（现在，这张页面如下所示）

最终态势：为驻在国组建专业且能自持的安全机构 / 机制

行动目的（支撑达成上面的行动最终态势）：

1. 安全部队配置有充分且合适的人员
2. 安全部队经过合适的训练
3. 安全部队获得适宜的装备
4. 安全部队获得合适的后勤维持保障
5. 安全部队具有成体系的基础设施可用于维持 1~4 个月

附图 14　行动目标记录样例

下一步是用问题 1（Q1）质疑各个新形成的、更为具体的行动结果陈述。评估团队经常这样反思并审查这些陈述是必要的，而且只有新形成的结果陈述表述足够具体后，才能续展开此模型。评估团队应尽可能多次地重复展开上述指标设计循环（design loop），只有在判断形成的行动结果陈述足够具体、明确后，才能继续进行模型后续的步骤。在现实情况中，评估评估应遵循此过程检视并处理所有的结果陈述，但在此例中，所示的粗体字表述足以显示此过程。

再回头看此模型，如附图 15 所示，评估团队用问题 1（Q1）审视并质疑结果陈述，其具体如下：安全部队经过合适的训练。团队认为，此表述还需要更进一步分解，因为根据当前的表述，评估团队并不确定什么是"经过合适的训练"（what properly trained means）。在经过一些批判性思维后，他们演绎分解出更为具体的结果表述，即，通过什么足以使其判断伙伴国安全部队获得合适的训练。

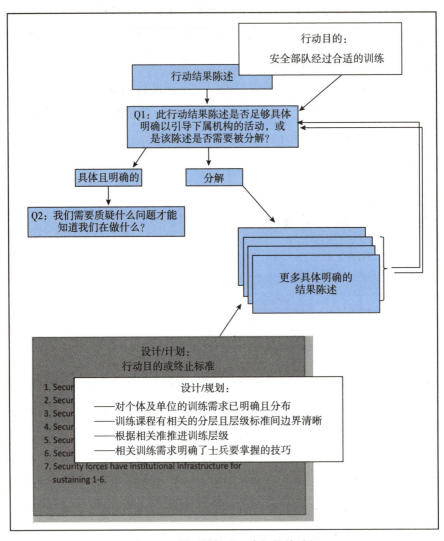

附图 15 模型模板进一步细化的过程

经过此分解后，可形成附图 16 的内容。

案例

（现在，这张页面如下所示）

最终态势：为驻在国组建专业且能自持的安全机构／机制

行动目的（支撑达成上面的行动最终态势）：

1. 安全部队配置有充分且合适的人员

2. 安全部队经过合适的训练

——对个体及单位的训练需求已明确且分布

——训练课程有相关的分层且层级标准间边界清晰

——根据相关标准推进训练层级

——相关训练需求明确了士兵要掌握的技巧

3. 安全部队获得适宜的装备

4. 安全部队获得合适的后勤维持保障

5. 安全部队具有成体系的基础设施可用于维持 1~4 个月

附图 16　在指标设计循环中第二次迭代的样例

继而，评估团队将再次运用问题 1（Q1）对每个新的结果陈述进行审视。在此例中，他们将关注最终态势中的具体事项的部分。如附图 17 所示，他们可形成结论认为，需要在设计循环中再进行一次迭代。经过一些批判性思考后，他们得出结论认为有 3 项特定的需求是必要的。

经过补充后，可形成附图 18 的内容。

评估团队将继续用问题 1（Q1）审查此 3 项新的结果陈述，并得出结论认为，此时细化的结果已足够具体了详细了，因此他们就将继续展开此模型过程，如附图 19 所示。

接着，评估团队将用问题 2（Q2）针对各个具体的结果陈述进行质疑和审视。借此，他们将要明确相关用于解决这些问题的特定问题，进而用以判断联合部队在实现这些具体化结果方面的程度或进度。

在此例中，如附图 20 所示，评估团队将分析确定为解答各个结果陈述的 1 个或多个质疑问题。

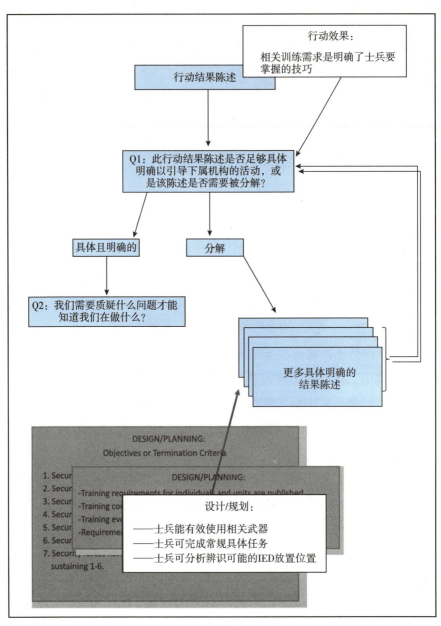

附图 17　分解行动目的形成行动效果的样例

案例

（现在，这张页面如下所示）

最终态势：为驻在国组建专业且能自持的安全机构 / 机制

行动目的（支撑达成上面的行动最终态势）：

1. 安全部队配置有充分且合适的人员

2. 安全部队经过合适的训练

——对个体及单位的训练需求已明确且分布

——训练课程有相关的分层且层级标准间边界清晰

——根据相关标准推进训练层级

——相关训练需求明确了士兵要掌握的技巧

　➤士兵能有效使用相关武器

　➤士兵可完成常规具体任务

　➤士兵可分析辨识可能的 IED 放置位置

3. 安全部队获得适宜的装备

4. 安全部队获得合适的后勤维持保障

5. 安全部队具有成体系的基础设施可用于维持 1~4 个月

附图 18　在指标设计循环中第三次迭代的样例

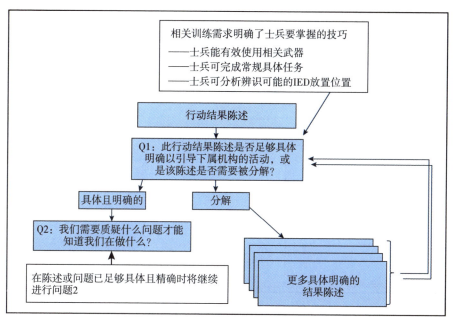

附图 19　完成指标设计循环过程进入问题 2 的环节

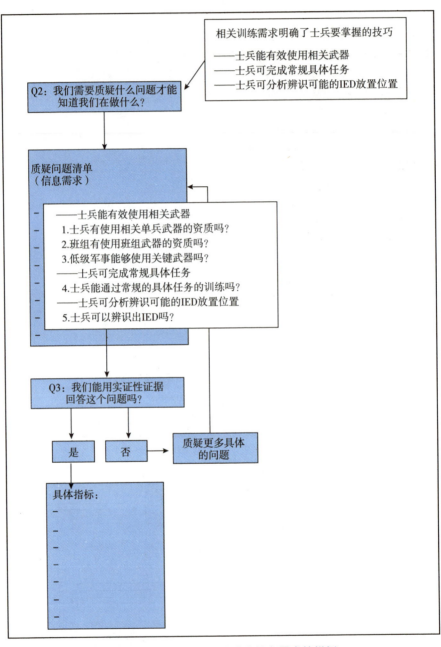

相关训练需求明确了士兵要掌握的技巧
——士兵能有效使用相关武器
——士兵可完成常规具体任务
——士兵可分析辨识可能的IED放置位置

Q2：我们需要质疑什么问题才能
知道我们在做什么？

质疑问题清单
（信息需求）

——士兵能有效使用相关武器
1.士兵有使用相关单兵武器的资质吗？
2.班组有使用班组武器的资质吗？
3.低级军事能够使用关键武器吗？
——士兵可完成常规具体任务
4.士兵能通过常规的具体任务的训练吗？
——士兵可分析辨识可能的IED放置位置
5.士兵可以辨识出IED吗？

Q3：我们能用实证性证据
回答这个问题吗？

是   否   质疑更多具体
的问题

具体指标：

附图20　质疑问题 2 并确定信息需求的样例

经过此步骤后，可形成附图 21 的内容。

案例

（现在，这张页面如下所示）

最终态势： 为驻在国组建专业且能自持的安全机构 / 机制

行动目的（支撑达成上面的行动最终态势）：

1. 安全部队配置有充分且合适的人员

2. 安全部队经过合适的训练

——对个体及单位的训练需求已明确且分布

——训练课程有相关的分层且层级标准间边界清晰

——根据相关标准推进训练层级

——相关训练需求明确了士兵要掌握的技巧

　　➤ 士兵能有效使用相关武器

　　　　◇ 士兵有使用相关单兵武器的资质吗？

　　　　◇ 班组有使用班组武器的资质吗？

　　　　◇ 低级军士能够使用关键武器吗？

　　➤ 士兵可完成常规具体任务

　　　　◇ 士兵能通过常规的具体任务的训练吗？

　　➤ 士兵可分析辨识可能的 IED 放置位置

　　　　◇ 士兵可以辨识出 IED 吗？

3. 安全部队获得适宜的装备

4. 安全部队获得合适的后勤维持保障

5. 安全部队具有成体系的基础设施可用于维持 1~4 个月

附图 21　通过评估循环过程进行的第 1 次迭代样例

评估团队继而将运用问题 3（Q3）对上述具体的结果陈述及问题进行质疑和检视，如附图 22 所示。此时，如果每个问题都可以运用实证性观察结果或信息来回答，评估者就可将其指定为单项或多项信息需求（IR），并开始寻找一种解答它的方法。如果无法用实证性观察结果或信息来回答，他们就应重复上述步骤分解提出更为具体的问题，以便能够运用战场获得的实证性信息或证据加以解决。

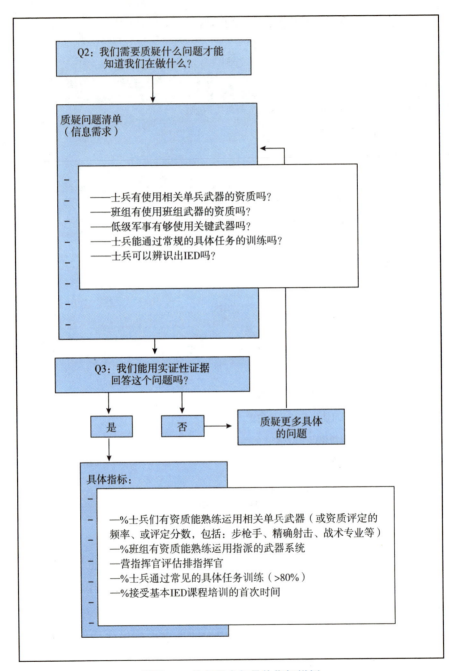

附图 22　信息需求与具体指标样例

一旦评估团队获得了相关评估问题清单，他们就能形成相应的具体信息需求，而用以实证性解答这些具体评估问题的信息项目或内容，则可作为相关问题的评估具体指标。接着，评估团队将对其信息需求进行优选排序，并形成相应的信息收集计划（与情报收集计划合并排序并为其匹配相应收集资源）。经过此步骤后，可形成附图 23 的内容。

案例

（现在，这张页面如下所示）

最终态势：为驻在国组建专业且能自持的安全机构 / 机制

行动目的（支撑达成上面的行动最终态势）：

1. 安全部队配置有充分且合适的人员

2. 安全部队经过合适的训练

——对个体及单位的训练需求已明确且分布

——训练课程有相关的分层且层级标准间边界清晰

——根据相关标准推进训练层级

——相关训练需求明确了士兵要掌握的技巧

  ➤ 士兵能有效使用相关武器

    ✧ 士兵有使用相关单兵武器的资质吗？

      —% 士兵们有资质熟练运用相关单兵武器

    ✧ 班组有使用班组武器的资质吗？

      —% 班组有资质能熟练运用指派的武器系统

    ✧ 低级军事能够使用关键武器吗？

      —% 营指挥官评估排指挥官

  ➤ 士兵可完成常规具体任务

    ✧ 士兵能通过常规的具体任务的训练吗？

      —% 士兵通过常见的具体任务训练（>80%）

  ➤ 士兵可分析辨识可能的 IED 放置位置

    ✧ 士兵可以辨识出 IED 吗？

      —% 接受基本 IED 课程培训的首次时间

3. 安全部队获得适宜的装备

4. 安全部队获得合适的后勤维持保障

5. 安全部队具有成体系的基础设施可用于维持 1~4

附图 23   记录具体指标的样例

一旦评估团队完成了如附图 23 所示的评估问题提纲，他们就已经梳理归纳出了预期行动结果与可收集的、用来衡量联合部队行动效能的指标之间的逻辑关联。

运用上述模型有助于评估团队和计划团队分析确定行动的明确目的、效果等，以及它们所指向的最终态势，促进部队聚焦于他们需要最具效率地完成的事宜上。它还可帮助评估团队形成适当的信息需求和指标，以便后续信息收集活动的展开。通过运用这个模型，评估团队将分析确定需要哪些信息用于分析和评估。

附录 C 评估计划样例

本附录提供了两个案例，阐明评估单元如何运用作战方法（operational approach）制定评估计划（assessment plan）和数据收集计划（data collection plan）。这些文件应列入作战命令（OPORD）的附件或附录内容。第一个案例摘自美海军第 2 陆战队远征军（II MEF）的评估单元，第二个案例则摘自美海军战争学院（NWC）海上作战分院的教学案例。

一、第 2 陆战队远征军评估计划案例

此评估案例是 2017 年大规模演习中第 2 陆战队远征军所运用的评估实例。第 2 陆战队远征军的参谋团队抽组人员设置了一个由 3 名全职作战评估人员组成的评估单元（assessment cell），每个参谋业务及相关职能部门都向该单元派驻了代表（主要是兼职）。远征军副职指挥官主持了评估工作组活动，并进行指挥和监督。演习中，这样的做法较为有效。

附图 24 所示即为某次行动的作战方法。该作战方法在整个行动计划制定过程中被制定，并在命令产物生成时最终完成。评估单元是该作战方法形成期间的关键贡献方，因为它在被制定形成过程中，可为（计划团队）适当地评估其设计的效果线（LOE）、作战线（LOO）、决策点等作战设计事宜提供重要的输入，进而确保其行动设计的框架能够支持实现指挥官预期的行动最终态势。如此某个上级指挥机构（HHQ）并未提供其作战方法，其下级单位可从上级的作战命令（OPORD）中归纳制定出本级的作战方法，

以便为本级计划团队和评估团队的业务活动提供支持。对于此例，运用了"效果线1：行动的合法性"。

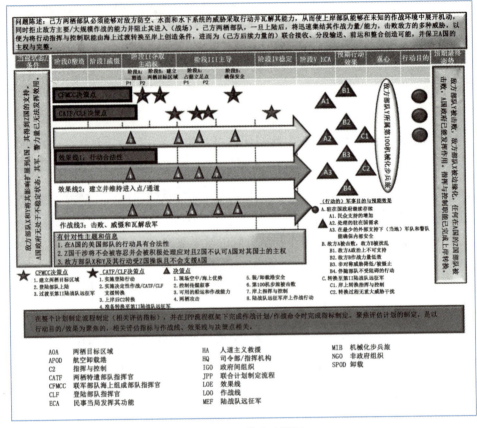

附图24　作战方法样例

（一）基于作战方法制定评估计划

随着作战方法完成制定，评估团队将提供如何评估可能的作战线或效果线以及决策点（DP）的输入。评估团队还要分析确定这些效果线、作战线及决策点在应对向敌方重心（COG）施加影响、实现指挥官预期最终态势方面，是否可行。随着效果线、作战线和决策点等行动设计要素内容经调整完善，评估单元在评估工作组（AWG）的辅助下，制定形成作战评估计划。

260

附表 1 所示，即为有关支撑实现"效果线 1：行动的合法性"的行动目的与效果（objectives and effect）的例子。

附表 1　针对效果线 1 明确其行动目的与效果的样例

效果线 1：行动的合法性，其目的与效果
1.1. 来自 A 国的支持与支援
1.2. 控制当地舆论与叙事
1.3. 来自国际社会的支持与支援
1.4. 联军继续停留在当地
在针对某条效果线或作战线以及与之相关的决策点，制定其行动目的与效果期间，评估单元可提供一份初始清单，之后评估工作组将回顾并修订该清单，或者这些工作可由评估工作组单独完成。如果所有的作战线、效果线和决策点已被一同或单独制定，时间将是重要驱动因素

（二）评估具体指标

一旦行动的目的与效果得以制定并被批准，下一步则是分析明确相关具体指标，这些指标所关联的相关信息将在行动中被实时收集，以用于评估行动目的与效果的达成情况，它们实际上也是作战方法的一部分。在回顾审查并修订这些具体指标后，它们将被定案并整合入作战评估计划。附表 2 所示，即为经设计制定的、用以支持单一行动目的或效果（它们又对"效果线 1：行动的合法性"构成支撑）的评估具体指标案例。

附表 2　支持实施效果线 1 相关行动的具体指标样例

1.1. 具体指标——来自 *A* 国政府的支持与支援
具体指标：
1.1.1. 联军对敌人 X 和 Y 部队的行动，被国家 A 政府、联军和联合国视为合法，并向外界传达这样的观念与信息
1.1.2. A 国面对敌方 X 和 Y 部队的成功行动
1.1.3. A 国部队能够用最少的支持击败敌方 X 要素
1.1.4. A 国的关键部落支持 A 国政府及联军行动
1.1.5. A 国当地民众将不会显著影响联军的行动
1.1.6. A 国政府保持对其军队和警察力量的支持
1.1.7. A 国能够用最少的联军支援去支持非政府组织，去满足当地人道主义救援需求
大量的具体指挥将会被制定，用以支持对相关行动目的与效果的评估。评估小组将需要回顾审查这些指标，因为其中一些指标可能不具备可衡量性、可收集性或可收集性，而另一些指标则可能与其他指标合并。对于具体指标的数量并无定数。要注意的是，评估小组要在整个评估计划的框架下，跟踪这些指标数据

注意：具体指标越具体，从信息收集方返回的信息就会越详细。针对每个具体指标，对其提供具体质疑的另一种方法是如附表 2 所示的表述（例如，是否有证据表明，对抗敌军 X 和 Y 被国家 A 的政府或联盟视为合法？）。如这样的表述，就可用一个二元化的、序列的或简短的表述回答这些质疑。如果评估团队仍不清楚行动成功或失败的证据是什么，尤其如此。如果运用序列化的程度表达方法，评估团队应该针对此程度化序列中的每个挡位（刻度）制定明确的定义，而针对各个挡位的具体指标也会需要不同的定义，以衡量行动实施的进展或程度。

评估计划可通过制作一个 PowerPoint 幻灯片呈现，或以 Word 文档的形式存在。制定该计划的一类技巧，是在 PowerPoint 软件中制定各种细节，以便将其纳入评估简报的备份信息（为指挥官提供支撑）。如果评估单元需要编写评估附件或附录，则可以在文件中加入 PowerPoint 的产品和数据收集计划。

（三）数据收集计划

在制定评估计划时，还要相应地制定数据收集计划，以纳入相关信息需求，支撑评估活动的持续展开。数据收集计划，应确定信息收集来源和相关参谋团队的支持，以实现对那些支撑着（实证性表征体现）行动目的或效果的评估信息的收集。数据收集计划的模板，如附表 3 所示。此案例包括一项称为"评估基线"（assessment baseline）的列，用于随着时间流逝跟踪评估活动的展开。评估单元可以参照数据收集计划，来回溯以往的评估活动。数据收集计划应该针对特定的评估进行调整，在需要时利用定量数据或叙述性评估来表达呈现。

附表 3 数据收集计划模板

| 数据收集计划 | | | | | |
效果线	行动目的 / 效果	具体指标	信息源	参谋支持	评估基准
效果线 1：行动的合法性	1.1. 来自 A 国的支持与支援	1.1.1 联军对敌人 X 和 Y 部队的行动，被国家 A 政府、联军和联合国视为合法，并向外界传达这样的观念与信息	—大使馆 —当地报纸广播 —联军 —国际新闻	—公共事务官 —政治顾问 —联军联络官	
		1.1.2. A 国面对敌方 X 和 Y 部队的成功行动	—大使馆 —当地新闻 —人口调查 —特种部队	—公共事务官 —政治顾问 —特种部队联络分队 —联军联络官	
		1.1.3. A 国部队能够用最少的支持击败敌方 X 要素	—驻在国 —大使馆 —特种部队	—公共事务官 —政治顾问 —特种部队联络分队	

注意：如附表 3 所示，可将更多额外信息添加到数据收集计划中。一些组织还会在"具体指标"和"数据源"之间添加诸如"metrics"或"details"纵列，以促进该计划更易被理解并指明所需的信息。一些组织可能会省略"assessment baseline"纵列，并添加一些诸如"tasked unit"或"asset"的纵列，以显示收集计划中相关事宜或任务已经用任务式指令指派给具体部队。

（四）决策点

对于决策点，聚焦点要放在那些支撑着这些决策点的具体指标上。附表 4 所示，即为决策点具体指标（DP indicator）的"快照"，它们可由评估单元回溯跟踪，并支持指挥官在对两栖作战实施指控时的决策活动。

附表 4 决策点模板样例

决策点 1——实施两栖登陆

具体指标:

1.1. 在指定登陆岸滩消除所有水雷或障碍物

1.2. 敌方已无显著的能力在登陆开始的 8 小时内影响己方登陆活动

1.3. 指定登陆区域被认为不受敌方和障碍干扰

1.4. 登陆艇或两栖登陆车辆无重大毁伤

1.5. 实施登陆时,可运用战机为登陆力量实施支援

1.6. 指挥与控制能力未被显著削弱或降低等

1.7. 可能阻碍己方滩头上陆部队机动的关键桥梁,未出现明显毁坏

注意:附表 4 所示的各个具体指标,都附有具体明确的细节,这些细节是界定各指标所必要的。例如,根据"指标 1.2"界定了何为敌方的重要战斗能力,另外参照"指标 1.5"界定了支持两栖登陆罐头部队所需的战机数量等。

(五)指挥官决策简报

各种技巧没有对错之分,只要它能给指挥官提供所需的信息支持。每名指挥官在接收到这类信息后也会以各自不同的方式展开分析。如果评估单元在(指挥官提供的)评估摘要中获得指挥官对其所需评估建议内容的指导和要求,这将确保这些信息内容及时被纳入评估计划和数据收集计划中。

在此例中,指挥官决定使用单张幻灯片作为其评估简报或摘要。它也可以在需要的基础上纳入日常的作战和情报简报或摘要中,或作为计划团队的信息更新的一部分加以提供,抑或作为作战节奏事件中独立的评估会议中提交的信息。在本例中,评估单元决定拟制此简报摘要,并在页面中使用超链接将相关质疑或描述关联到特定的具体指标页面。简报中,如果指挥官存在质疑,就有助于他随时深入评估计划中的细节处。

附表 5 所示,即为此类简报内容中针对各个行动目的或效果,以及

与之关联的具体指标。在此模板中，重点以描述性方式表达相关行动的趋势。此模板也可用于指挥官的（评估）基线幻灯片（baseline slide）。图例张幻灯片中，所示是一条效果线或作战线，以及对这些线条上细节节点的评估。

附表 5　衡量特定行动目的或效果的具体指标

具体指标	评估
1.1.1. 联军对敌人 X 和 Y 部队的行动，被国家 A 政府、联军和联合国视为合法，并向外界传达这样的观念与信息	当前态势： 96 小时后：
1.1.2. A 国面对敌方 X 和 Y 部队的成功行动	当前态势： 96 小时后：
1.1.3. A 国部队能够用最少的支持击败敌方 X 要素	当前态势：（对当前态势的描述性评估判断，以及评估工作组对态势 96 小时后的变化预测） 96 小时后：
1.1.4. A 国的关键部落支持 A 国政府及联军行动	当前态势： 96 小时后：
1.1.5. A 国当地民众将不会显著影响联军的行动	当前态势： 96 小时后：
1.1.6. A 国政府保持对其军队和警察力量的支持	当前态势： 96 小时后：
1.1.7. A 国能够用最少的联军支援去支持非政府组织，去满足当地人道主义救援需求	当前态势： 96 小时后：

二、海军战争学院评估计划案例

本节的案例，展现了海上作战计划团队如何展开作战评估计划制定活动，以及他们如何在进行作战计划制定的同时，完成相关作战评估计划的制定。在作战评估计划制定过程中，既包括艺术，又涉及科学的内容。此过程与作战评估 6 个步骤中的前两个步骤相一致，这两个步骤分别是：制定评估方法和制定评估计划。在制定评估计划时，可运用以下 4 个步骤。

（1）步骤 1：理解并利用作战设计与情报规划活动。

（2）步骤 2：分析行动目的与效果。

（3）步骤 3：制定具体指标，以便指挥官及时掌握、认知行动的进展与效能（促进在任务实施期间，基于证据形成指控调整行动的评估建议）。

（4）步骤 4：制定评估附件及作战评估涉及的支援性构想，指导作战评估活动的实施。

步骤 1 和步骤 2 具有艺术性特征，而步骤 2 和步骤 3 是评估计划活动从艺术性向科学性过渡的步骤，且其构成了制定信息收集计划的基础。步骤 4，是评估计划制定的结果，包括评估附录、支持性收集计划及可插入到相关计划或命令中的支持性构想。附图 25 所示，描述了与海军作战计划制定流程框架下的 4 个评估计划步骤。

海军计划制定流程					
设计	使命任务分析	行动方案制定	行动方案分析	行动方案比较和决策	指令制定

评估计划制定流程

1.理解并使用：
作战设计和情报活动：作战环境（PMESII）和作战方法
作战环境情报准备：系统性思考（威胁）
计划制定流程：计划逻辑和决策支持

2.分析行动目的与效果：行动成功时会呈现何种状态/条件？指挥官希望我们的行动聚焦于什么目标

3.制定具体指标以支撑称量判断行动成功及其实施效能：与信息收集管理活动相同步

4.为作战计划制定评估附录/附件以及相关评估支持构想：

[·········· Develop Collection Plan (Tab A to Assessment Appendix) ··········]
[··············· Art Piece (Understand; Conceptual) ···············]
[··············· Science Piece (Detailed) ···············]

附图 25　将评估计划活动同步融入至联合作战计划活动中

注意：为便于阐释其细节，附附图 25 中虚构了一次在索马里海域实施的海上稳定行动，用对此行动的计划制定来演示与其相关评估计划制定的步骤。

266

　　评估活动计划人员在作战计划制定期间利用一些流程来提升其评估计划过程的严谨性。从作战设计开始，评估活动计划人员要深入理解作战环境及作战方法，特别是准确理解有关行动的目的与效果（的设定）。

　　评估活动计划人员还可利用各类参谋判断产品和作战计划制定的产物。在此流程开始之时，评估活动计划人员寻求获得指挥官相关指导，以制定相应的评估计划。可通过以下几种维度组织管理大量数据，确保指挥官准确理解作战评估活动，包括从行动最终态势与目的、阶段性过渡行动目的与效果、地理和时间，以及从决策支持等维度等，组织管理数据。

（一）步骤 1：理解并利用作战设计与情报规划活动

　　作战设计过程使评估计划人员提升对作战环境与作战方法的理解。评估活动计划人员应参与作战设计，了解当前的状态和未来的期望状态。作战设计团队可以运用各种方法来理解当前的作战环境。其中一种方法，是理解当前作战环境中的各类情况，并分析各种关系、参与方、职能和紧张关系；另一种方法，是从政治、军事、经济、社会、信息和基础设施等角度，分析确定当前状态。

　　评估活动计划人员可利用同期最新的各类情报产品，了解环境中有哪些威胁、它们发生在何处，以及各威胁方拥有什么装备及其能力等。这类系统性思维，有助于在此后的计划过程中更好地分析设计相关评估具体指标。

（二）步骤 2：分析行动目的与效果

　　评估活动计划人员应通过对一系统问题的质疑，来分析明确己方的行动目的和行动效果，这些质疑包括以下 4 方面。

　　（1）（特定）行动效果是否描述了行动（以及与效果相关的行动目的）的成功？

（2）这些行动效果是否是有意义的和可衡量的？

（3）你会对这些行动效果进行什么改进（添加、删减或重新阐述）？

（4）（在使命任务分析阶段作为具体任务分析结果而形成的）具体任务，是否可能创造出预期的行动效果并达成行动的目的？

当评估团队分析行动目的和效果时，评估团队可能会发现并明确一些预期的行动效果无法被有效地衡量。然后，团队将建议对预期效果描述进行细化调整，以确保能够以可衡量的方式表述达成相同的总体行动效果。例如，如果最初将特定行动的效果确定为：降低人口贩运和武器、弹药及货物的走私活动；可继续将此效果细化解析为：降低人口走私活动，以及减少向 A 国走私输入武器、弹药和货物的活动。这个示例可以进一步分解为实际的可衡量的效果，以确保对衡量此效果的相关表征报告是准确的，从而实现更高的行动效能评估。

（三）步骤 3：制定评估具体指标

衡量行动效能或效率（effectiveness）的具体指标，就是判断行动实施结果的状态或程度。衡量效率的具体指标，是衡量投入与产出比率或程度的标准，这涉及衡量行动实施所投入的资源及达成效果的程度或进度。这些涉及效率或效能的具体指标必须是相关的，具有可投入的资源、具有可收集的表征信息，以及可通过某些既定的手段加以上报报知的。对于衡量行动进展、程度或效率的重要具体指标，如果由于某种原因无法被收集，可能会导致额外的作战风险。

制定（行动效能）评估具体指标的一类技巧，是提出一系列涉及部队运用效能的质疑问题。通过提问，涉及此类行动效能的特异性及表征，就在某种程度上显现出来了。以上述案例为例，可提出一系列质疑并对其进行回答：我们如何知道我们正在达成行动的这个目的？通过进行质疑，以清楚理解期望达成的行动效果，将会形成相关情报和信息需求，而这些需求又可转化为潜在的评估具体指标。附图 26 中包含此过程中的一系列质疑，通过质疑确定：海盗和恐怖分子是否以进入该国的人道主义援助船只作为其劫掠的目标，他们的行动是否会因为己方部队的存在而出现增减变化情况，以及计划的援助物资数量是否实际抵达指定接受它们的港口等。在行动实施期间，随着时间的推移，相同的数据点可能导致形成基于证据的评估结论，以确定部队是否有效展开行动并成取得成功，或者是否需要调整行动的方法或手段，以达成预期行动目的。

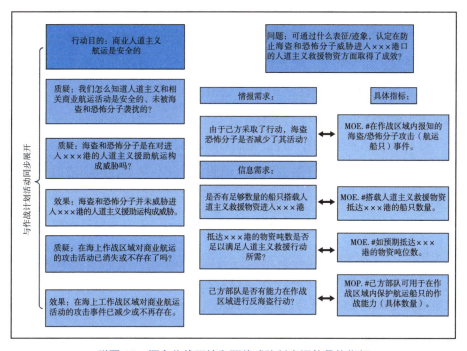

附图 26 源自作战环境和可能威胁制定评估具体指标

在进一步聚焦到制定效能评估指标和执行评估指标后，形成的信息收集计划需要确保及时完成相关评估情报、信息的收集处理需求。这一步可通过信息收集管理委员会的相关流程完成，由其确定为收集活动匹配相应的收集资源。如顺利，相应的具有相关性、可收集的和可投入资源的评估具体指标，将得以形成。缺乏投入资源或无支持的具体指标，则并无意义，运用它们可能会提升作战中的风险。

制定具体指标的另一项技巧，是利用系统性思维从作战环境联合情报准备（JIPOE）形成的产物出发，辨识并提取出那些会随着时间流逝而展现出变化表征或表象的具体指标。运用这类技巧时，要回顾并审视行动目的及与之相关的效果，审视敌方作战体系，之后基于对敌方和作战环境的系统分析结果进行推理演绎，以清晰地理解随时间流逝预期环境状态的变化。这一批判性思维，需要各类人员积极主动参与并促进不同观点的交流沟通，以促进具体指标的制定。附图26所示，即为这类技巧的运用框图。对行动目的、效果、作战环境，尤其是敌方能防止己方达成预期效果实现行动目的的威胁体系的回顾，有助于促进评估团队展开头脑风暴并分析确认潜在的可用于衡量行动进展的具体指标。

这些活动结果形成的文件，是制定一份初始的数据收集计划的基础，用于在任务实施期间展开数据收集。该收集计划将随着任务实施期间作战环境或行动目的变化而不断调整。其他可能涉及的调整，包括那些无法得出基于证据的评估结论的具体指标。附表6所示，即为一份初始数据收集计划样例。

在制定衡量部队行动效能或效率的具体指标时，应依据指挥官指导而设定的关键或重要具体任务（critical tasks）展开指标设计。

（四）步骤4：制定评估附件以及作战评估涉及的支援性构想

这一过程最终形成评估附件、数据收集计划及支援性构想，这些将形成完整的作战命令或指令。这3项内容将共同为评估单元在作战实施后展开的评估活动提供相关输入，以便其完成具体评估活动。

附表 6 初始数据收集计划样例

行动目的	行动效果	具体指标	如可行可接受状态/条件	有价值的时间信息	备注和阐释（对预期的界定）	日期格式	信息源 由 X 收集	收集频率
商业人道主义海运活动免受攻击	恐怖分子和海盗无法对进入×××地区的人道主义海运活动构成威胁	X 吨援助物资如预期抵达×××港	100 000 吨/周	阶段 I–IV	通过人道主义增援船只输送的物资每周可抵达 100 000 吨，能够满足需要。典型的中型运输船只平均每艘可搭载 15 000～18 000 吨	数字	大使馆 当前作战组	每周
		X 艘增援船只如预期抵达×××港	7 艘/月	阶段 I–IV	基于每艘船只搭载 15 000 吨物资，每周可抵达×××港的船只达到 7 艘是可接受的	数字	大使馆 当前作战组	每周
		A 作战区域上报 X 次攻击事件	0	阶段 I–IV	前往×××港的 12 海里以外的航线被定义为运输线（LOC）。意外事件，被定义为任何妨碍运输船只前往该港途中行动自由的事件	数字	上级指挥机构 情报组	每周
		B 作战区域上报 X 次攻击事件	0	阶段 I–III	这些意外事件被界定为具体的海盗劫掠事件，它们以距沿岸 220 海里（1 海里=1.852 千米）范围内的运输船只为目标	数字	上级指挥机构 情报组	每周

271

附录 D　各制导技术类型及弹药的评估可行性分析

制导类型	制导原理	优势及缺陷	运用此制导技术的弹药	实时打击评估的可行性	实时评估难易度
红外制导	利用目标对象与背景环境存在的温差，以及由此产生的目标红外辐射，以此类信号信息来完成对目标的捕获、跟踪及引导攻击。新出现的红外成像制导，能从更远的距离上对更小的温差信息做出响应，并能实现对目标的精确红外成像	优势：以被动方式工作、响应速度快、精度较高。缺陷：制导距离最近仅为30～40千米、易受干扰	近程空对空导弹、单兵防空导弹、近程舰空导弹、天基反导弹末端弹、拦截器	各类平台搭载的被动型光电瞄准监视设备都可应用于此目的，并能克服目标施放的红外干扰措施（命中目标后造成的目标毁伤爆炸将形成更为显著的红外特征信息）。最新红外成像探测监视设备，还可形成目标高精度红外图像，这些都可用于打击行动评估	★★★
卫星导航制导	运用全球卫星导航系统广播的地理空间定位信号，为弹药提供引导信息的制导模式。当前各大国重视本国卫星导航系统技术的开发运用，采用此类制导技术弹药的抗干扰能力和打击精度日益提升，目前已达到米级水平（甚至更高）	优势：被动方式工作，不易受地形、气候及战场环境限制。缺陷：信息作战体系依赖度高，存在被干扰的可能，无法打击移动目标	JDAM、雷石等各国装备的由 GPS、GLONASS 等导航系统制导的空对地弹药	受限于传统卫星定位系统的定位体制（广播发送定位信号，载具仪被动接收信号），卫星导航精导弹药并不利于打击毁伤评估。其毁伤评估，主要依托其空天侦察天近特种部队的侦察求得	★

续表

制导类型	制导原理	优势及缺陷	运用此制导技术的弹药	实时打击评估的可行性	实时评估难易度
视频制导	视频制导技术，出现于第二次世界大战末期，利用目标的可见光景象信息，由弹药视频采集装置实时回传，操作人员通过此武器视野镜头控制弹药打击行动。训练有素的操作人员可实现米级打击精度	优势：被动方式工作，目标分辨直观，可信。缺陷：只能昼间使用，受气象条件影响较大	各国装备的小牛、Kah-30等各型空对地弹药，近中程反坦克弹药	视频精导弹药较有利于实现行动的实时打击评估，利用其使用过程中生成的"武器系统视频"，即可在行动中由操作人员完成确认评估，或者在搭载平台通过返回分析形成评估结论	★★★★
雷达制导	利用电磁波被目标物体反射后形成的回波，实现对目标距离与方位探测的制导技术。根据所利用波束离的波段不同，可分为微波雷达、毫米波雷达等，根据波束发射和回波接收的模式不同，可分为主动、半主动制导以及辐射被动制导	优势：不受昼、夜及气象、烟雾条件限制。缺陷：主动工作模式易被觉察、易受干扰、撒骗	各类雷达精导弹药几乎应用于除水下战场领域外有实体战场领域，用范围最广泛的制导模式	雷达精导弹药及监控手段，较难直接用于火力打击行动效能评估，必须辅以其他间接侦察评估才能形成相关评估结论。例如，目标被命中爆炸后形成的大量碎片将在雷达监视设备上显示为一片杂波光点，与目标主动施放箔条干扰杂波相混形成的杂波反射非常相似难以分辨	★★
惯性制导	早在第二次世界大战时期，惯性制导技术就已应用于德军 V2 弹道导弹。该技术利用敏感陀螺元件高速旋转时的自身稳定性，配合对比载具具自身运动特性从而形成对载具发生的控制指令，使载具在不与外界发生信息交换的前提下，完成自主制导	优势：被动方式工作，隐蔽性好、自主导航、抗干扰能力最强。缺陷：精度有限、积累误差偏大	主要应用于各国近、中、远程弹道导弹、远程火箭弹等	惯导弹药不依赖对外界环境的感知和探测实现制导，因此此类弹药系统毁伤效果难以由自身制导系统完成实时评估，需要其他侦察、监视资源的配合，导致评估打击效果实现与获知的时限"落差"，为弥补此缺陷，一些新兴侦察监视技术正被应用到此类弹药上，使实时反馈打击效果成为可能	★

续表

制导类型	制导原理	优势及缺陷	运用此制导技术的弹药	实时打击评估的可行性	实时评估难易度
激光制导	激光制导技术发展于20世纪60年代，由目标附近的人员或弹药载机向目标照射引导激光束，经目标反射回的激光束被弹载激光寻的装置接收，从而实现弹药制导	优势：极高的分辨率和打击精度（米级以内）。缺陷：易受气象条件及战场恶劣环境影响	铜斑蛇、红土地等激光制导炮弹，地狱火等空对地制导弹导弹	激光精导弹药的行动打击效能监控与评估。由于激光在较大个质中传播极易衰减，因此引导激光的照射和接收都必须在目标附近实施。客观上有利于监控制导激光照射小组，或者机载激光制导引导。美军前沿地面部队会编成激光制导引导小组，在目标附近照射和引导。这些现场力量都可用于捕捉对打击评估信息	★★★
声响制导	利用声波在水体中的高速传播特性（每秒约1千米），实现对目标的跟踪和引导。由于水体介质对传统电磁信号有衰减作用，因此水下战场主要以声信号作为制导手段	优势：唯一一种水下火力制导手段。缺陷：探测距离有限，因水体介质以非直线传播	各型反潜鱼雷、水鱼雷、潜射反舰导弹	由于水下探测、跟踪与引击动行较为困难，导致水下火力打击行动发生于较近距离内（相对其他制导武器），易于应用声探测系统监控和评估效果（声诱/线诱爆的声信号与命中后声信号不同）。水下打击行动评估的挑战不在于评估本身，而在于水下平台如何及时将打击评估结论传回水面或岸上指挥所	★★
地形匹配制导	地形及景象匹配制导，是利用弹药上存储的弹道所经过的地形数据，在弹药实际飞行时进行对比，形成制导信号	优势：精度高，不受气象条件影响。缺陷：应用有限，平坦地面或水面无法使用	战斧等中远程巡航导弹现已较少应用	由于制导原理限制，此类弹药的毁伤效果实时评估较难实现，需要其他地侦察、监视资源的配合，导致评估时限"滞后"	★
多模制导	采用两种或多种各制导技术，实现打击精确的弹药	—	—	根据具体采用制导系统而定	★★★★

275

术语释义

行动（action）。各级任务力量在交战空间采用某种手段，以实现具体特定效果（用以支持作战任务的目的）的过程。（北约《作战评估手册》）

评估（assessment）。对不断变化着的作战环境，进行持续地观察和经验性衡量评判的循环，用以（帮助指挥官）作出对未来的决策，使其作战行动更具效率。

评估框架（assessment framework）：在联合计划制定流程（JPP）中，可以针对特定任务的评估需求创建评估框架，这也被证明是有效的；而联合计划制定流程，也将行动计划（制定）的逻辑与评估指标的运用融为一体，使之可用于评估团队判断行动朝着实现预期最终态势条件的进展。

假定（assumption）。对当前形势的一种估计或对未来局势发展的一种预测。在没有确实证据的情况下，两者均假定为符合实际，这两者都是指挥官在制定计划的过程中对形势作出判断和就行动方案定下决心所必需的。（JP 5–0）

作战节奏（battle rhythm）。经精心安排的指挥机构、参谋团队和部队活动的日常活动循环（重复规律），旨在使当前和未来行动同步。（JP 3–33）

基础计划（base plan）。计划团队在联合计划制定流程（JPP）中草拟的计划草案，其细节详细程度达到第 2 层级（共 4 个层级，第 1 层级最为概略，第 4 层级则是较为成熟的作战行动计划）。基础计划，用于描述作战行动概念、投入的主要行动力量、部署力量的维持概念及任务完成的预期时间节点，它可看作最终形成作战行动计划的过渡产物，其细节程度与第 4

层级的作战行动计划相比，通常并不包含各类附件及相应的分时间阶段部队部署数据。（JP 5-0）

战斗毁伤评估（battle damage assessment）。对运用致命或非致命军事力量打击预定目标造成的毁伤所作的适时和精确的评估。该评估适用于整个军事作战范围内的各种类型的武器系统（空中、地面、海上和特种部队武器系统）。战斗毁伤评估主要是一项情报职责，要求由操作人员提供信息和协调。战斗毁伤评估由物理毁伤评估、功能毁伤评估和目标系统评估三部分组成。亦称 BDA。（JP 3-0）

部门（处、科）/ 分支机构 / 兵种 / 分支计划（branch）。（1）部门（处、科），任何组织的下设机构。（2）分支机构，由一机构派驻另一地区执行同样任务的分支机构。分支机构与附属单位不同，并不仅仅是额外附加的。（3）兵种，陆军的战斗兵种或勤务兵种。（4）分支计划，被纳入基本计划中的应急方案。分支计划用于根据预期的事件、时机或因敌方行动和反应而造成的中断，来改变一支部队的任务、目标或运动方向。（JP 5-0）

战役（campaign）。在特定时间和空间，旨在为实现特定战略和战役行动目的，而实施的一系列相互关联的重要行动。（JP 5-0）

战役计划（campaign plan）。在一定的时间和空间内为实现战略或战役目标而进行一系列相关的军事行动的计划。（JP 5-0）

重心（center of gravity）。军队借以获得行动自由、实力或战斗意志的特性、能力或力量源泉，亦称 COG。（JP 3-0）

联合 / 临时联盟（coalition）。两个或两个以上国家就共同行动达成的一种特别安排。（JP 5-0）

作战司令部（combatant command）。为连续地遂行特定军事行动任务，经参联会主席建议，由总统通过国防部长指派的、履行统一指挥职能的联合司令部，联合司令部通常担负有地理性或职能性职能。也称 CCMD。（JP 5-0）

作战指挥官（combatant commander）。由美国总统指任的、履行统一或特定联合司令部指挥职责的最高指挥官。也称 CCDR。（JP 1-02）

战斗评估（combat assessment）。对军事行动期间部队运用整体效能的判定。作战评估由以下三个主要部分组成：（1）战斗毁伤评估；（2）弹药效力评估；（3）再次攻击建议。作战评估的目的在于为军事行动的进程确定建议。也称CA。（JP 1–02）

指挥官意图（commander's intent）。指挥官对作战的目的和预期的作战最终态势的简明表达。它对任务指挥起着支撑作用，并为参谋团队的工作提供聚焦，并帮助下属和支援指挥官在无需获得更进一步命令，甚至当作战行动并未按计划展开的情况下，积极主动地筹划组织其所属部队行动，以实现指挥官预期结果。（JP 3–0）

复杂自适应系统（complex adaptive system）。其构成要素或组成相互独立，且持续与系统内其他要素相互影响和适应。

作战构想（concept of operations）。对指挥官一次或一系列作战行动的设想或意图所作的文字或图表的概述。作战方针通常包含在战役计划与作战计划之内；特别是当计划中包括一系列需要同时或连续进行的相互关联的作战行动时，作战方针尤需包含在作战计划之内。作战方针包含在计划之内，主要是为了进一步明确作战目的。也称CONOPS。（JP 5–0）

概念计划（concept plan）。计划团队在联合计划制定流程中草拟的计划草案，其细节详细程度达到第3层级（共4个层级，第1层级最为概略，第4层级则是较为成熟的作战行动计划）。概念计划，是作战计划的简略版本，可能需要进行相当扩充和修订，才能转化为一份完整的作战或作战命令。也称CONPLAN。（JP 5–0）

环境/条件（conditions）。（1）作战环境或形势中的可变因素，部队、系统或个人将在此作战环境或形势中活动，并因这些可变因素而影响其运作（行动），也可参见"（达成）联合任务所必须完成的具体子任务"。（2）为实现某个目的所需使特定系统达成的某种物理或行为状态。（JP 3–0）

应急行动（contingency）。由自然灾害、恐怖分子、颠覆分子引起的，需要采取军事行动加以应对和处置，或由适当的层级指令采取的，以保护美国利益的军事行动。（JP 5–0）

危机（crisis）。对美国或其领土、公民、军队、财产或至关重要利益构成威胁的事件或形势，这种事件或形势迅速发展，造成具有重要外交、经济、政治或军事意义的条件，从而促使仔细考虑使用美国军事力量及其他资源，以实现国家目标。（JP 3-0）

危机行动计划（crisis action planning）。联合作战行动计划制定流程中的两种计划类型。"联合作战行动计划与执行系统"的组成部分，涉及制定对突发危机作出反应和时效性联合作战计划和命令，以便部署、运用和维持受指派应对即时危机的部队与资源。危机行动计划的制定，应基于计划制定时的环境进行。也称CAP。（JP 5-0）

关键变量（critical variable）。作战环境中呈现的一种关键资源或条件，它会对指挥官的意图目的造成直接的影响，并可能影响（作战体系）网络的构成和维持。一项关键变量，（可视作）在作战环境中塑造（态势发展）的聚焦，以实现指挥官的预期最终态势。

预先计划制定（deliberate planning）。适应性计划制定和执行系统中的计划制定活动，它通常发生在非危机的背景下。（JP 5-0）

决定性条件（decisive condition）。一种特定的、可持续的系统状态，此状态对于成功实现某个行动目的是必需的。（北约《作战评估手册》）

决定点（decisive point）。使指挥官能够获得对敌的明显优势，或极大地有助于达成行动成功的某个地理位置、特定的关键事件、重要的系统或功能。（JP 5-0）

效果（effect）。（1）由于某次行动、一系列行动或其他作用，而导致系统所呈现出的某种物理或行动的状态。（2）某次行动的结局、结果或后果。（3）条令、行为或自由度的变化。（JP 3-0）

最终态势（end state）。达成指挥官目的的一系列必要条件。（JP 3-0）

基本任务（essential task）。为实现通常包含在任务陈述中的行动目的，某级部队必须展开的指定任务或暗含任务。（JP 5-0）

评价/判定（evaluate）。运用特定标准评价/判定（事件或行动）进展的活动，衡量（事件或行动）朝着实现预期状态的进展状况，并确定其为

何形成此进展的原因。（韦伯斯特大词典）

功能毁伤评估（functional damage assessment）。对军事力量打击目标之效果所进行的评估，评估内容包括：是否已削弱或摧毁了目标执行其既定任务的功能或作战能力，是否已达成针对目标所确定的作战目的等。该评估以从来没有信息为基础，并包括对目标功能恢复或替代所需时间的估计。（JP 1-02）

缺乏结构化的系统（ill-structured system）。一套由很多独立变量（要素）和关系构成的系统，它无法被解构和分解，必须被视作一个整体来对待。

暗含任务（implied task）。联合作战计划制定背景下，在使命（任务）分析过程中衍生出的具体任务，行动力量或组织必须遂行或准备遂行此类具体任务，以完成特定任务或使命，但此类具体任务又并未在上级指挥机构的行动命令中明确声明。（JP 5-0）

具体指标（indicator）：一条特定的信息，可用以深入理解并衡量执行评估指标（MOP）或效能评估指标（MOE）。（ADRP 5-0）

作战环境联合情报准备（joint intelligence preparation of the operational environment）。联合情报组织运用的一种分析过程。它将生成情报评估、评价及其他情报产物，以支援联合部队指挥官的决策过程。它是一套连续进行的过程，包括限定作战环境、描述作战环境的影响、评价敌方及判定和描述敌方潜在行动方案。亦称为 JIPOE。（JP 2-01.3）

联合情报作战中心（joint intelligence operations center）。在国防部、作战司令部或联合特遣部队（如建立）层级建立的相互依存的作战情报组织，它与国家情报中心密切协作，能够评估影响军事行动计划制定、执行和评估活动的全源情报。也称为 JIOC。（JP 2-0）

联合情报支援分队（joint intelligence support element）。下属联合部队可成立一支联合情报支援分队，为联合作战行动提供情报支援，向联合部队指挥官、联合参谋部及组成司令部汇报敌方空中、空间、地面和海上的全面态势。也称为 JISE。（JP 2-01）

联合跨机构协调小组（joint interagency coordination group）。一个跨机构参谋人员组成的工作组，它会定期或适时组建，并与民事和军事行动的计划团队建立工作关系。它由美国政府的民事和军事部门的专家组成，其人员根据需要编成，被指派给作战指挥官满足后者对整合其他民事、军事机构能力的协调需求。联合跨机构协调小组可在战役层级为作战指挥官提供协调美国政府民事机构或部门的能力。（JP 3–08）

联合作战计划制定（joint operation planning）。与联合军事行动相关的联合作战计划制定活动。它由作战指挥官及其下属联合部队指挥官为应对紧急事件或危机而展开。联合作战计划制定包括联合部队的动员计划、部署计划、运用计划、维持计划、再部署计划和复员计划等。（JP 5–0）

联合计划制定流程（joint operation planning process）。一套序列的分析流程，它包括一系列逻辑步骤用以分析一项任务，拟制、分析并针以成功完成任务为标准比较多个制定的备选行动方案，并从中选择最好的方案，最后生成一份联合作战计划或命令。也称为JPP。（JP 5–0）

联合作战（joint operation）。该术语泛指由联合部队或本身未组成联合部队的相关军事部队（如支援、协调机构等）所采取的军事行动。（JP 3–0）

联合计划小组（joint planning group）。联合部队的计划组织，由联合部队司令部的主要和专业参谋部门、联合部队组成司令部（军种和/或职能）及联合部队指挥官认为必要的其他支援性组织或机构派出的代表组成。亦称JPG。（JP 5–0）

关键任务（key tasks）。部队必须遂行的行动（活动），其总体上用于实现预期的最终态势。（ADRP 5–0）

作战线（line of operations）。（1）一根用于连接部队在行动节点和/或决定点上实施作战行动、且与时间和行动目的相关的逻辑线条。（2）一条定义了部队关于敌方或目标的，在时间、空间和目标上所朝向方位（"内向"或"外向"）的实际线条，或是连接该部队在其行动节点和/或决定点上实施作战行动，且与时间和行动目的相关的现实线条。（JP 3–0）

空中打击主计划（master air attack plan）。包含构成联合空中任务分配命令基础的关键信息的计划。有时称为空中力量应用计划或联合空中任务命令程序。该计划中可能包括以下信息：联合部队指挥官指南、联合部队空中组成部队指挥官指南、支援计划、组成部队请求、目标更新请求、能力或部队的可用性、摘自目标清单的目标信息以及飞机分配等。亦称 MAAP。（JP 1–02）

度量 / 测量标准（measure）。用于比较的基础或标准。（韦伯斯特大词典）

效能评估指标（measures of effectiveness）。用于评估系统行为、能力或作战环境变化的标准，它与衡量行动最终态势的实现、作战目的的达成或行动效果的创造紧密关联，亦称为 MOE。（JP 3–0）

执行评估指标（MOP）。用于衡量与评价任务完成情况相关的友方行动的指标，亦称为 MOP。（JP 3–0）

使命任务（mission）。表明要采取的行动的具体任务或实现的意图。（JP 3–0）

现代化综合性数据库（MIDB）。可供整个国防部情报信息系统人员使用并通过全球指挥与控制系统综合图像和情报（系统）供战术单位使用的国家级一般军事情报库。其数据资料由国防情报局负责维护和更新。各总部和军种负责维护数据库中属于自己的部分。亦称 MIDB。（JP 1–02）

监视（monitoring）。对当前作战行动相关的条件或状态进行持续的观察。（JP 5–0）

弹药效能评估（munitions effectiveness assessment）。弹药效能评估与战斗毁伤评估同时进行并相互作用。这种军队对武器系统和弹药效能所进行的评估，将决定和建议对方法、战术、武器系统、弹药、引信和 / 或武器投射参数进行必要的改变，以增强部队的效能。弹药效能评估主要是作战部门的责任，同时需要情报机构进行必要的参与和协调。亦称 MEA。（JP 1–02）

节点 / 结点（node）。（1）在一机动系统中的一个点，从此点开始有一种运动的要求，在此点经过处理向前运动或在此点终点运动（JP 3–17）。

（2）在通信和计算机系统中，一处实际的位置，该位置能提供终止、交换和网关访问服务，以支持信息交换（JP 6-0）。（3）一套由人员、地点或实体事物组成的系统，其中的某个要素（JP 3-0）。（JP 3-17）

目的 / 客观的（objective）。（1）明确规定的、决定性的且可达成的目标，为实现该目标，每项军事行动都应指向该目标。（JP 5-0）（2）在涉及数据和信息的背景下，基于事实而非主观感受或看法。（韦伯斯特大词典）

军事行动 / 作战行动（operation）。（1）一系列具有共同目的或统一主题的战术行动（JP1）。（2）指执行战略、战役、战术、勤务、训练或行政性军事任务的行动。（JP 5-0）

作战评估（operation assessment）。通过衡量作战行动是否正朝着完成任务、创造行动所需的某种条件或效果、实现作战目的的一套连续实施的过程，用以支持指挥官的决策活动，使作战行动的实施更具效率。

作战方法（operational approach）。对所属部队必须采取的、用以促成当前条件向预期最终态势条件转化的概略行动的阐述。（JP 5-0）

作战艺术 / 战役学（operational art）。通过设计、组织、合成及实施战略、战役、大规模作战行动和战斗来运用军事力量，以达成获取战略和 / 或战役目的。作战艺术通过合成战争所有层面的主要活动，把联合部队指挥官的战略意图转变成作战设计，并最终转变为战术行动。（JP 3-0）

作战环境（operational environment）。影响部队的运用及单位指挥官决策的条件、环境和影响的总合。（JP 3-0）

作战评估框架（operation assessment framework）。作战评估的概念化体系构架，用以组织评估团队及其他各参谋业务团队在作战过程中持续实时掌握、理解作战环境与行动，高效组织评估信息的分析和衡量，并及时向指挥官提交相关评估建议。（新明确定义）

作战环境（OE）：一系列影响作战能力的运用和指挥官决策的条件、环境和影响因素。（JP 3-0）

作战筹划（operational design）：用于强化战役或主要作战行动计划及其后续执行的概念框架。（JP 5-0）

战争的战役级（operational level of war）。计划、实施并支持战役和大规模作战，以实现战区或其他作战区域内的战略目标的战争层次。这一层次的活动通过确定实现战略目标所需的作战目标、为实现作战目标排列好行动次序、开始战斗行动及提供资源以促成并支持行动，把战术和战略联合起来。这些活动涉及的时间大于战术的时空，保证为战术部队提供后勤和行政支持，还提供扩大战术战果以实现战略目标的手段。（JP 3-0）

作战命令（operation order）。指挥官下达给各下级指挥官的指令，旨在确保协调一致地实施其一作战行动。亦称为 OPORD。（JP 5-0）

作战计划（operation plan）。（1）为应对实际和潜在的紧急事件而准备展开军事行动所的计划。（2）在联合计划制定流程中拟制的行动计划，其细节详细程度达到第 4 层级（共 4 个层级，第 1 层级最为概略，第 4 层级则是较为成熟的作战行动计划），它具有关于联合行动计划的完整细节，包括全面描述行动概念和构想，所有计划所需的附件，以及分时间阶段的部队部署数据。它将明确实施此计划所需的特定部队、其功能性支援和资源，并提供这些作战力量和资源进入战区的安排计划。也称为 OPLAN。（JP 5-0）

阶段（phase）。在联合作战计划制定过程中，确定的某个作战行动或战役时段，在此期间大部分部队和能力将为实现共同的行动目的，展开类似或相互支援的行动。（JP 5-0）

物理毁伤评估（physical damage assessment）。针对使用军事力量对目标造成的实体性（有形）毁伤（弹药爆炸、炸弹碎片和/或燃烧的毁伤效果）所进行的定量评估。该评估以观察到的或图像判读的毁伤为依据。通过，此类评估基于单一来源的情报数据。（JP 1-02）

再次攻击建议（reattack recommendation）。综合战斗毁伤评估和弹药效能评估结果后的一种评估，向指挥官提出为达成预定作战目的再次攻击目标和进一步选择目标的系统建议。再次攻击建议考虑的范围包括：作战目的、目标、瞄准点、攻击时间、战术及武器系统和弹药的选择等因素。再次攻击建议由作战部门和情报部门联合提出。亦称 RR。（JP 1-02）

指定任务（specified task）。联合作战计划制定背景下，由上级指挥机构明确指定某支部队或组织实施的具体任务。（JP 5-0）

参谋判断（staff estimate）。参谋业务部门对其业务领域内哪些因素支撑和影响行动任务的评判。（各功能业务的）参谋判断应该全面而持续，且必须预想未来的影响；但与此同时，他们还需优化运用判断期间有限的可用时间。（JP 5-0）

战争的战略级（strategic level of war）。在战争的这一层级上，一个国家（通常作为国家集团中的一员）决定该国或多国（持久或暂时同盟）的战略安全目标和指南，并开发及利用其国家资源来实现这些目标。（JP 3-0）

系统（system）。一组在功能的、物理的，和 / 或行为的相互关联的作用与相互依赖的要素，所形成的统一整体。（JP 3-0）

战争的战术级（tactical level of war）。在该层级上，计划与实施的战斗和交战是为了达成指定给战术部队和特遣部队的军事目标。（JP 3-0）

目标工作（targeting）。选取并优选排序目标，并为其匹配合适行动资源的过程，需要考虑指挥官的作战目的、作战需求、能力和限制。（JP 3-60）

目标系统评估（target system assessment）。一种对军事力量全谱影响与效力的概括性评估，该军事力量用于对敌方一目标体系或相对于确立的作战目标的总战斗力（包括体系的重要部分）实施作战。（JP 1-02）

具体任务（task）。专门指派给个体或组织，明确由其必须完成的行动或活动，它由相关上级或权威部门所指定。（JP 1-02）

战区（theater）。在美国本土以外，由作战司令部指挥官负责的地理区域。（JP 1）

作战区（theater of operations）。在战区内，由地理战区作战指挥官指定的需要进行或支持特定作战行动的分区。同一战区内的不同作战区一般在地理上分享而且针对不同的敌军部队。考虑到长时间作战，作战区一般具有相当的规模。亦称为 TO。（JP 3-0）

战争区（theater of war）。由国家指挥当局或地理战区作战指挥官指定的，直接卷入或可能卷入战争的陆海空区域。一个战争区域一般不包括地

理战区作战指挥官的整个责任区，而可能包括一个以上的作战区。（JP 5–0）

联合司令部（unified command）。在单一指挥官指挥下，由两个或两个以上军种派出重要建制部队组成的担负广泛持续性任务的司令部。该司令部在参谋长联席会议的咨询和协助下由总统通过国防部长组建与任务。（JP 1）

差异（变动）（variances）。（1）变化或改变的数量。（2）在一特定时段内，预期态势和实际态势之间的差距。基于差异对任务的影响，参谋团队将向指挥官提交关于如何调整行动以更具效率地遂行并完成任务的建议。

武器系统视频（weapon system video）。（1）安装在飞机或船上的摄影机系统记录的图像，显示了空对地或地 / 水面对空武器的投射和效果，以及空中格斗。（2）术语，通常用于描述拱形程序，或捕捉、剪辑、数字化和编辑的过程，以及传输丰富的显示或多功能的显示影像。（3）术语，通常为用于表示不同专业领域进行全部或部分武器系统视频处理的现行设备。亦称 WSV。（JP 1–02）

参考文献

联合出版物：

CJCSM 3105.01，《联合风险分析》，2016 年 10 月 14 日。

JP 1–02，《国防部军事和相关术语词典》，2019 年 11 月。

JP 2–0，《联合情报纲要》，2013 年 10 月 22 日。

JP 2–01.3，《作战环境联合情报准备》，2014 年 5 月 14 日。

JP 3–0，《联合作战纲要》，2017 年 1 月 17 日。

JP 3–05.2，《特种作战目标工作和任务计划制定的联合战术、技术和程序》。

JP 3–08，《联合作战期间的跨机构协调》。

JP 3–33，《联合特遣部队司令部》，2012 年 7 月 30 日。

JP 3–60，《联合目标工作》，2013 年 1 月 31 日。

JP 5–0，《联合计划制定流程》，2011 年 6 月 16 日。

JP 5–0，《联合计划制定流程》，2017 年 6 月。

JP 5–0，《联合计划制定流程》，2020 年 2 月。

《多军种时敏目标工作的战术、技术和程序》。

DIA，DI–2920–2–0，《战斗毁伤评估（BDA）参考手册》。

DIA，DI2820–4–03，《战斗毁伤评估（BDA）快速指南》。

DIA，DIAR 57–24，《美国 / 盟国战术目标资料项目》。

DIA，DIAR DDB-2800-2-YR，《精选各类设施的关键要素（关键要素手册）》。

ATP 5-0.3/MCRP 5-1C/NTTP 5-01.3/AFTTP 3-2.87 多军种战术、技术和流程（MTTP）手册《作战评估》，2015 年 8 月。

ATP 5-0.3/MCRP 5-10.1/NTTP 5-01.3/AFTTP 3-2.87 多军种战术、技术和流程（MTTP）手册《作战评估》，2020 年 2 月。

空军条令出版物：

空军条令，附件 3-0，《作战和计划》。

空军条令，附件 3-60，《目标工作》。

AFH 33-337，Air Force Tongue and Quill，2016 年 7 月 23 日。

AFI 33-360，Publications and Forms Management，2015 年 12 月 1 日。

陆军条令出版物：

ADP 5-0，《作战过程》，2019 年 7 月 31 日。

5-0.3 号陆军战术出版物。

FM 6-0 号，《指挥官及其参谋团队的编组和行动》，2016 年 4 月 22 日（Change 2）。

FM 6-20-10/MCRP 3-1.6.14，《目标工作流程的战术、技术和程序》。

陆战队条令出版物：

MWP 5-1，《陆战队计划制定流程》，2016 年 5 月 24 日。

5-1C 号陆战队条令参考出版物。

2007 年 10 月颁布 6-9 号陆战队空－地特种部队参谋训练项目手册。

海军条令出版物：

NWP 5-01，《海军计划制定》，2013 年 12 月。

5-01.3 号海军战术、技术和程序。

其他出版物和建议阅读书目：

1230 Report to Congress，July 2013.

A New Paradigm for Assessment in Counterinsurgency，Schroden, Thomasson, Foster, Lukens, Bell, September 2013.

Assessments and Measures of Effectiveness in Stability Operations Tactics, Techniques, and Procedures，Center For Army Lessons Learned, May 2010.

Assessments of Multinational Operations–Meeting Report，USCENTCOM and the Military Operations Research Society（MORS），November 2012.

Assessment Tactics, Techniques, and Procedures，ACC Intelligence Handbook Volume IX，7th Edition，31 July 2006.

Assessments of Multinational Operations – Meeting Report，USCENTCOM and the Military Operations Research Society，November 2012 .

Best Practices Guide for Conducting Assessments in Counterinsurgencies，Small Wars Journal，Dave LaRivee，17 August 2011.

Campaign Planning Handbook，AY10，Department of Military Strategy, Planning, and Operations，U.S. Army War College.

Commander's Handbook for Assessment Planning and Execution，Joint Staff J-7，Joint and Coalition Warfighting Division，9 September 2011.

Decade of War，Volume I：Enduring Lessons from the Past Decade of Operations，Joint Staff J-7，Joint and Coalition Operational Analysis（JCOA）Division，June 2012.

Design in Military Operations A Primer for Joint Warfighters, USJFCOM Joint Warfighting Center, Joint Profile Series Pamphlet 10, 20 September 2010.

Developmental Evaluation : Applying Complexity Concepts to Enhance Innovation and Use, Michael Patton, 2011.

Innovations in Operations Assessment : Recent Developments in Measuring Results in Conflict Environments, Headquarters Supreme Allied Commander Transformation, Norfolk, Virginia, November 2013.

Insights and Best Practices Focus Paper : Assessment, Second Edition, Joint Staff J–7, Deployable Training Division, July 2013.

Insights on Joint Operations : The Art and Science, USJFCOM Joint Warfighting Center, A Common Perspective, November 2006, " , " General (Ret) Gary Luck.

Joint Doctrine Note 2/12, Assessment, United Kingdom Ministry of Defence, Development, Concepts and Doctrine Centre, February 2012 .

MEF–Level Assessments : Challenging Prevalent Ideas, Lieutenant Colonel Hezekiah Barge, Jr., United States Marine Corps, December 2013.

Operational Art and Campaigning Primer, Joint Advanced Warfighting School.

Operations Assessment in Afghanistan is Broken : What is to be Done ? ; Stephen Downes–Martin, 2011.

ORSA Handbook for the Senior Commander, Center for Army Analysis, March 2008.

Red Team Handbook, University of Foreign Military and Cultural Studies, April 2012.

Regional Command Southwest (RC (SW)) Campaign Plan, dated 9 Oct 13

The Merriam–Webster Dictionary, Merriam–Webster, July 2004 .

"*Vision for a Joint Approach to Operational Design*", General James N. Mattis, Commander, USJFCOM, Memorandum for U.S. Joint Forces Command, 6 October 2009.

致　谢

　　自 2020 年底考虑重修本书以来，涉及本研究主题的理论文献与实战实践又出现了一系列新的变化与发展。尤其是美、英、北约等涉及作战评估主题的理论总结自 2018 年来更新频率持续升高，相关术语与阐述连续变化。这正表明，西方国家军队在作战评估领域仍处于高速发展与完善过程中，他们同样也正经历着该领域实践活动的试错与探索、理论的归纳与积累。

　　为紧跟世界强国军队最新的战争实践及经验总结，本次研究修订恰逢其时。作为作战研究领域的一个新兴方向，本版专著与上一版一样，研究撰写活动同样缺乏外军成系统的论述与总结支撑，所依赖的近期外军实战经验与总结、相关条令与规范等资源信息较为零散。在很大程度上，这使得研究团队只能在迷雾中依循着微茫的线索摸索着前进。在此，尤其要感谢知远战略与防务研究所及李健所长的大力支持，是他们的外军信息收集与分析团队帮助我们从浩如烟海的外军文献与资料中高效地甄别、撷取有价值的信息，使研究团队有精力聚焦于作战评估主题底层逻辑的外推演绎与实务流程的零散信息拼图等更有意义的工作中。这些都为本次大幅度研究修订奠定了坚实的认知基础。

　　在此，对知远战略与防务研究所的支持与帮助，再次表达衷心的感谢！

2023 年 2 月